KLARTEXT

Ulrich Homann | Achim Nöllenheidt (Hg.)

Disco, Willy & Flokati

Erinnerungen an die 70er Jahre im Ruhrgebiet

Bibliografische Information der Deutschen Nationalbibliothek
Die Deutsche Nationalbibliothek verzeichnet diese Publikation in der Deutschen
Nationalbibliografie; detaillierte bibliografische Daten sind im Internet über
http://dnb.dnb.de abrufbar.

Stadtbücherei Bochum				
	ZB	PR	HD	
WI	Bochum &			QU
GE		Ruhrgebiet		LG
LI	Geschichte			WA

1. Auflage Juni 2019
Satz und Gestaltung: Achim Nöllenheidt
Umschlaggestaltung: Ina Zimmermann
Titelbilder: Barbara Kirfel, Wolfgang Bruch,
Stadt Bochum, Referat für Kommunikation (2),
©Thomas Pajot - stock.adobe.com
Druck und Bindung: Drukkerij Wilco B.V., Vanadiumweg 9,
3812 PX Amersfoort (NL)
ISBN 978-3-8375-2014-9
© Klartext Verlag, Essen 2019
Alle Rechte der Verbreitung, einschließlich der Bearbeitung für Film, Funk,
Fernsehen, CD-ROM, der Übersetzung, Fotokopie und des auszugsweisen
Nachdrucks und Gebrauchs im In- und Ausland sind geschützt.

KLARTEXT   Jakob Funke Medien Beteiligungs GmbH & Co. KG
Jakob-Funke-Platz 1, 45127 Essen
Info@klartext-verlag.de, www.klartext-verlag.de

Inhalt

6 | Ulrich Homann | Achim Nöllenheidt
Die Siebziger

Erinnerungen

9 | **Alltag**
TAUSEND MARK GEHALT WAR UTOPISCH

29 | **Jugend**
EIN GOLDFISCH NAMENS REX GILDO

55 | **Frauen**
DIE HÄLFTE DES HIMMELS FÜR FRAU HANS KELM

79 | **Fußball**
„KEINE MÄDCHEN AUF DEM BOLZPLATZ!"

101 | **Gesellschaft**
WEN MACHT DIE BANANE KRUMM?

131 | **Reisen**
GRENZENLOSE FREIHEIT GANZ OHNE KONTROLLE

155 | **Chronik**
VOM ENDE DER BEATLES BIS ZUM SMOGALARM

172 | Autorinnen und Autoren | Herausgeber
174 | Bildnachweis

Ulrich Homann | Achim Nöllenheidt

Die Siebziger

Am 25. August 1967 drückt der damalige Regierende Bürgermeister, Willy Brandt, bei der Funkausstellung in Berlin auf einen roten Knopf und leitet damit das Farbfernseh-Zeitalter in der Bundesrepublik ein. Und so werden die folgenden „Siebziger" vor allem – bunt. Das Leben in der Bundesrepublik erlebt eine Veränderung, wie man sie zehn Jahre zuvor in den kühnsten Träumen nicht für möglich gehalten hat. Und das gilt nicht allein für das TV-Programm, sondern für die allermeisten Lebensumstände.

Alles ist im Aufbruch. Die Gesellschaft ist geprägt von Willy Brandts Forderung, „mehr Demokratie zu wagen". Als die konservative CDU den beliebten Kanzler mit einem Misstrauensvotum stürzen will, sind vor allem die Menschen im Ruhrgebiet empört und feiern, als es misslingt, „Willy" wie einen Popstar.

Obwohl die Beatles sich schon aufgelöst haben, ist ihr Einfluss auf die Musik der Siebziger unverkennbar. Sie hat ihre Wurzeln aber tiefer, im Rock'n'Roll der 1950er Jahre und dem Beat der 1960er Jahre.

Auch in allen anderen Bereichen von Kunst und Kultur weht der Wind der Veränderung. Dies gilt auch für die Formen des Zusammenlebens. Nicht nur die Wohnungseinrichtungen werden moderner. Vor allem Studenten gründen WGs, die zweckmäßig und nicht selten der Wohnraumnot in den Unistädten geschuldet sind – und nur noch wenige Parallelen zu den provokanten Kommunen der 68er-Generation aufweisen. Gleichwohl gedeiht hier ein neues intellektuelles und soziales Selbstverständnis von Uni-Absolventen. Zu denen mehr und mehr Kinder aus Arbeiterfamilien gehören.

Auch der soziale Wohnungsbau explodiert während der SPD/FDP-Bundesregierung geradezu. Überall und gerade auch im Ruhrgebiet entstehen jene funktionalen Hochhaus-Projekte, die später als anonyme Wohnmaschinen in die Kritik geraten sollen.

Zunehmend genießen die Menschen ihre neue sexuelle Freiheit. Die „Pille" macht es möglich. Später trägt vor allem die Abschaffung des Paragraphen 218 zur Emanzipation der Frauen entscheidend bei. Ein Gesetz, nach dem sie ihre Ehemänner um Erlaubnis bitten müssen, wenn sie einer Arbeit nachgehen wollen, wird auf den Abfallhaufen der Geschichte geworfen.

Nach Jahren der Reglementierung und gesellschaftlicher Steifheit gilt nun: Erlaubt ist, was gefällt! Die einen laufen in Parka und abgewetzten Jeans herum, sind Fans der Rockgruppe „The Who" und ihrer Hymne „My generation". Andere brezeln sich auf, haben die Haare schön, sitzen klatschend vor der „Hitparade" und bestehen den kritischen Blick des Türstehers vor der Disco. Aber beide eint der „Bandsalat", den sie mit ihren nagelneuen Cassetten-Recordern beim Vor- und Zurückspulen ihrer Lieblingsmusik anrichten.

Mit dem aufrüttelnden Bericht des Club of Rome über die Gefährdung der Lebensgrundlagen auf der Erde beginnt eine Diskussion über Ressourcenschutz, die in den achtziger Jahren zur Gründung der Grünen führen wird. Der Vietnamkrieg politisiert die Menschen auch in der Bundesrepublik und führt zu einer Friedensbewegung, die großen Einfluss auf die Meinungsbildung nimmt. Wer heute die deutsche Grundbefindlichkeit als pazifistisch einstuft, findet ihre Wurzeln in den siebziger Jahren.

Und es geht nie nur um das eigene Wohlbefinden. Freiheitskämpfe in allen Teilen der Welt werden unterstützt und bejubelt, wenn Diktaturen wie in Griechenland, Spanien oder Portugal überwunden werden. Die Welt erlebt, lange vor dem Sommermärchen 2006, bei den Olympischen Sommerspielen in München 1972 (trotz des bitteren Attentats) und der Fußball-WM 1974 ein anderes Deutschland – freundlich, fröhlich, farbenfroh!

Auf den Straßen tauchen immer mehr freche und schnelle Flitzer auf, die den rasanten Zeitgeist auf vier Rädern bedienen. Die Kehrseite besteht in einer Rekordzahl an Verkehrstoten. Die freien Bürger, die freie Fahrt fordern, ziehen eine Blutspur hinter sich her.

Was heute zum Alltag gehört, beginnt seinen Siegeszug in den Siebzigern: Musikfestivals, Flohmärkte, der Kunststoff und das Meeting. Anderes, wie der Toast Hawaii oder der Flokati-Teppich, verschwindet zwar eher spurlos, bleibt aber als Synonym ewig mit diesem Jahrzehnt verbunden.

Die Fitness-Bewegung entfaltet ihre Wirkung. In Grünanlagen und rund um die Sportplätze joggen plötzlich auch eher unsportliche Leute sich die Lunge aus dem Hals. Eine unscheinbare Comic-Figur erobert dazu Herzen und Hirne. „Trimmy" treibt die Deutschen in die körperliche Ertüchtigung und lässt sie freiwillig die vom Deutschen Sportbund entwickelte „Trimmspirale" abarbeiten.

Doch sollen die dunklen Seiten nicht verschwiegen werden. Der Terror der Roten Armee-Fraktion, all diese vielen Toten, die Opfer eines aberwitzigen „Revolutions-Wahns" einer kleinen, zu allem entschlossenen Gruppe werden, gehört als „Deutscher Herbst" zu den schlimmsten Nachkriegs-Geschehnissen auf bundesrepublikanischem Boden.

Die Ölkrise führt zu vier autofreien Sonntagen und der Erkenntnis, dass die Versorgung mit billigem Treibstoff lange keine Selbstverständlichkeit ist. Das Attentat auf die israelische Olympia-Delegation in München ist mehr als ein Schatten auf der neuen bundesdeutschen Fröhlichkeit. Hausbesetzungen und der Widerstand gegen Atomkraftwerke zeigen auf, dass sich nicht für alle die 1970er Jahre als die „Beste aller möglichen Welten" darstellen. Und auch „König Fußball" erhält – dummerweise auch noch dicht vor der WM im eigenen Land – viele Kratzer im Antlitz durch einen Bestechungsskandal, der eine große Vertrauenskrise nach sich zieht und in dem leider auch die Revier-Klubs RW Oberhausen und Schalke 04 eine unrühmliche Hauptrolle spielen.

Auf all diesen Rahmenbedingungen gründet der Aufruf der WAZ an ihre Leserinnen und Leser zur Mitarbeit an diesem Erinnerungsband, der die Chroniken der 1950er und 1960er Jahre fortsetzt. Viele haben das Angebot angenommen und in ihren Erinnerungen und Fotoalben gekramt.

Sie berichten von einem neuen Lebensgefühl in Arbeitswelt und Nachbarschaft. Sie erzählen von Begegnungen mit damals noch „anfassbaren" Medien-Stars. Den ersten Reisen in die Welt mit leeren Taschen und vollen Herzen. Frauen lassen ihr allgemeines Aufbegehren gegen das Patriarchat und den Paragraphen 218 Revue passieren. Teilweise wehmütig wird an die ganz besondere Mode in den Siebzigern erinnert. Die schrill war, geschmacksmäßig grenzwertig, aber so völlig unverwechselbar. Die Kindheit ist behütet, aber längst nicht mehr so reglementiert. Die Jugend wild und teilweise ungebändigt. Die größte politische Identifikations-Figur dieser Jahre ist Willy Brandt. Ihm widmen die Einsender sehr persönliche Erinnerungen, die schon an Verehrung grenzen. Und der Revier-Fußball kann für sich in Anspruch nehmen, der Nabel der bundesrepublikanischen Kicker-Welt zu sein. Denn teilweise tummeln sich fünf Klubs von der Ruhr in der Bundesliga.

Zusammen bedeuten all diese persönlichen Erinnerungen einen Rückblick auf ein pralles, buntes Jahrzehnt, das die Menschen in Sachen Freiheit, Lebenslust und politischer Teilnahme in eine neue Epoche katapultiert.

ALLTAG

TAUSEND MARK GEHALT WAR UTOPISCH

Der „Robin Hood der Zapfsäule"

Rege Geschäftigkeit herrschte am Ölhafen der Firma Goldbach in Wanne-Eickel. Durchaus nicht verwunderlich, denn schließlich wurden über das imposante Mineralöllager die etwa 250 hauseigenen Goldin-Tankstellen versorgt. Merkwürdig war einzig und allein die Tageszeit, in der das Tankschiff mit 1,2 Millionen Liter Diesel, das vom Rotterdamer Rohölmarkt über den Rhein-Herne-Kanal nach Wanne-Eickel geschippert war, gelöscht wurde: Es war stockfinstere Nacht.

„Sparen – Goldin fahren!" Unter diesem Motto hatte der ehemalige Kohlenhändler Erhard Goldbach Ende der 1970er Jahre die größte Tankstellenkette im Revier aufgebaut. „Immer zwei Pfennig billiger als die anderen" lautete seine Devise. Mit der ersten Ölkrise 1973, den autofreien Sonntagen und den Benzinpreisen auf den Titelseiten der Tageszeitungen wurde diese Strategie zu einem erfolgbringenden Politikum. Goldbach profilierte sich mit seinen „freien" Tankstellen im Kampf mit den multinationalen Konzernen wie Shell, BP und Aral zum „Robin-Hood der Zapfsäule" und katapultierte seinen Jahresumsatz von 1973 bis 1978 von 162 Millionen auf rund zwei Milliarden Mark. Rund um den Hauptfirmensitz mit dem Tanklager und dem großen Fuhrpark an der Heerstraße in Wanne-Eickel, direkt am Kanal, fanden über 600 Menschen ihren Arbeitsplatz, mit den zahlreichen Tankstellen kamen weitere 700 Beschäftigte hinzu.

Was damals nur einige wussten, aber etliche ahnten: Goldbachs Imperium basierte auf systematischem Wirtschaftsbetrug. Mit Tricks und Manipulationen wurden große Mengen Sprit an Zoll und Fiskus vorbei verhökert. „Natürlich habe ich mich gefragt: Wieso löscht man die Schiffsladung nachts? Der Diesel wurde direkt in die Tanks gepumpt und dann schwarz an den Tankstellen verkauft. Das ist vier-, fünfmal passiert. Goldbach muss also auch in Rotterdam jemanden gehabt haben", erzählt Ferdinand Bönnighaus. Der passionierte Akkordeonspieler und Mitglied des Shanty-Chors „Die Knurrhähne" hatte sich bei Goldbach vom Tankwagenfahrer zum Leiter des Mineralöllagers hochgearbeitet. Zu seinem Job gehörte es, die Prüfer der Steuerbe-

Das Credo des Tankstellen-Königs: „Immer zwei Pfennig billiger als die anderen."
(Foto: Peter Monschau/Archiv Ralf Piorr)

Prominenz in der Zweiten Liga: Ivica Horvat („Herne is' gut für die Rentenkasse"), Franz-Josef Laufer, Klaus Scheer, Günter Kuczinski und Mäzen Erhard Goldbach im trendigen Puma-Trainingsanzug. (Foto: Archiv Ralf Piorr)

hörde hinters Licht zu führen. Manchmal wurden Tanks mit Wasser aufgefüllt, manchmal Messlote manipuliert. „Es war eine einfache Übung, keiner hat das gemerkt. Die Beamten standen da oben auf dem Tankgerüst und zitterten vor Höhenangst."

Täglich lieferte die Goldin-Kette rund 800.000 Liter an ihre Tankstellen, beim Zoll wurde aber nur ein Viertel davon gemeldet. Die unterschlagenen Gelder flossen direkt in die Tasche von Goldbach. Bei Kontrollen durch die Finanzbehörde saß in einem Raum der Beamte und prüfte den Jahresabschluss und im Zimmer daneben wurden eifrig Belege gefälscht, neue Tankkarten erstellt und die Bücher frisiert. Monika Obgartel, ehemals Kindermädchen der Familie, aktuell Geliebte des Chefs, kassierte die Tageseinnahmen etlicher Tankstellen in bar und ohne Quittung ab. Das Geld wurde bündelweise in den im Kofferraum ihres Autos eingebauten Tresor geschmissen.

Währenddessen ließ sich Erhard Goldbach feiern. Er kaufte sich den Fußballverein SC Westfalia Herne und bugsierte ihn mit monatlichen Deckungsschecks zwischen 200.000 und 300.000 DM in die Zweite Bundesliga.

2. Bundesliga Nord
2. Serie 1977/78
Terminliste

SC Westfalia-Freunde tanken *Goldin* Markenbenzin

Was Günter Mast („Jägermeister") in Braunschweig nicht gelungen war, schaffte Erhard Goldbach in Herne: Er schmuggelte unbemerkt vom DFB sein Unternehmen in den Vereinsnamen „SC Westfalia Goldin Herne". Damals ein absolutes Novum bei der Werbung im Profisport.

Die Fachzeitung Fußball-Woche titelte im August 1977 über den neuen Erfolg des Traditionsvereins, der nun „SC Westfalia 04 Goldin Herne" hieß, anerkennend: „Wohl dem, der einen Goldbach hat."

Seine krummen Geschäfte flankierte der egozentrische Unternehmer mit einem großen Landgut im Bergischen und einem Puff in Rösrath. Große Treibjagden und die Animierdamen aus dem „Club Harmonie" machten kleine Beamte und arrivierte Politiker gefügig. Manchmal mussten auch rabiatere Mittel eingesetzt werden. Als ein Herner Amtsleiter unbedingt eine Wildsau schießen wollte, die Rotte aber verschwunden war, wurde kurzerhand ein friedliches Hausschwein mit schwarzer Farbe in eine Wildsau verwandelt und vor die Büchse des Gastes getrieben. Als Dank wurde bei der nächsten Umweltschutzinspektion wieder geflissentlich weggeschaut. „Die Mitarbeiter des Ordnungsamtes führten die Inspektionen an Orten durch, die garantiert sauber waren. Einmal hatte ein Tank ein Leck, und alles sickerte in den Boden. Ausgerechnet an diesem Tag waren die Prüfer auf dem Gelände, aber die wollten gar nichts sehen, obwohl es überall nach Diesel stank", so Ferdinand Bönnighaus.

Aus der burlesken Schwarzgeld-Produktion wurde bald eine hektische Achterbahnfahrt. Die Preise für Benzin und Heizöl auf dem Rotterdamer Markt kletterten in astronomische Höhen. Goldbach war gezwungen, die Spitzenpreise zu bezahlen, wollte aber seine Kampfpreise an der Zapfsäule nicht aufgeben. Letztlich verscherbelte er Benzin unter Wert. Die Rettung waren die 44 Pfennig Mineralölsteuer, die der Autofahrer pro Liter mitbezahlte, die aber der Unternehmer aufgrund der Gesetzeslage nicht sofort an den Staat abführen musste. Diesen zinslosen Kredit reizte der in Liquiditätsengpässen steckende Goldbach aus. Sein geschicktes Antichambrieren im Finanzministerium führte zu regelmäßigen Steuerstundungen. Unterstützt wurde er dabei vom früheren Bremer Gesundheitssenator Karl Krammig, Gründer des „Freundeskreises Franz Josef Strauß", der für ein Beraterhonorar in Millionenhöhe seine guten Kontakte spielen ließ. Selbst das Bonner Finanzministerium unter Hans Matthöfer war dem Strauß-Fan aus Bremen und dem Fußball-Mäzen aus dem Ruhrgebiet hörig. Schließlich sah man in dem größten freien Mineralölkonzern einen nützlichen Trabanten im Kampf gegen die Benzin-

Goldbachzentrale mit Verwaltungsgebäude, Tanklager und Tankstelle in Wanne-Eickel, 1979
(Foto: Peter Monschau/Archiv Ralf Piorr)

Multis und verschaffte ihm sogar um die Jahreswende 1977/78 einen 18 Millionen Mark Kredit als Staatsbürgschaft.

„Goldbach galt im Ministerium als Heilige Kuh", sagt Paul Postulka von der Zollfahndung Dortmund. Schon seit Jahren hatte seine Behörde die Machenschaften des „Ölkönigs" im Visier, aber auf „Weisung von oben" durfte man nicht ermitteln. Den entscheidenden Durchbruch lieferte dem Zollfahnder schließlich Ferdinand Bönninghaus, der 1976 zum „Bauernopfer" geworden war. Goldbach hatte gegenüber den Behörden große Verlustmengen an Benzin eingestehen müssen und daraufhin – als Alibi – 32 Mitarbeiter wegen Kraftstoffdiebstahls entlassen. „Ich wäre bei Goldbach alt und grau geworden. Die Arbeit war gut bezahlt, Vorschriften wurden recht lax gehandhabt und Alkohol am Arbeitsplatz war keine Seltenheit", erzählt Bönninghaus und macht aus seinen Motiven keinen Hehl. „Ich habe den Laden hochgehen lassen, weil man mich feuerte." Dem ehemaligen Leiter des Tanklagers gelang es, die originalen Tankkarten in die Hände zu bekommen, die er Paul Postulka zuspielte. Damit war die Beweislast gegen Goldbach erdrückend geworden.

Am Morgen des 24. Juli 1979 führten Beamte der Zollfahndung auf dem Geschäftsgelände an der Heerstraße eine Razzia durch. Geschäftsunterlagen wurden beschlagnahmt, leitende Angestellte verhaftet. Erhard Goldbach floh und wurde per Interpol und „Aktenzeichen XY" gesucht. Im Februar 1980 gelang seine Festnahme. Fünf Jahre später erfolgte seine Verurteilung. Der Traum vom Ölkönig und dem billigsten Sprit aller Zeiten endete mit mindestens 360 Millionen Mark hinterzogenen Steuern und einer Verurteilung zu zwölf Jahren Haft. Bis heute der größte Steuerskandal in der Geschichte der Bundesrepublik.

Erhard Goldbach starb im Jahr 2004, das von ihm unterschlagene Geld wurde bis heute nicht gefunden.

Ralf Piorr

„Kombiniere, kombiniere!"

In den siebziger Jahren erhielt ich mit meiner Essener Werbeagentur „Anbiet-Technik" vom Getränkekonzern „Coca Cola" einen spannenden Auftrag. Wir sollten den Coca Cola-Verkauf in Kisten fördern. Der war damals nämlich noch gar nicht üblich. Man wusste nicht, wer sich zwölf Liter Coke kaufen sollte?! Da bot sich die „Misch-Kiste" an. Denn der Konzern verkaufte ja auch Fanta, Lift, Sprite und Mezzo Mix. Dazu mussten die Preise angeglichen werden. Was der Handel wieder nicht gut fand, weil das Leergut mit unterschiedlichen Flaschenformen sortiert werden musste.

Und „Misch-Kiste" klang auch nicht sonderlich attraktiv. Deshalb nannten wir sie „Kombi-Kiste". Aber das war immer noch keine zündende Idee. Da kamen wir auf Nick Knatterton, der sagte immer in der Comic-Serie: „Kombiniere, kombiniere!"

Die Aussage war schnell gefunden: „Kombiniere Kombi-Kiste". Die Knatterton-Geschichten waren jahrelang in der Zeitschrift QUICK erschienen und allgemein bekannt, auch wenn es die Zeitschrift schon nicht mehr gab. Der Autor und Zeichner Manfred Schmidt ge-

Nick Knattertons Ruf als „Kombinier-Genie" verhalf der Mischkiste von Coca Cola zum Durchbruch auf dem Getränke-Markt.

noss seinen Ruhestand am Starnberger See. Mit ihm waren wir über die Nutzungsrechte schnell einig. Und mit dieser originellen Figur haben wir dann jahrelang den Kistenverkauf gefördert. Es war eine unserer erfolgreichsten Kampagnen in den 1970er Jahren.

Peter Cristofolini

Dieter Krebs im Badetuch

Die 1970er Jahre verbrachte ich in Bochum. Dort gab es nicht nur Kellerbar und Eisdiele,

Klappräder und Opel GT. Da war mehr als die wilden Muster der Kleidung, nicht immer aber oft in orange und gelb. Oder der Flokati im Wohn- und das Kuhfell im Schlafzimmer. Die Einbauküche war grün, auch das Schlafzimmer mit der Fototapete im Nacken. Auf die Straße gingen wir im Häkelpulli und Marlene-Dietrich-Hose. Aber das war überall. Doch in Bochum gab es noch so viel mehr.

Das Bermuda3eck begann seine große Erfolgsgeschichte mit dem ersten Anlaufpunkt – dem Mandragora. Da flitzten die Bedienungen auf Rollschuhen von Tisch zu Tisch. Herbert Grönemeyer trällerte mit seiner Gitarre für ganz kleines Geld in den Jugendzentren und Kneipen. Dieter Krebs pichelte mit uns ein Bierchen. Man traf sich bei Elly Altegoer an der Kö 76, dem Lebensmittelladen mit Kaffee-Ausschank (und manchmal auch Hochprozentigem).

Die Mimen des legendären Bochumer Schauspielhauses waren anfassbare Menschen wie du und ich. Dieter Krebs von der Stolze-, Herbert Grönemeyer (er lag oft unter seinem Auto und schraubte da irgendwas herum) von der Arnikastraße. Hannelore Hoger, Marie-Luise Marjan, Tana Schanzara – sie wohnten alle umme Ecke. Allen diesen späteren „Promis" bin ich mehr oder weniger kurz in Bochum begegnet.

Ein besonderes Erlebnis hatte ich mit Dieter Krebs, der leider so furchtbar früh verstorben ist. Obwohl er wohl der größte Espresso-Trinker aller Zeiten war (20 Tassen waren überhaupt kein Problem), war er nicht immer tagsüber hellwach. So hatte er die große Schwäche, seine Drehbücher zu vertüddeln. Einmal musste ich ihm so ein Manuskript in seine Wohnung bringen, wo er mit seiner Frau, Bettina Freifrau von Leoprechting, während seiner Zeit am Bochumer Schauspielhaus wohnte.

Ich klingelte, und es dauerte ewig, bis er die Treppen runter polterte und die Türe aufriss. Ich hatte ihn unter der Dusche erwischt. Er trug nur ein „Duschtuch", das auch noch zu Boden rutschte, als er das Skript in Empfang nahm. Ich bekam einen hochroten Kopf und lief weg. Als ich ihn später einmal traf, sagte er, er würde immer noch mein erschrockenes Gesicht vor sich sehen.

Ja, das waren tolle Zeiten, die Siebziger in Bochum.

Gudrun Wirbitzky

Olympia Monika

Wenn sich heute mein ältester Enkel an den Computer setzt, um eine Hausaufgabe im Fach Deutsch in schriftlicher Form zu verfassen, beneide ich ihn um sein Arbeitsgerät: Wie einfach lassen sich Textfehler am Monitor verbessern oder ganze Abschnitte an eine andere Stelle versetzen; ganz abgesehen von den vielen anderen Möglichkeiten der Textverände-

„Ewige Ruhe" im Gerümpelkeller: die Schreibmaschine „Olympia Monika".

rung und -gestaltung. Im Vergleich zu den heutigen Möglichkeiten habe ich beim Tippen von Texten – bildlich gesprochen – in der Steinzeit gelebt.

Referate und Examensarbeiten habe ich auf einer kleinen, einfachen, mechanischen Reiseschreibmaschine getippt – einer „Olympia Monika".

Jeder Tippfehler verursachte Zeitverzögerungen – und wenn man oft erst auf den letzten Drücker ein Referat abgeben wollte (was mir häufiger passierte), waren unfreiwillige Nachtschichten angesagt. Zum Glück gab es damals schon Tipp-Ex-Streifen, mit deren Hilfe ein falscher Buchstabe weggetippt und sodann der richtige eingesetzt werden konnte. Möglichst an gleicher Stelle, ohne dass das eingespannte Blatt Papier verrutschte. Diese Arbeit begleitete ich mit vielen bösen Worten, mit denen ich meinem Unmut Luft machte, was allerdings auch nicht zu einer Verringerung der Tippfehler führte.

Noch verzwickter wurde die Lage, wenn nicht nur eine Originalseite, sondern ein zweites oder sogar drittes dünnes, fast transparentes Durchschlagpapier, vom Original jeweils durch ein Blatt Kohlepapier getrennt, eingespannt werden musste: Gelegentlich verrutschte das Durchschlagpapier, so dass sich darauf Wörter oder Zeilen verschoben. Oder das Kohlepapier schmierte. Darüber hinaus ließen sich Tippfehler auf dem Durchschlagpapier nicht mehr berichtigen, was zur Folge hatte, dass der gesamte Text einer Seite noch einmal mit festem Anschlag getippt werden musste.

Einen Text auf einer mechanischen Schreibmaschine zu schreiben war echte Hand- bzw. Fingerarbeit. Insbesondere dann, wenn man nach dem Adler-Suchsystem arbeitete: Ein Finger kreist über der zu findenden Buchstabentaste und stößt zielsicher auf sie hinab. Aber manchmal eben auch daneben …

Während der studienbedingten Fingerübungen an der Schreibmaschine, welche sich teilweise bis tief in die Nacht hinzogen, kam es vor, dass sich Nachbarn oder Vermieter über den ruhestörenden Lärm beim Tippen und beim klingenden Zurücksetzen der Schreibmaschinenwalze beschwerten – zu Recht, wie ich heute eingestehen muss.

Vor der Geburt unseres ersten Kindes sollte die Examensarbeit meiner Frau fertiggestellt werden. Also wurde getippt, was das Zeug hält; sowohl unsere ungeborene Tochter (im März 1977 kam sie zur Welt) als auch unsere Vermieter wurden der „Dauerbeglückung" durch „Olympia Monika" ausgesetzt. Das Anfertigen dieser Examensarbeit hatte letztendlich die Kündigung des Mietverhältnisses zur Folge – zu unserem Glück: Wir fanden kinderfreundliche, sympathische Vermieter, in deren Wohnung wir uns gleich wohlfühlten. Die Wände der Wohnung oder die Nerven der Vermieter waren so gut isoliert, dass weder Kinderlärm noch unsere Olympia Monika das gute Verhältnis im Haus störten.

Unsere Familie vergrößerte sich im Laufe der Zeit; mit den Kindern der Vermieter spielten und feierten unsere Kinder viele Geburtstage und andere Feste; zur Vermieterin haben wir auch heute noch guten Kontakt, teils persönlich, teils in schriftlicher Form als E-Mail oder WhatsApp-Nachricht.

Nur „Olympia Monika" spielt bei unserer Kommunikation keine Rolle mehr; sie ruht wahrscheinlich noch irgendwo in unserem Gerümpelkeller – die Ruhe hat sie verdient.

Helmuth Schönig

In den 1970er Jahren wurden die meisten Wohnungen noch mit Kohlen geheizt. Diese in den Keller „einzuscheppen" war nicht nur in den Zechensiedlungen so unbeliebt wie notwendig.

Baden musste schnell gehen

Kohle war damals auch das Heizmaterial für unsere Doppelhaushälfte. Natürlich hatten wir in der Küche einen modernen Elektroherd, doch beheizt wurde die gute Stube eben mit Kohle. Auch unser Badewasser wurde mit einem mit Kohle befeuerten Boiler erhitzt. Ein riesiges, schwarz-weiß emailliertes Ding, das den Platz im Badezimmer erheblich reduzierte. Ihn anzufeuern dauerte Stunden. Das passierte immer am Badetag, und der war bei uns immer am Freitag. Damals lief im Zweiten „Western von Gestern" oder „Väter der Klamotte". Und danach ging es sofort in die Wanne. Schnell musste es gehen, sonst wurde das Wasser ja wieder kalt. Und nachher musste der Ofen ja wieder gereinigt werden. Dann war das Bad für die Katz. Mit den beiden anderen Öfen verhielt es sich genauso. Wenn es kalt wurde, dann mussten sie erst einmal angefacht werden. Dazu wurden zuerst einige fein gespaltene Scheite im Ofen gestapelt und mit Papier entzündet. Meist musste eine alte Tageszeitung dafür herhalten. Anderes Recycling kannten wir damals nicht. Wenn das Feuer dann brannte, wurden größere Scheite nachgelegt, so lange, bis das Feuer heiß genug war, um die Kohle nachzuschütten. Im Raum war es dann immer noch kalt. Es dauerte halt, bis es warm wurde.

Uwe Keßler

STRAHLER-KÜSSE UND DAS GUTE GEWISSEN

Besser küssen konnte man nur mit der richtigen Zahncreme, Freiheit versprach ein Wermut auf Eis und Hausfrauen stand endlich ein ultimatives Mittel gegen das permanente schlechte Gewissen zur Verfügung. Die Werbung der 1970er Jahre konnte sich nur ein wenig aus der biederen Enge der vorhergehenden Jahrzehnte befreien, entwickelte aber unvergessliche Figuren und Slogans, die als Markenträger bis heute überlebt haben. Testen Sie Ihr Wissen in diesem kleinen Quiz!

Zufriedener Großvater in Strickjacke in einem rustikalen Wohnzimmer mit Stehlampe genießerisch ein großes Weinglas schwenkend. Und die Stimme aus dem off: „Wenn einem so viel Gutes widerfährt." Wie weiter?
Das ist schon einen Asbach Uralt wert.

Waschliese in schneeweißer Latzhose?
Klementine.

War als „Zubehör" von einem Geschirrspülmittel sehr begehrt.
Die Prilblumen-Aufkleber.

Was war Besonderes an den ADO-Gardinen, die bis zum Abwinken von Marianne Koch beworben wurden?
Die Goldkante.

„Was wollt ihr dann?" wurde gerne in eine Fankurve gerufen. Was schallte zurück?
AM – O – MA.

Welchen militärischen Dienstrang hatte ein Säuberungsmittel, das von sich selbst behaupten ließ, was von ihm geputzt würde, glänze danach?
General.

Wer hing an einer endlosen Wäscheleine?
Der weiße Riese.

Welches beliebte Waschmittel aus dem Hause Henkel wurde von einem ultra-seriösen Mann in Schlips und Kragen, Typ Autoverkäufer, der Damenwelt empfohlen? Er hieß übrigens im wirklichen Leben Jan-Gert Hagemeyer und erhielt während seines Wirkens als „... Mann" zahlreiche Heiratsanträge und Fanpost von Frauen jeden Alters.
Persil – dasweißmanwasmanhatgutenabend.

Was brachte laut Werbespot Shamtu Shampoo ins Haar?
Spannkraft.

Freunde des Magenbitters sollten mit auf welche Höhe kommen?
Den Underberg.

Xenia Katzenmeister war ein österreichisches Model und verkaufte im Werbe-TV als Frau Sommer welches Aufputschmittel? Immer übrigens als letzte Rettung, denn Freundinnen hatten sich bei Treffen von der Gastgeberin verbittert abgewendet wegen der falschen Sorte.
Jacobs-Kaffee.

Wer spielte mit dem Gewissen der Hausfrauen, die am falschen Ende gespart und nun den Salat hatten, nämlich von ihr bitter enttäuschte Familienmitglieder?
Lenor – ein „Weichspüler", der weinende Frauen wieder lachen ließ: „Siehst du, jetzt hast du ein gutes Gewissen!"

In den 1970er Jahren Deutschlands bekanntester Friseursalon, öffnete immer am Donnerstag, kurz vor halb acht.
Das Gard-Haarstudio.

Klarer Fall bei Kopfweh?
Togal.

ERGÄNZEN SIE WORTGETREU:

„Nehmt den Husten nicht so schwer ..."
„Jetzt kommt der Hustinetten-Bär (mit Kräuter-Hustinetten!)"

Zähneputzen allein genügt nicht, wohl aber:
„Nur ein Tropfen" – wie sich ein medizinisches Mundwasser nannte.

„Männer wie wir ..."
„... Wicküler-Bier!"

Spendierte für den Salat die Vitamine E und F.
Das Speiseöl Livio.

„Strahlerküsse ..."
„... schmecken besser!" (Werbung für die Zahncreme „Strahler 70" von Blendax)

Wenn bei Frau Spießig die Türglocke ging und eine Barbie-Puppen ähnliche Vertreterin mit einem großen Koffer vor der Türe stand, dann kam Besuch von:
Der Avon-Beraterin.

„Komm Brüderchen, trink ..."
„Kosaken Kaffee!"

Sprudelte auf dem Nachttisch nebst Einlage vor sich hin:
Kukident – der Reiniger der dritten Zähne.

„Genuss im Stil ..."
„... der neuen Zeit" (Werbung für die Zigarettenmarke „Lord")

Eis ins Glas, Cinzano drauf – und dann?
Klingel Dich frei!

Limonen kannte in den siebziger Jahren auch noch nicht unbedingt jeder. Aber was verlieh dem Normal-Menschen die „wilde Frische von Limonen", wenn er in das entsprechende Regal griff?
Die Seife Fa, sie wurde beworben von gut gebauten Frauen, die vorzugsweise im Ozean badeten.

Womit, verdammt noch mal, räumten resolute Hausfrauen im Bad ein für alle Mal mit dem Gestank auf?
Torax – die Sauerstoff-Bombe fürs WC.

Wenn die Ruhr mal zugefroren war, dann wurde sie von vielen als Eislauffläche genutzt.

Von den Bändern des neuen Opel-Werks in Bochum liefen täglich Hunderte Neuwagen und standen dann zur Auslieferung an ihre stolzen Käufer bereit.

Fußgängerzone Oststraße in Bochum-Wattenscheid, 1970er Jahre

Ursula Hickmann arbeitete ab 1973 bei Karstadt im Rhein-Ruhr-Zentrum in Mülheim an der Ruhr.

Miniröcke waren tabu

Meinen ersten Praktikumsplatz bekam ich in einem Labor auf der Kokerei. Dazu erhielt ich einen Gutschein für täglich eine Wurst mit Brötchen und einem Viertelliter Milch. Diese drei Wochen prägten. Der Dreck ist präsent, ebenso der Geruch des Naphthalins in den Haaren, des Schwefels in der Kleidung und des Teers in den Poren. Winzig kleine Kokskörnchen sitzen in den Augenwinkeln. Die Fingernägel sind brüchig und jeder aufgetragene Nagellack dem Untergang geweiht. Miniröcke, wie sie gerade in Mode kommen, sind für uns absolut tabu. Wir werden mit dicken, festen, grauen Arbeitsanzügen und feuerfesten weißen Laborkitteln ausgestattet. Müssen braune, unansehnliche Haarnetze benutzen, die zusätzlich noch von den weißen Helmen, die im Betrieb Vorschrift sind, platt gedrückt werden.

Margit Ahle

Duzen erst nach der Kündigung

Auch in unserem Kraftwerk blieb der Karneval nicht ausgespart. Es wurde gefeiert, geschunkelt, gesungen, wenn der Dienstschluss eine Verlängerung zum Feiern brauchte und Bierflaschen auf dem Meistertisch Platz fanden. Beim Mitteilungsbedürfnis zotiger Waschkauen-Witze aber zollte man der jungen weiblichen Sekretärin Respekt, bat mich „im Notfall" kurz hinaus aus der Männerrunde. Das privat-intime Duzen erlaubten wir uns erst nach meiner Kündigung zur Abschiedsfeier.

Jutta Kieber

Kein Smog im Rhein-Ruhr-Zentrum

Die Autos hatten noch keine Katalysatoren, das Benzin war noch verbleit. Wir sind trotzdem mit der Familie nach draußen gegangen, am liebsten natürlich in den Wald. In den 1970er Jahren hatten die meisten Familien im Ruhrgebiet noch einen Kohleofen. Meine Eltern, mein Mann und ich ebenfalls. Wir haben es überlebt.

1973 habe ich bei Karstadt im Rhein-Ruhr-Zentrum Mülheim als Sachbearbeiterin angefangen und bin bis zu meinem Ruhestand 1993 dort geblieben. Die Luft und die Atmosphäre im Zentrum waren sehr gut. Vom Smog habe ich tagsüber nicht viel mitbekommen.

Ursula Hickmann

Genug der Angst

Ursprünglich wollte ich den Beruf des Feinmechanikers erlernen. Doch das Resultat der Aufnahmeprüfung bei der Firma Siemens in Gladbeck bereitete dieser Vorstellung ein rasches Ende. Allerdings konnte ich gut zeichnen. Und so kam es, dass ich von meinem Vater im Markscheiderbüro von Mathias Stinnes 1/2 in Essen-Karnap vorgestellt wurde. Unter Tage hätte ich Stollen ausmessen und in Zeichnungen dokumentieren sollen. Aber jetzt trat meine Mutter auf den Plan: Als Ehefrau, Tochter und Enkeltochter verweigerte sie ihre Zustimmung zu einem Lehrvertrag mit M.S. 1/2. Ihr Sohn ginge nicht auch noch unter Tage. Sie habe genügend Ängste um ihren Mann, ihren Vater und ihren Großvater ausgestanden, wenn diese unter Tage arbeiten mussten. Diese Ungewissheit um Leib und Leben will sie nicht auch noch in Bezug auf ihren Sohn durchleben müssen. Und so wurde die Lehre auf M.S. 1/2 verhindert. Stattdessen konnte ich mit einer Ausbildung zum Technischen

Die Arbeit im Bergbau war schmutzig, hart und laut. Vor allem aber gefährlich. Wer einfuhr, ließ ängstliche Angehörige zurück. Gerade Mütter plagten die Sorgen um ihre Söhne.

Zeichner in einer Pumpenfabrik in Kirchhellen beginnen, über Tage.

Hans-Peter Friedrich

Große Erwartungen

Es gab keine Zeitung und kein Fernsehen in Kars. Es gab im ganzen Dorf ein einziges, durch Akku betriebenes Radio. Jeden Nachmittag kamen die Nachrichten im Radio. Da kam damals auch die Nachricht, dass man nunmehr nach Deutschland (Almanya) gehen kann, um dort gutes Geld verdienen zu können. Diese Nachricht ging wie ein Lauffeuer durch das ganze Land.

Ich bekam die Genehmigung vom Arbeitsamt und meinen Reisepass für Deutschland. Dann fuhr ich mit meinem Vater Ende August 1971 nach Istanbul. Auf Anweisung des örtlichen Arbeitsamtes musste ich mich in der Verbindungsstelle der deutschen Bundesanstalt für Arbeit melden. Die Busfahrt von Kars nach

Istanbul dauerte damals 26 Stunden. Als wir eintrafen, standen dort Hunderte von Erwachsenen und jungen Leuten in meinem Alter da.

Am ersten Tag mussten wir eine schriftliche Prüfung ablegen. Alle, die diesen Test bestanden hatten, wurden für den nächsten Tag wieder eingeladen. Ich war mit dabei. Am nächsten Tag stand die Gesundheitsuntersuchung an. Wir wurden in Gruppen von zehn bis zwölf Personen in ein Untersuchungszimmer geführt und standen dort im Kreis. Ein deutscher Arzt in Begleitung einer Dolmetscherin kam und schaute uns an. Wir sollten alle den Oberkörper freimachen, sagte die Frau. Wir schauten uns entgeistert an. Das Bild dieses Moments vergesse ich nie. Denn es war für uns alle eine ganz schlimme Situation und eine schwierige Überwindung. Wir kannten uns nicht und sollten uns vor fremden Menschen mehr oder weniger unverblümt ausziehen?

Zum Glück bekam ich meine Deutschland-Tickets. Am 30. August 1971 sollten wir uns auf dem Yesilköy-Flughafen in Istanbul einfinden. In der Nacht von Freitag auf Samstag landeten wir auf dem Flughafen Düsseldorf. Wir alle waren müde und aufgeregt zugleich. Ich hatte kein Gepäck in der Hand, spürte aber eine große Last auf meinen Schultern. Denn ich wusste nicht so richtig, was mich erwartete und ob ich den Erwartungen meiner Familie und meinen eigenen Ansprüchen irgendwie gerecht werden könnte.

Mikail Zopi

Der Ehrenteller

Besonders in den Nachkriegsjahren und zum Zeitpunkt der Vollbeschäftigung mussten für den Steinkohlenbergbau Arbeitnehmer angeworben werden, um den wachsenden Bedarf nach Steinkohle zu decken. Nicht alle angeworbenen Neubergleute blieben im Bergbau und es kam zu Fluktuationen. Viele der neuen Arbeitskräfte aus dem In- und Ausland blieben aber im Bergbau und gehörten schon nach einigen Jahren zum Stammpersonal. Stammbelegschaften waren für die Bergbaubetriebe notwendig, um eine beständige Produktion zu gewährleisten. Langjährige Belegschaftsmitglieder feierten daher auch ihr Jubiläum im Unternehmen und waren stolz auf ihre langjährige Betriebszugehörigkeit. Für die Vorstände und Betriebsräte war es häufig schwer, ein passendes Jubiläumsgeschenk zu finden, das bei den Jubilaren auch Anklang fand. Neben den Ehrenurkunden gab es eine Palette von Jubiläumsgeschenken, die bei Jubilar-Ehrungen verliehen wurden.

Wie in den Bergbauunternehmen war es auch für die Bergarbeitergewerkschaft IGBE schwierig, ihren langjährigen Mitgliedern ein angemessenes Ehrengeschenk zu überrei-

Ein Ehrenteller war ein beliebtes Geschenk für Bergbau-Jubilare.

chen. Nach eingerahmten Bildern, Geschichtsbüchern und Bildbänden wurde in den 1970er Jahren ein neues Jubiläumsgeschenk aus Fürstenberg-Porzellan von bleibendem Wert gefunden, das bei den Jubilaren und Angehörigen Freude und Anerkennung brachte.

Vor dem Zusammenschluss mit der IG Chemie, Papier, Keramik würdigte die IG Bergbau und Energie ihre langjährigen Mitglieder mit einem Ehrenteller aus hochwertigem Porzellan. Bei der Entwicklung der Ehrengabe spielte der Gedanke eine Rolle, die bergmännische Welt thematisch und symbolisch in die Gestaltung einzubeziehen. Dazu Mineralien verschiedener Art und Ausführung als Motiv zu wählen. Der geschützte Ehrenteller wurde an langjährige IGBE-Mitglieder verliehen. Ein Erwerb im Handel war ausgeschlossen.

Die Randdekorationen sind unter Verwendung von Platin bzw. Gold in Art und Wertigkeit der Besonderheit der Ehrung angepasst. Die Planung und Gestaltung der Ehrenteller geschah in enger Zusammenarbeit mit der Porzellanmanufaktur Fürstenberg, der auch die Herstellung oblag. Auch die Porzellanfirma Hutschenreuther wurde einbezogen.

An den Ehrenteller haben Tausende von Mitgliedern auch heute noch Freude und fühlen sich für ihre Treue hoch geehrt. In vielen Wohnungen hat der Ehrenteller seinen besonderen Platz. Der künstlerisch wertvolle Porzellanteller, der von Heinz Kindlein entworfen wurde, erinnert an mineralogische Lagerstätten, die von Bergleuten abgebaut wurden. Gleichzeitig ist das Schmuckstück aber auch eine Erinnerung an die eigene Arbeit im Bergbau.

Auch in der heutigen Zeit ist bei zahlreichen Menschen festzustellen, dass sie sich über die Ehrenteller ihrer Großväter freuen und sie in ihr Erbgut einbezogen haben. Manchmal gelangen die Jubiläumsteller wegen ihres Werts auf den Flohmarkt oder werden auf Börsen, in Shops zusammen mit anderen Bergbauartikeln oder im Internet angeboten. Beabsichtigt man einen Teller zu kaufen, sollte man daran denken, dass zu den Tellern eine Schachtel und ein Zertifikat gehören, die nur eingeschränkt mit angeboten werden.

Horst Weckelmann

Tausend Mark war utopisch

Nach meiner Bundeswehrzeit kehrte ich zurück zu meinem „Lehrbetrieb", der NRZ, und arbeitete in der Geschäftsstelle Oberhausen als Vertriebssachbearbeiter. Gehalt: 850 DM brutto. Weil man nicht in dem Betrieb, in dem man gelernt hat, bleiben sollte, bewarb ich mich bei anderen Verlagen. Ein Punkt in der Bewerbung, der viel Kopfzerbrechen bereitete, war die Angabe des Gehaltswunsches. Meine Frau und ich grübelten tagelang, was ich schreiben sollte. 1.000 DM, das war ein utopischer Betrag. Man würde mich noch als überheblichen Phantasten ansehen. Wir einigten uns auf 950 Mark. Ich bekam die Stelle bei einem mittleren Verlag im Essener Süden und stieg rasch zum Assistenten des Vertriebsleiters auf. Da wurde dann auch die „Schallmauer" deutlich übersprungen. Außerdem finanzierte mir der Verlag auch den Führerschein, da ich beruflich beweglich sein musste (Kosten immerhin 300 Mark).

Meine berufliche Karriere ging dann aber wieder zurück in die Sachsenstraße, jahrzehntelang das Essener Zeitungsviertel. Hier begann ich meine Tätigkeit im Vertrieb der WELT AM SONNTAG. Nach einigen Monaten wechselte ich in die EDV-Abteilung. Dort befand

Zu den aus dem Boden gestampften neuen Hochhaus-Siedlungen in den siebziger Jahren gehörte auch die Anlage von Spielplätzen.

man sich in der Testphase der Datenfernübertragung. Das bedeutete fast tägliche Arbeitszeiten von elf Uhr morgens bis manchmal zwei, drei Uhr nachts. Bis sich das System einspielte, vergingen einige Monate. Das hieß einerseits wenig Freizeit, andererseits guter Verdienst, was auch angenehm war. Denn wir waren jung und brauchten das Geld!

1972 zog der Verlag nach Kettwig um und ich wechselte als Sachbearbeiter von der WELT zur BILD. Wir Vertriebsleute waren eine tolle Truppe. Gemeinsames Arbeiten, aber auch gemeinsames Feiern, das war unsere Devise. Wir verstanden uns wirklich gut.

Peter Rüb

Zehn Finger „blind"

1971 war ich 14 Jahre alt. Mein Vater war Bergmann in Frührente und meine Mutter Hausfrau. Die viel zu kleine Rente besserte sie durch gelegentliches Kellnern auf.

Wir wohnten in Recklinghausen seit Kurzem in einer Dachwohnung – leider ohne Balkon. Die Neubauwohnung bekam mein Vater über Beziehungen zu jemandem, der sich in der SPD engagierte. So prahlte er jedenfalls. Ich teilte nun ein Zimmer mit meiner damals vierjährigen Schwester.

Vor dem Umzug wohnten wir in einer Altbauwohnung mit einem großen, etwas verwilderten Garten, der unserer kindlichen Kreativität Raum gab. Nun schaute meine Schwester auf einen kleinen, lieblos angelegten Sandkasten am Rande einer gepflegten Rasenfläche hinter dem Haus. Ein Schild „RASEN BETRETEN VERBOTEN" wies unmissverständlich darauf hin, dass Spielen auf dem Grün nicht erwünscht war.

Raum für Abenteuer gab es nicht. Wagten sich doch einige Kinder auf den Rasen, wurden sie von einem Nachbarn mit Blockwartmentalität fotografiert. Die Fotos reichte er an den Vermieter weiter. Das führte natürlich dazu, dass sich niemand mehr auf den „heiligen" Rasen wagte, so war es auch im Sommer in den drei Dachwohnungen, die zum Wohnkomplex gehörten. Diese Verbotsschilder waren in den 1970er Jahren keine Seltenheit.

Mit 14 wollte ich Sekretärin werden und besuchte nach der Hauptschule zunächst die

Der berufliche Ernst des Lebens begann für Dagmar Sandkühler als 16-Jährige bei der Stadtverwaltung Recklinghausen.

Zweijährige Handelsschule. Dort lernte ich neben Deutsch und Mathematik auch Stenografie und das Zehn-Finger-Blindschreiben sowohl auf einer mechanischen wie auch auf einer elektrischen Schreibmaschine. Darüber hinaus lernte ich kaufmännischen Schriftverkehr auf Deutsch und Englisch und Buchführung. Zins- und Dreisatzrechnung konnte ich später im Schlaf. 1973 schloss ich die Schule mit der Fachoberschulreife (Mittlere Reife) ab.

Ich bewarb mich nun 16-jährig für den Sommer 1973 um eine Stelle bei der Stadtverwaltung Recklinghausen als Stenokontoristin für das Sozialamt. Später arbeitete ich mit zwei weiteren jungen Stenokontoristinnen in einem Raum, dem Kontor, und war für die Schreibarbeit verschiedener Sachbearbeiter zuständig und auch für die Besuchsberichte der Sozialarbeiterinnen, die sie mir „auf Band" diktierten. Die elektrischen Schreibmaschinen hatten damals noch kein Korrekturband. Tippfehler auf der Oberseite wurden mit einem Tipp-Ex-Blatt korrigiert, die Durchschläge dahinter – mit Kohlepapier zwischen jedem Blatt – mussten umständlich mit einem Radierstift bearbeitet werden. Also, Konzentration und Fingerfertigkeit erhöhten die Effektivität.

Neben dem ganzen „Getippe" konnten wir drei Mädels uns aber auch gut zwischendurch unterhalten und sogar das Rauchen war gestattet. Highlight eines Tages konnte ein Geburtstagsbesuch bei einem Kollegen oder einer Kollegin sein. An solchen Tagen war es üblich, dass jeder einmal dem Geburtstagskind seine Aufwartung machte. Als Gastgeber bot man z. B. Sekt und Orangensaft, Pralinen und verschiedene Zigarettensorten an. Die meisten Besuche waren recht lustig und die Luft bisweilen dick vom Zigarettenqualm. Die Verweildauer hing davon ab, ob der Amtsleiter auch zugegen war. War das so, blieb man nur eine Zigarettenlänge und kam ggf. später noch einmal wieder. Einige Jahre später durfte kein Alkohol mehr im Amt ausgeschenkt werden.

Dagmar Sandkühler

JUGEND

**EIN GOLDFISCH
NAMENS REX GILDO**

Ein Goldfisch namens Rex Gildo

Wir spielten damals auf der Straße, bis die leuchtenden Laternen uns den Weg nach Hause wiesen. Dort warteten bereits Käsebrote und Hagebuttentee auf uns. Oft schleppte ich mich mit Schürfwunden an den Abendbrottisch. Es waren Andenken an Stürze mit dem Rad oder den Rollschuhen. Aber auch Zeichen der Auseinandersetzungen mit meinen Freunden und anderen Nachbarskindern. Ich „schlug" mich damals durch das Leben. Hier flog eine Blockflöte auf den Kopf meiner Schulnachbarin, dort wurde ein Bein gestellt.

Damals mimte ich auch gerne in den dunklen Abendstunden Klaus Kinski – zum Erschrecken mancher Kinder. Die „toten Augen von London" von Edgar Wallace brachten mir selbst wohlige Schauer. Aber es hagelte auch immer wieder Beschwerden verärgerter Eltern über mich und meine „Inspirationen".

Und trotz allem twisteten wir noch vergnügt mit dem Gummi, spielten Federball und machten „Klingelmännchen". Wir drehten Gummibänder, die eigentlich für Einmachgläser bestimmt waren, um unsere Rollschuhe und rasten waghalsig die Straßen herunter. Im Winter packten wir Butterbrote und Thermoskannen ein und schossen mit den Schlitten über die Abhänge durch den Wald und genossen das nachfolgende Picknick im Schnee in vollen Zügen. Federball konnte noch ungehindert auf den Wegen gespielt werden. Kein Auto durchkreuzte unser Spiel.

An kalten Winterabenden tranken wir aus dicken Keramikbechern heißen Tee und aßen dicke Salamibrote. Ich liebte Percy Stuart und den schlaksigen Lehrer Bastian. Daktari wollte ich damals heiraten und den Schimpansen Judy adoptieren. Ich tauchte mit Jaques Cousteau in die Geheimnisse des Meeres ein und bewunderte den alten Wagen von Columbo. Bei der Erkennungsmelodie des Kommissars verkroch ich mich unter der kratzigen Wolldecke. Jeden Samstagabend verliebte ich mich in Costa Cordalis, der seine Brusthaare in der Hitparade zeigte. Meinen Goldfisch nannte ich Rex Gildo. Aber niemand imponierte mir so sehr wie Franz Beckenbauer. Ich hatte ein riesiges Poster von ihm an der Wand hängen und war unheimlich traurig, als er mich verließ und zu Pelé nach New York wechselte.

Ich erinnere mich noch an das Mittagsmagazin im WDR mit Dieter Thoma und Klaus Jürgen Haller. Gebannt habe ich ihnen beim Mittagessen gelauscht. Schon früh wollte ich

Die „toten Augen von London" hatten auch mal Pause, als Christiane Weber stolz zur Kommunion ging.

Journalistin werden und so wie Carmen Thomas sein, die mir mit ihrer humorvollen Art den Ü-Wagen näherbrachte.

Bei den Klassenfeiern wurde das Flaschendrehen eingeführt. Zu „Nights in white Satins" klammerten sich der kleinste Mitschüler und ich beim Blues zusammen.

An der Trinkhalle um die Ecke holten wir für wenige Pfennige Eiskonfekt, lutschten am Dolomiti-Eis und ließen uns die prickelnde Ahoi- Brause mit dem Matrosen auf dem Titelbild schmecken.

Erstmals fuhr ich mit meiner Schwester ins Ausland. Die geplante Unterkunft in Frankreich war abgebrannt. So schickte man uns nach Dänemark. Achtzehn Jugendliche schliefen in einem Zimmer. Vierzehn Tage Regen sorgten für Dauermatsch und Langeweile. Wir zogen es vor, die Tage im Bett zu verbringen und tauchten erst wieder schlaftrunken auf, als die abendliche Disco angesagt war. Wir drehten unsere Runden zu David Dundas „Jeans on" und Harpos „Moviestar". Die Fotos machten wir noch mit der handlichen „Pocketkamera" von Agfamatic.

Als ich achtzehn Jahre alt wurde, zog ich erstmals einen Rock an und tanzte mit meinen Freundinnen zu „Saturday Night Fever". Die Tanzschulzeit bringe ich mit einem Tanzpartner in Verbindung, der mir kaugummikauend ständig auf die Füße trat und nach dem Abschlussball mit mir „gehen wollte". Noch heute erinnern mich die Klänge von Sailors „Girls, Girls, Girls" an diesen schrecklich heißen Sommer. Genauso wie die kleine schwarze Vinylscheibe von Mungo Jerrys „In the Summertime".

Ich lernte das Gitarrespielen und sang Songs von Joan Baez und Reinhard Mey. „Wie vor Jahr und Tag liebe ich Dich noch" ist für mich heute noch eines der berührendsten Liebeslieder.

Ich begann die 70er Jahre als Kind und beendete sie als jugendliche Erwachsene, die stolz mit einem Käfer durch das Ende des Jahrzehnts und auf einen langen Lebensweg einbog.

Aber das ist ja wohl ein anderes Kapitel.

Christiane Weber

Als Vater starb
Meine Kindheit verbrachte ich in der DDR. Sie verlief sehr liebevoll und behütet in einem Drei-Generationenhaus. Mein Vater hatte im Uran-Bergbau gearbeitet, wo sehr gut bezahlt wurde. So fehlte es uns an nichts. Erst später sollten wir erfahren, welch hohen Preis mein Vater dafür bezahlen musste.

Kurz vor dem Mauerbau gingen meine Schwester Heidi, meine Mutter und ich „rüber" in den Westen. Zuvor hatte mein Vater dort Arbeit im Bergbau gefunden. Er holte uns nach, und wir landeten zunächst im Flüchtlingsheim in Gelsenkirchen-Heßler, wo wir auch unser erstes Weihnachten im Westen feierten. Unsere Eltern arbeiteten Tag und Nacht, und wir zogen bald um in ein Hochhaus in Hassel. Dort gab es viele Kinder. Bald hatte ich viele Freunde und wir verbrachten gemeinsam unsere glücklichen Tage in der Natur. Und auch nach unserem dritten Umzug fand ich schnell neue Freunde. Meine Eltern waren sehr tolerant und liebevoll. Ich durfte so viele Freunde wie ich wollte mit nach Hause bringen. Als ich mal von meinem Lehrer auf der Lanferbruchschule geschlagen wurde, rannte ich nach Hause. Mein Vater ging sofort zur Schule und stellte den Lehrer zur Rede und sagte ihm unmissverständlich: Man schlägt

Eine der letzten Familienausflüge mit dem Vater, bevor er in jungen Jahren verstarb.

sicher schon bald eine neue Lunge bekommen können. Doch das war ihm nicht vergönnt.

Er lag nur noch im Bergmannsheil, wo wir ihn oft besuchten. Dann kam der Tag. Ich sollte eine Kamera mitbringen und er sagte uns, dass er bald sterben würde. Wir machten ein Foto von uns an seinem Krankenbett. Und er wollte noch einmal alle seine Freunde und Verwandten sehen. Sogar seine Eltern kamen aus der DDR angereist. Drei Tage später starb er im Alter von nur 38 Jahren. Nichts war danach noch wie es war. Unsere Kindheit war mit einem Schlag beendet. Er hinterließ eine Lücke, die nicht zu schließen war. Wie er uns geliebt hat, das wird für immer unvergesslich bleiben.

Carmen Wuttke

keine Kinder. Danach passierte das auch nie wieder. So war mein Vater. Er liebte uns und tat alles, was in seinen Kräften stand.

Aber wir merkten als Kinder, dass mit ihm etwas nicht in Ordnung war. Unsere Ausflüge und Urlaube wurden immer seltener. Mama sagte uns, dass Papa krank sei und was mit der Lunge hätte. Wir mussten uns immer öfter alleine versorgen, weil unser Vater immer mehr Zeit im Sanatorium verbrachte. Es wurde immer schlimmer. Trotzdem verlor er nie seinen Mut und den Humor. Und unsere Freunde beneideten uns um ihn, weil er uns wirklich jeden Wunsch von den Augen ablas.

Aber es ging ihm immer schlechter, und wenn andere in die Disco gingen, halfen wir mit, ihn zu versorgen und zu pflegen. Mein Vater hatte eine Hoffnung: Wenn man mittlerweile auf dem Mond landen kann, wird man

Problemfälle, zweite Stufe

Typisch für die Siedlung an der Herzogstraße in Bochum – die auch „Sonnenburg" und „Asozialenasyl" genannt wurde – waren die „Junggesellen", die von den Alten auch „vorlaute Jungs" genannt wurden.

So ein vorlauter Junge war mein Bruder, so wie die meisten in der Siedlung. Zur Siedlung gehörte auch eine Männer-WG von zwei Junggesellen. Inmitten all der großen, verarmten Familien hielten sie stoisch die Respektlosigkeiten der „Rumtreiber-Banden" aus, die täglich ihre frechen Schnauzen zum Besten gaben und sich manchen mehr oder weniger gemeinen Streich ausdachten.

„Rumtreiber-Banden" bildeten sich notwendigerweise, denn wir waren immer draußen. In der Wohnung war es zu eng und wenn alle da waren, war in der Küche oder im Kinderzimmer die Hölle los. Meistens suchten wir freiwillig das Weite. Mit dem Klapprad nach Holland, das war kein Problem, spontan, versteht sich. Es gab Tage, da liefen wir 30 Kilometer durch Bochum, um Verwandte am anderen Ende der Stadt zu besuchen. Oder wir stellten Dauerlauf-Rekorde im Klingelmännchen auf und spielten am Abend dann noch zwei Stunden Fußball auf einem Bolzplatz. Diesen verließen wir dann nicht selten mit aufgerissenen Knien und Ellbogen.

Die Siedlung war ein Kosmos für sich. Als „städtische Wohnunterkunft" bot sich Ausgegrenzten und kinderreichen Familien eine preisgünstige Bleibe ohne Mietvertrag – und somit auch ohne Rechte. Der Verwalter durfte jederzeit die Wohnungen betreten. Besuch war nur bis 22 Uhr erlaubt, was aber niemand wirklich kontrollierte. Auch Telefonanschlüsse waren nicht vorgesehen, entsprechend auch nicht erlaubt.

Die Stadt Bochum machte Sozialpolitik mit einem Drei-Stufen-System. Stufe drei war die letzte. Darin verlegte die Stadt die „Problemfälle", die dort in Zwei-Zimmer-Wohnungen hausten und zweimal in der Woche für 50 Pfennig in den gemeinsamen Duschraum durften – auch „Gaskammer" genannt. Manchmal gab es auch regelrechte Strafverlegungen in die letzte aller Siedlungen namens „Zillertal". Sie war besonders verrufen und Bochum weit bekannt. Von hier gingen sozusagen alle Verbrechen der Welt aus, und selbst die Bewohner der zweiten Stufe fühlten sich als etwas Besseres. Nein, sie seien sicher keine Unschuldsengel, aber eben auch kein Pack wie dieses.

In der Stufe zwei wohnten wir, in der Siedlung Herzogstraße. Auch der sah man schon von weitem das kleine Ghetto an. Vier rote Backsteinblöcke reihten sich hintereinander, abgegrenzt durch den Bolzplatz, eine Steinfabrik, den Zaun eines Bauern und eine Straße mit großen Feldern daneben, die zu Kleingärten führten, die im Sommer Opfer von Plünderungszügen wurden.

Es gab Aufgänge zu drei Etagen, die aus langen Gängen bestanden und Zugang zu den grauen Eisentüren boten. Aber immerhin hatten wir die Dusche in der Wohnung und dazu drei statt zwei Zimmer, so dass wir es mit sieben Personen auf 54 Quadratmetern vergleichsweise gut hatten.

Auch wohnten wir im „zweiten Bau", so wurden die Blocks immer genannt. Dieser Block war etwas Besonderes, denn dort wohnte der Verwalter, der manchmal mehr soff als die „Junggesellen" und sich ansonsten nur in wirklich harten Fällen zum Einschreiten genötigt sah.

Der vierte Bau war gegenüber dem zweiten Bau völlig verrufen in der Siedlung. Dort wohnten die „Zigeuner" und von dort kamen auch immer die Läuse her. Das behauptete nicht nur meine Mutter, wenn sie uns schimpfend die kleinen Viecher auskämmte. Im vierten Bau war auch am häufigsten die Polizei, denn dort wohnten ja nur Verbrecher. Und tatsächlich endete manche Verfolgungsjagd der Polizei am letzten Bau. Von dort hörte man auch häufig das Schreien und Weinen der Frauen, die geschlagen wurden. Aber wenn ich mich recht erinnere, wurden in jedem Bau Frauen geschlagen. Die rächten sich manchmal mit geheimen und ausdauernden Hetzereien, die hier und dort mit nächtlichen Eierwürfen gegen Fenster oder in Familienschlägereien endeten.

Die Stufe eins der Bochumer Sozialpolitik habe ich nie richtig kennengelernt. Ich weiß nur, dass es dort eher einen Telefonanschluss

Mofa-Ausflüge wurden zu einem herrlichen Gefühl des Ungebundenseins.

gab und die Häuser dort fast normal aussahen. Trotzdem meinte der Rest des Stadtteils Langendreer, dass dort die Asozialen, Kriminellen und Säufer wohnen würden.

Ralf Segert

Die Welt der Mofas

Die Freiheit hatte einen Motor und war teuer. Ein Zwei-Gang-Mofa der Marke Herkules sollte es werden, dafür mussten 350 DM her. Deshalb stand vor der Freiheit die Tortur. Mein Vater hatte mir über einen Freund einen Ferienjob in der hauseigenen Schreinerei der Essener Druckerei Giradet besorgt, in der es nichts zu tun gab. Absolut nichts! Das durfte natürlich nicht auffallen. Deshalb musste ich den ganzen Tag – immer mit einem Besen in der Hand – neben der Bandschleifmaschine stehen, vor mir eine riesige Uhr, die sich über mich lustig machte, indem sie ihre großen Zeiger einfach nicht bewegen wollte. Drei Wochen, die sich wie Monate anfühlten und meine Beziehung zur Arbeit allgemein und zu Ferienjobs im Besonderen nachhaltig prägten. Danach allerdings gab es Bares. Die Lohntüte war gefüllt mit Fünf-DM-Scheinen. Stolz auf mein erstes selbstverdientes Geld warf ich das dicke Bündel zu Hause in die Luft. Der Notenregen tat gut.

Am nächsten Tag war das Geld wieder weg, dafür hatte ich – gerade 15 Jahre alt geworden – die Herkules. Und ein herrliches Gefühl von Ungebundenheit auf der ersten Fahrt durch den Essener Süden, jedenfalls einen Teil der Strecke. Dann flog mir erst der Auspuff ab, bevor auch noch der Gaszug riss. Kleinlaut schiebend kam ich zu Hause an. Mir dämmerte, dass meine neugewonnene Freiheit einen unangenehmen Preis haben könnte …

Die Herkules bescherte mir immer wieder Werkstattbesuche, und dennoch: Die Motorisierung als wichtiger Teil des Erwachsenwerdens war auch bei mir angekommen. Im Freundeskreis hatte fast jeder ein Mofa. Stolz präsentierte man die Karre vor der Schule. Der Schulbus war ab sofort etwas für die Kleinen. Freizeit, das hieß Mofafahren, egal wohin. Ein richtiges Ankommen gab es eigentlich nicht, es waren eher nervöse Pausen, bevor es endlich weiterging. Wir entdeckten die Umgegend, Bekanntschaften erweiterten sich auch in bisher unbekannte Stadtteile, wir lernten die Kneipenszene von Essen kennen, mit ihren dunklen Gestalten und – ihren anziehenden Mädchen. Abseits der Mädchen in der Klasse tat sich hier ein weites Feld auf …

Doch schon mit 16 gab ich das Mofa auf. Die Herkules war einfach zu langsam. Einige hatten auf Mokick umgesattelt, andere ihre Mofas derart frisiert, dass sie vor ihrem Erscheinen längst zu hören waren und in Spezialfällen auch schon mal nach handgestoppten 80 km/h der Polizei ihr Fahrzeug überlassen mussten. Zur Weiterentwicklung meines Mofas fehlte mir die technische Begabung und Begeisterung. Die Welt zwischen Vergaser und Ritzel blieb mir immer fremd. Längst hatte es mir eine andere Form der Fortbewegung angetan: Trampen war cool. Nicht immer erfreulich, aber wieder ein Tor zu einer neuen Welt. Und in der war für mich klar, dass ich ab sofort auf einen Auto-Führerschein sparen musste.

Achim Nöllenheidt

Führerschein-Prüfung

Am 16. Juli 1975 hatte ich meine Fahrprüfung in Moers. An diesem Tag waren alle Ampeln in der Innenstadt außer Betrieb, was ich aber nicht wusste. Der Sachverständige, der nicht unbedingt mein Freund war, wollte mich natürlich auf die Probe stellen und sagte mir davon nichts. Als wir an die Ampelkreuzung des Moerser Bahnhofes kamen, wo ich auf

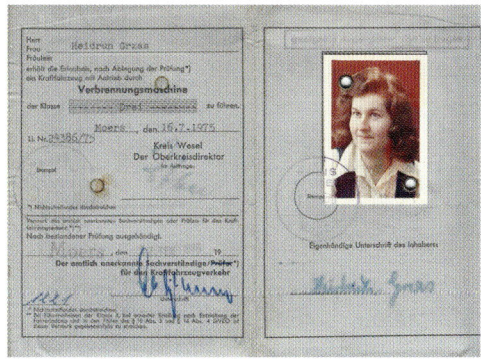

Nach dem heiß begehrten Führerschein folgte bei Heidrun Casson schon bald das nicht weniger ersehnte erste Auto.

Weisung rechts abbiegen sollte, und ich das Tempo verlangsamte, fragte er sofort nach. Ich hatte erst nur das Verkehrsschild „Vorfahrt gewähren" gesehen und dann den Polizeibeamten. Als ich zu meiner Antwort mit dem Verkehrsschild auch noch den Polizeibeamten hinzufügte, hatte ich die Top-Antwort.

Danach sagte er zu mir: „An der nächsten Ampel, die wieder in Betrieb ist, rechts abbiegen." Man kann sich vorstellen, wie ich gefahren bin, um ja nicht diese Ampel zu verpassen. Es hat aber alles geklappt und ich erhielt den begehrten Führerschein.

Heidrun Casson

Toben in der Standtranderholung

In den Siebzigern war unsere Freizeit knapper als in der heutigen Zeit. Auch am Samstag hatten wir bis 12.00 Uhr Unterricht, und manchmal ging der Sonntag auch noch zum Lernen drauf. Ja, der Sonntag war früher wirklich ein besonderer Tag.

Erst ging man zur Kirche, dann gab es Punkt 12.00 Uhr Mittagessen und draußen toben war nicht erwünscht. Schließlich lief man den ganzen Sonntag in Sonntagskleidung herum. Damit konnte man höchstens noch Federball spielen, aber Verstecken zu spielen oder auf Bäume zu klettern war unmöglich.

Da die Erwachsenen ja auch eine Sechs-Tage-Woche hatten, wollten sie möglichst am Sonntag entspannen. Man saß bei Kaffee und Kuchen im Garten oder lag in der Sonne. Es wurde Skat gespielt oder auch mit großer Hingabe Boccia. Da waren wir als Kinder gerne Zuschauer.

In der Woche sah die Freizeitgestaltung schon etwas anders aus. Langeweile gab es nie, denn es waren ja genug Kinder in der Nachbarschaft. Es wurde getobt, gekreischt und gelacht. Nebenbei lernte man noch soziales Verhalten. Kein Kind konnte es sich leisten, selbstsüchtig zu sein. Wer sich nicht an die Regeln hielt, wurde „disqualifiziert". Meistens war man schon nach kurzer Zeit bereit, zu den aufgestellten Regeln wieder mitzumachen. So wurden wir alle teamfähig, was auch im späteren Leben von Vorteil ist.

Die Urlaubsreisen meiner Familie führten in den Westerwald und an die Ostsee. Da wir kein Auto hatten, fuhren wir mit dem Reisebus oder auch mit dem Zug, damals noch Dampflok.

Manchmal fuhren wir auch nicht in den Urlaub und ich kam in die Stadtranderholung, so wie einige Kinder aus meiner Nachbarschaft auch. Es machte immer viel Spaß, wir waren den ganzen Tag draußen und konnten uns im Stadtwald austoben.

An Flugreisen oder Fernreisen, wie sie heute üblich sind, dachte man nicht im Traum. Das war aber gar nicht schlimm. Ich habe es nicht vermisst!

Monika Poerschke

Omma kochte wat Leckeres

Wie gern erinnern wir uns doch an die gute alte Zeit! An Pütt, Kohle, Kumpel, an qualmende Schlote! Die Nachbarschaft saß vor dem Haus auffe Bank, tauschte sich miteinander aus, war füreinander da.

Wir Blagen spielten draußen Verstecken, Fangen, Ball schnappen, Ringelrein, Hinkeln, Seilchen springen, Hula-Hoop bis die Laternen angingen.

Gerne erinnere ich mich auch an Ausflüge ins Sauerland mit Zelten am Sorpesee. Omma spielte oft „Mensch ärgere dich nicht" und

Liegewiese im Hallenfreibad Höntrop im Südpark, Bochum 1976

„Schwarzer Peter" mit uns. Wer verlor, bekam Nase und Wange mit echter Kohle geschwärzt. Mensch, wat hatten wir Blagen Spaß!

Die 1970er-Teenager mit Petticoat, Ballerinas, Perlenkette, Strech-Gürtel, Rock'n'Roll. Und im Kino „Die Halbstarken". 1969 lief zum ersten Mal die ZDF-Hitparade. Ach, war dat alles schön. Omma stand mit Kittel und Schürze am Kohleofen und kochte wat Leckeres für uns Blagen.

Besonders erinnere ich mich an die Rosenmontage. Alle waren eingeladen: Mama, Papa, Tante, Onkel, Nachbarn, Freunde. Die Stube war klein, der Kohleofen warm, alle hatten

Ein typischer Discjockey aus der Zeit: Mit Anzug und Fliege legte er die „Scheiben" auf. Sicher immer dabei – die großen Hits der 70er Jahre.

DIE 70 GRÖSSTEN HITS DER 70ER

ABBA: Waterloo; **S.O.S.:** Thank you for the music; **Cat Stevens:** Wild world; **Dschingis Khan:** Moskau; **Steve Goodman:** City of New Orleans; **Bob Dylan:** Hurricane; **Paul Simon:** 50 ways to leave your lover; **Kenny Rogers:** The gambler; **Emerson, Lake & Palmer:** Lucky man; **Cat Stevens**: Hard headed woman; **Billy Joel:** She's always a woman; **John Lennon:** Imagine; **Boney M.:** Rivers of Babylon; **Queen:** We are the Champions; **The Bee Gees:** Stayin' alive; **Black Sabbath:** Paranoid; **Carl Douglas:** Kung fu fighting; **Ringo Starr:** Photograph; **John Travolta & Olivia Newton-John:** You're the one that I want; **Cat Stevens:** Sad Lisa; **Elvis:** Always on my mind; **AC/DC:** Highway to hell; **Henry Valentino & Uschi:** Im Wagen vor mir; **Status quo:** Rockin' all over the world; **Pussycat:** Mississippi; **The Cats:** One way wind; **Kiss:** I was made for lovin' you; **Hot Chocolate:** You sexy thing; **Deep Purple:** Smoke on the water; **Julie Covington:** Don't cry for me Argentina; **Sailor:** Girls, girls, girls; **Harpo:** Moviestar; **Smokie:** Oh Carol; **Peter Maffay:** Du; **Daliah Lavi:** Oh, wann kommst du; **Les Humphries Singers:** Kansas City; **Nick Mackenzie:** Juanita; **Shirley & Company:** Shame, shame, shame; **Rod Stewart:** Sailing; **Jürgen Drews:** Ein Bett im Kornfeld; **Elton John:** Don't go breaking my heart; **Udo Jürgens:** Aber bitte mit Sahne; **Tina Charles:** I love to love; **Marianne Rosenberg:** Marleen; **Tony Holiday:** Tanze Samba mit mir; **Heart:** Barracuda; **Boney M.:** Ma Baker; **Supermax:** Love machine; **Gebrüder Blattschuss**: Kreuzberger Nächte; **Nike Straker Band:** A walk in the park; **Gloria Gaynor:** I will survive; **Leonard Cohen:** Who by fire; **Bob Marley:** Is this love; **Monty Python:** Always look on the bright side of life; **Wencke Myhre:** Er hat ein knallrotes Gummiboot; **Lobo**: I'd love you to want me; **Alice Cooper:** School's out; **The Police:** So lonely; **The Jackson Five:** ABC; **Chic:** Dance, dance, dance; **Michael Holm:** Tränen lügen nicht; **Miguel Ríos:** A song of joy; **Udo Jürgens:** Griechischer Wein; **Typically Tropical:** Barbados; **Demis Roussos:** Goodbye my love, goodbye; **George Baker Selection:** Una paloma blanca; **Sweet:** The lies in your eyes; **Paper Lace:** The night Chicago died; **T. Rex:** The slider; **Village People:** Y.M.C.A.

Musikfestivals kamen schwer in Mode. Egal, ob in einer Schulaula, einer Halle oder auf einer großen Wiese. Und die Konzerte erreichten immer Party-Stimmung.

Platz. Ein großer Tisch inne Mitte – gedeckt mit Luftschlangen, Konfetti, Süßkram, lecker Essen und Trinken. Karnevalshit war „Der schönste Platz ist immer an der Theke" (ne, bei Omma inne Küche).

So waren sie, unsere 1970er Jahre, die uns besonders prägten. Als die Schlote noch rauchten, Ruß auf die frisch gewaschene Wäsche rieselte, Helmut schwatt vonne Zeche kam und Omma den Kohleofen mit Ruß nachpolierte. Oh, ich mochte den Geruch von Kohle, bin ja neben Schacht vier in Altenbögge aufgewachsen. Nun ist Schicht im Schacht und die Kumpel sind mit Tränen in den Augen ihre letzte Schicht gefahren. Die Erinnerungen daran aber bleiben für immer.

Renate Hannwacker

Im Soundgewitter von GURU GURU

In den 1970er Jahren ging es Schlag auf Schlag zur Sache! Ich war seit den 60er Jahren eifriger Plattensammler. Aber um meine „Helden" leibhaftig auf der Bühne zu erleben, war ich noch zu jung. Das sollte sich im darauffolgenden Jahrzehnt nachhaltig ändern.

Das erste Rockkonzert, das ich besuchte, fand im Wittener Ruhrstadt-Theater statt. Es spielte die deutsche Band GURU GURU aus dem Odenwald. Behaarte Typen mit Gitarre, Bass und Schlagzeug. Schwerer Spacerock mit langen Instrumentalphasen, ausufernd und ekstatisch!

Mit meinem Kumpel Ralli saß ich gebannt auf einem der Kinositze – das Ruhrstadttheater war zuvor ein Lichtspielhaus – und lauschte dem Soundgewitter, das durch den Mehrzwecksaal tobte. Die gesamte Wittener Szene war anwesend, und ich durfte zuvor bei einem „Veteranen" am Joint ziehen. Es war das erste Mal, und ich weiß nicht, ob es mein Konzerterlebnis entscheidend beeinflussen konnte. Jedenfalls ist mir eine Ansage des GURU GURU-Schlagzeugers Mani Neumaier bis heute im Gedächtnis geblieben: „Als nächstes spielen wir den LSD-Marsch!"

GURU GURU waren der Auftakt. Es folgte das erste „große" Konzert. „Jethro Tull" in der Grugahalle. Ein Festival namens POP-CARNIVAL über zwei Tage, unter anderem mit „Deep Purple". Und als Höhepunkt meiner noch jungen Konzertkarriere „The Who" im heißen Sommer 1972. Manchmal war ich von vier Wochenenden an zweien in irgendeiner Halle, Schulaula oder auf einer Wiese im Stadtpark.

Manch eine Band sah man immer wieder gern – „Steamhammer", „Kraan", „Man" oder „Epitaph", die aus Lütgendortmund kamen.

Dabei waren Konzerte, die fast Partystimmung erreichten. Dann gab es die andächtigen „Schwebekonzerte", bei denen der Saal abhob und man selbst gleich mit!

Manchmal ärgere ich mich darüber, dass ich die Eintrittskarten nicht verwahrt habe.

Peter Zontkowski

Es ging stets bergauf

Für den jungen Mann des Jahrgangs 1950 begannen die siebziger Jahre schon etwas ruhiger, aber doch aufregend, da es eine Zeit eines großen Umbruchs war. Die Leichtigkeit der sechziger Jahre mit Beat, Beatles, Spaß und Unsinn schien vergangen zu sein. Man hatte seinen Berufsabschluss, verdiente sein Geld und hatte Pläne. Ein Auto, eine Freundin, Urlaub in der Ferne. Freizeit wie gewohnt, immer noch in einer großen Clique. Es gab kaum noch Tanzveranstaltungen mit Livemusik, außer in den Essener Weinstuben, für die ich eigentlich zu jung war, aber trotzdem gelegentlich mal besuchte. Discos waren angesagt. Pick fein, nur mit Anzug und Krawatte, kam man an dem Türsteher im Essener Mississippi vorbei. Auch andere Discos hatten so ihre Eigenarten, wie zum Beispiel das Guckloch im Mülheimer East-Side, um festzustellen, wer da vor der Tür steht. Das weibliche Geschlecht wurde bevorzugt hineingelassen. Es gab viele Discotheken in der Essener Innenstadt, nur um einige zu nennen, in denen ich mir die Nächte um die Ohren schlug und mein Geld ließ: das „Mississippi", der „First-Saloon", das „Big-Ben", das „San Francisco", „Sigis Kalei" und, außerhalb des Zentrums, im Stadtteil Frohnhausen, das Tabaris.

Und doch, unsere große Jungmänner-Clique hatte weiterhin erst einmal nur Spaß und Blödsinn im Sinn. Mit Glück sind wir alle unbescholten geblieben. Eines unserer Mitglieder war Frisör. Wir trafen uns freitags in meiner Wohnung, und alle fünf bis acht Jungs bekamen eine Fönfrisur. Gut gestylt, mit besagtem Anzug und Krawatte, tauchten wir während der Nacht in diversen Discos auf. Geld hatten wir alle keins, denn das ging für Klamotten und Freizeit drauf. Wir fühlten uns ja so toll mit dem Showeffekt des gemeinsamen Auftritts. Heute muss ich lachen, wenn ich an dieses Theater denke. Dies ließ jedoch nach, als dann feste Freundinnen hinzukamen und sich unser Freizeitverhalten stark veränderte. Wochenend-Tagesausflüge nach Holland, Scheveningen, Bergen, Nordwijk, an den Rhein, zu den Extern Steinen und zum Nürburgring. Und gemeinsame Abende mit vielen Diskussionen zu Hause wurden wichtig. Besonders bei den Freunden, die dann schon plötzlich verheiratet waren. Die RAF und Baader-Meinhof weckten Interesse an den gesellschaftlichen Problemen der Zeit. Politische Großveranstaltungen der CDU wurden besucht. Die Fernsehduelle der Kontrahenten, Kohl, Strauß, Wehner, Brandt, Schmidt, Genscher, Lambsdorff, waren der Straßenfeger.

Die Energiekrise bescherte uns die Autofreien Sonntage. Wir mieteten uns mit acht Personen in Altenessen früh morgens einen Planwagen mit Pferd. Wir kamen bis Essen-Kettwig, wo wir den Grill anwarfen und uns am Feuer wärmten. Wie mühsam und lang doch so eine Reise mit Pferd und Wagen sein konnte.

Da ich mich entschlossen hatte, etwas von der Welt zu sehen, ging ich als Saisonkraft ins Ostseebad Grömitz und danach für ein Jahr nach Garmisch-Partenkirchen. Diese Veränderung, sowohl geographisch als auch bezogen auf den Arbeitsplatz, war das Glück meines Lebens. In Grömitz lernte ich eine Vielzahl von Studenten aus mehr als zehn Ländern kennen, die im Ferienjob in meiner Firma arbeiteten. Wie gewinnbringend der Kontakt zu Menschen aus anderen Kulturen ist, brachte mir der Sommer in Grömitz nahe. Die Kontakte nach Frankreich und Canada bestehen noch heute. In Garmisch-Partenkirchen lernte ich dann, das du nicht nach deinem modischen Outfit beachtet wirst, sondern eher danach, wer du bist.

Die Liebe zur Natur, zu den Bergen, zu mehr Einfachheit, habe ich in Bayern gelernt. Nach zwei Jahren kehrte ich heim nach Essen und setzte meinen beruflichen Lebensweg in solider Form fort. Obwohl auch da noch das Fernweh juckte, welches sich dann jedoch auf einen fünfwöchigen Arbeitsurlaub in einem israelischen Kibbuz beschränkte. Auch dies war ein unvergesslicher Höhepunkt in meinem Leben.

Nach Jahren des Hin und Her lernte ich 1977 meine heutige Frau kennen. 28-jährig, verheiratet, steuerten die Interessen mehr dem beruflichen Vorwärtskommen und dem Wohlstand zu. Die Clique reduzierte sich, es gab neue Verbindungen und Interessen.

Die ersten dreißig Jahre meines Lebens waren von Aufbruch und Veränderung geprägt, ohne Sorgen über Arbeitsplatz und Einkommen, es ging für mich, für uns, stets bergauf.

Wolfgang Krämer

Kohle in Plastiktüten, EMMA am Kiosk
Natürlich habe ich, wie viele andere Menschen meines Jahrgangs, bleibende Erinnerungen an die 1970er Jahre. Ich muss allerdings einschränkend hinzufügen, dass für mich die 60er den Grundstein gelegt, die Marschrichtung vorgegeben haben: mit sozialen Unruhen, mit der Studentenrevolte, den Angriffen auf Benno Ohnesorg und Rudi Dutschke. Die APO war aktiv, Autoritäten wurden in Frage gestellt, die sogenannte sexuelle Revolution war bahnbrechend, der Minirock setzte sich durch.

Ob zu Hause oder auf Reisen: Jugendliche Unbekümmertheit fuhrte auch modisch zu immer neuen Möglichkeiten und Zusammenstellungen.

Aber all das kann man vielleicht als Türöffner für die 1970er begreifen, die ich (als 1951 Geborene) zwar intensiv erlebt habe, von denen ich aber in meiner Erinnerungs-Sammelkiste so gut wie gar keine Fotos, Ansichtskarten, Aufzeichnungen und Erinnerungsstücke finde.

Die 1970er, obwohl spannend, ereignisreich und markant, sind auf meiner neurologischen Festplatte nur unzureichend gespeichert. Nein, unzureichend trifft es nicht wirklich. So einiges fällt mir noch ein.

1970 habe ich mich als Studentin eingeschrieben und mein erstes Semester in Bochum an der 1962 gegründeten Ruhr-Uni begonnen, der man ja nachsagte, eine Hochschule speziell für Arbeiterkinder aus dem Pott zu sein. Das passte: war mein Ziehvater doch Malocher bei AEG in Mülheim.

In den 1970er Jahren wurde in Bochum allerdings brav studiert (zumindest in meinen Fachschaften), die Zeiten des wütenden Protests waren vorbei. Vielleicht waren die Alt-68er einfach erschöpft.

Ich war damals weder im Besitz eines Führerscheins noch eines Autos, nutzte daher sechs Jahre lang (das Studieren in den 1970ern zog sich hin, es gab noch keine Bachelor- und Masterstudiengänge) die Bundesbahn, um zwischen Essen und Bochum zu pendeln. Und was heute kaum ein Bahn-Nutzer mehr glauben mag: die Bahn war pünktlich. Immer!

Während des Studiums wohnte ich in einer kleinen Mansardenwohnung in Essen-Altendorf, damals sicherlich kein zum oberen Segment der gehobenen Wohnkultur zählender Stadtteil. Aber es gab dort viele einfache, nette Leute und eine gute Nachbarschaft. Ein Arbeiterviertel halt, aber ohne all die gravierenden sozialen, kulturellen, zwischenmenschlichen Probleme, die den Brennpunkt Altendorf heute kennzeichnen.

Geheizt wurde meine Zweieinhalb-Zimmer-Wohnung (ohne Bad!) mit nur einem Kohleofen, für dessen Befeuerung ich die Kohle aus dem Keller meiner Großeltern wöchentlich in Plastiktüten mit der Straßenbahn beförderte.

Ach ja, und Tante-Emma-Läden gab es. In jedem Stadtteil. Mit Thekenbedienung, Plauderei, Tratsch, anschreiben lassen und viel Zeit und Muße. Keine Spur von Hektik und Drängelei.

Irgendwann kam der Führerschein. Dann das erste Auto: Citroën 2CV. Eine Ente. Das Studentenauto schlechthin. Und das Wunderbare daran war: Enten-Fahrer grüßten einander im Straßenverkehr. Wir waren eine verschworene Gemeinschaft.

So ganz unspannend waren die 1970er Jahre ja also doch nicht. Es gibt Ereignisse, die haben sich eingeprägt. Auch bei mir.

Ich bin nicht das, was man einen Fußball-Fan nennt, aber bei der WM 74 habe ich mitgefiebert. Deutschland gegen Holland. Gespielt wurde in München. Mitgefiebert wurde im Wohnzimmer der Großeltern. Der Röhrenfernseher war in der Eiche-Antik-Wohnwand platziert, wir rutschten nervös auf den Altdeutsch-Imitatsesseln herum, vor uns auf dem Couchtisch die Schnittchenplatte.

Und den ersten Sommerurlaub auf Sylt, den gab es bei mir auch in den 1970ern. 1975, als die Insel noch ganz den Inselbewohnern gehörte und die Zahl der Touristen in der Hauptsaison noch sehr überschaubar war.

Ja, und 1977. Wie könnte ich das denn vergessen? Der Gang zum Kiosk einmal pro Woche war Pflicht, um die EMMA zu kaufen, die erste feministische Zeitschrift. Eine Sensation!

An 1977 habe ich aber auch die Erinnerung an den RAF-Terror. Ich weiß noch genau, wo ich mich in Bochum aufhielt, als ich von der Ermordung Hanns Martin Schleyers erfuhr.

Smog-Alarm 1979, ja, den galt es auch noch auszuhalten.

Und es gab natürlich die Liebe, die Ehe, den Einstieg in den Beruf, die neue Wohnung ... und vieles mehr.

Margret Martin

Auf der Toilette neben Karl Dall

Was war das für ein Gefühl, 1973 in der Unterprima eines neusprachlichen Jungen-Gymnasiums zu sein. Um uns herum wehte noch der Geist der 68er-Generation, denn viele Herner Abiturienten studierten in Bochum oder in den umliegenden Städten. Sie brachten das politische Gedankengut der Zeit mit nach Herne und verbreiteten es in den einschlägigen Jugendgaststätten. Ich fühlte mich hiervon angezogen, was ich nicht zuletzt durch das Tragen eines Parkas mit einem

Ausflüge in die DDR, so sie überhaupt möglich waren, fuhrten meistens zu beklemmenden Erlebnissen an der innerdeutschen Grenze.

Peacezeichen sowie den passenden, engen Bluejeans dokumentierte. Ferner trug ich eine typische Umhängetasche, die mit entsprechenden Abzeichen und Beschriftungen versehen war. In diesem „Aufzug" begab ich mich regelmäßig in die Schule, so wie viele andere meiner Mitschüler auch. Im Laufe des Schuljahres teilte uns unser Klassenlehrer mit, dass demnächst eine Studienfahrt nach Berlin im Rahmen der politischen Bildung stattfinden würde. Großartig! Eine solche Fahrt wurde seinerzeit komplett durch die Landesregierung bezuschusst, lediglich ein geringer Anteil war von den Eltern zu zahlen, so dass alle Schüler auch in der Lage waren, an dieser Fahrt teilzunehmen.

Im Januar 1974 ging es los. Die gesamte Klasse, etwa 30 Schüler, fuhr mit der Bahn vom Herner Bahnhof bis nach Berlin. Viele Schüler hatten Musikinstrumente mitgebracht, was natürlich einen ziemlichen Lärm verursachte. Dies passte unserem Klassenlehrer überhaupt nicht: Schon in Dortmund konfiszierte er bestimmte Musikinstrumente wie eine Trommel und eine Gitarre und hinterlegte sie in einem Schließfach im Bahnhof. An der Grenzstelle Helmstedt kam es zu den üblichen Turbulenzen bei der Kontrolle der Ausweise durch die damaligen DDR-Zöllner. Für uns war dies alles sehr aufregend, da wir größtenteils überhaupt noch keine Berührungspunkte mit der damaligen DDR gehabt hatten.

In Berlin wohnten wir in einem Jugendhotel (DRK-Haus), das etwa 800 Meter von der damaligen DDR-Grenze entfernt lag. In diesem Haus waren mindestens fünf weitere Schulklassen anderer Oberstufen aus dem gesamten Bundesgebiet untergebracht. Alle Klassen hatten das gleiche politische Bildungspro-

Silvesterfeiern muss man sich in den siebziger Jahren nicht überall als ein ausgelassenes Party-Feuerwerk vorstellen. Viele feierten auch still in den eigenen vier Wänden den Ausklang des Jahres.

Picknick im Grünen war eine bei Alt und Jung beliebte Freizeitgestaltung, an der oft die ganze Familie teilnahm.

E-Gitarren waren bei allen Musik-Freaks die Endstation Sehnsucht. Eifrig wurde in Kellern oder Garagen am eigenen Sound getüftelt.

gramm, wobei der Besuch des Berliner Rathauses sowie ein Tagesausflug in die damalige DDR obligatorisch waren.

Nach der tagtäglichen politischen Bildung ging es schnell um andere Themen, zum Beispiel welche Gaststätten in Berlin seinerzeit für Jugendliche angesagt waren. Wir wussten: dort wehte bereits ein ganz anderer Wind, es gab die typischen Szenegaststätten der Protestsänger sowie angesagte Diskotheken (Big Eden, Cheetah). Schnell erhielten wir von Einheimischen den Tipp, dass sich die alternative Musikszene in einer Gaststätte namens „Eierschale" abends trifft. Dort spielten in regelmäßigen Abständen bundesweit bekannte Bands. Wir machten diese Gaststätte ausfindig und liefen dort mit einer Vielzahl von Schülern auf. An diesem Abend spielte dort ausgerechnet die Blödelband Insterburg & Co. Ich erinnere mich noch daran, dass ich auf der Toilette unmittelbar neben Karl Dall stand. Wir fanden das natürlich aufregend, da wir im November 1971 ausgerechnet diese Band in Herne im Freizeithaus gesehen hatten. Damals hatte das Kulturamt der Stadt Herne die Insterburger gebucht und deren Popularität völlig unterschätzt. Zum Glück hatte ich mich rechtzeitig bemüht, eine Eintrittskarte zu bekommen. Das Freizeithaus war bis zum letzten Platz gefüllt, und zwar ausschließlich mit jugendlichem Publikum. Die Band selbst spielte auf der kleinen Bühne, es gab keine Dekorationen o.ä. Entsprechend den Erwartungen spielten die Insterburger ihre seinerzeitigen Protestsongs unter dem Motto: „Der einzige Sinn ist der Unsinn".

Nach einer Woche kamen wir mit vielen neuen Eindrücken und Gedanken zurück nach Herne. Ich selbst fand diesen Ausflug nach Berlin außerordentlich erlebnisreich und habe auch im Nachhinein sehr oft daran zurückgedacht. Insbesondere hat mich die musikalische Szene zum damaligen Zeitpunkt in Berlin sehr interessiert. Wir haben im Nachhinein des Öfteren in Partykellern, Gaststätten oder Jugendclubs zusammengesessen und die Musik gehört, die zum damaligen Zeitpunkt angesagt war (Santana, Simon & Garfunkel, Uriah Heep, aber auch Deutschrock wie Can, Nazareth und Amon Düül).

Wolfgang Bruch

Mein Freund Waldi und seine Kumpanen

Die Hunde, die Anfang der siebziger Jahre in den Haushalten unserer Siedlung lebten, tourten meistens alleine herum, jeder kannte sie. Morgens ging die Tür auf und es hieß: „Tschüss, Waldi". Niemand machte sich Gedanken über ihre „Erziehung". Hundeverordnung und Leinenpflicht waren damals noch Fremdworte. Impfpässe besaßen die wenigsten, dem Arzt wurden die Vierbeiner nur im äußersten Notfall vorgestellt. Rauften sich zwei Hunde auf der Straße, machte niemand ein Aufheben darum, es gab deswegen keinen Stress zwischen den Hundebesitzern. Die Hunde lebten einfach so nebenher.

Drei der etlichen Vierbeiner unserer Siedlung hatten es mir besonders angetan. Wie schon erwähnt, Waldi, ein mittelgroßer Dackelmix, der schräg gegenüber wohnte und den ich meistens alleine antraf. Er hatte es immer eilig, wenn er die staubigen Bürgersteige entlangstreifte, so, als hätte er noch wer weiß was zu erledigen. Ich sprach jedes Mal ein paar Worte mit ihm, streichelte ihn, um festzustellen, dass er ganz schön stank und außerdem harte Filzknoten hinter den Ohren hatte. Dankbar schaute mich Waldi aus treuen braunen Augen an und wedelte freudig mit dem Schwanz. Saßen wir Mädchen im Sommer mit unseren Liegebetten auf der großen Wiese zwischen den Häusern und spielten mit Barbie-Puppen, gesellte er sich oft zu uns, legte sich ans Fußende meiner Liege und beobachtete mich. Zu den Mahlzeiten fand er sich immer wieder zu Hause ein. Chappi und Pedigree waren für ihn Fremdworte, er fraß, was in seinem Napf landete, irgendwelche Essensreste der Familie Meyer, Hauptbestandteile: Kartoffeln mit Soße. Hin und wieder marschierte er durch eine offenstehende Tür direkt in die Küche eines Zechenhauses und kam wenig später mit einer Wurst oder einem rohen Kotelett heraus. Oft blieben solche Aktionen unbemerkt, manchmal kam jedoch fluchend jemand hinter ihm hergerannt und beschimpfte ihn übel.

Bobby war der einzige Hund, der nur angeleint anzutreffen war, wieso auch immer. Dabei war er gar nicht böse. Er kläffte nur sehr penetrant und brachte die Nachbarn oft zur Verzweiflung. Von unserem Schlafzimmerfenster aus konnte ich durch die Jasminbüsche den an der Stalltür angeleinten Hund beobachten. Gleich neben dem Stall stand vor einem großen Sandkasten eine Bank, auf dem Bobbys Herrchen den ganzen Tag abhing, soweit es das Wetter erlaubte. Nur bei extrem schlechter Witterung ließ die Frau ihren Göttergatten in die Wohnung.

Wir nannten den Kerl der Einfachheit halber Opa Bobby. Opa Bobby war genauso mager und hässlich wie sein graugrüner Hund. Die beiden rochen, wie nasse ungepflegte Hunde eben riechen, nach Kuhmist. Opa Bobby sah mit seiner schwarzen Hornbrille und der befleckten Schlägermütze aus wie das Ruhrpott-Urgestein Herbert Knebel. Oder machte etwa Herbert Knebel einen auf Opa Bobby? Herrchen und Hund hatten auch identische Zähne, dunkelgelb mit braunen Rändern am Zahnfleisch. Die Pullover, die Opa Bobby auch im Hochsommer trug, standen vor Dreck. Der Hemdkragen, der oben aus dem Pulli hervorschaute, war ebenfalls schmutzig und von nicht erkennbarer Farbe.

Bobby kannte nur das Leben vor dem Stall und in der Behausung, weshalb er wahrscheinlich so viel kläffte. Sein Fressen, eine undefinierbare braune Masse, trug Oma Bobby einmal am Tag aus dem Haus zum Stall und knallte es dem Hund mit den Worten: „Da, hasse!" vor seine Schnauze.

Traf ich Bobby alleine an, redete ich mit ihm und wagte mich ganz nah an ihn heran, um festzustellen, dass er wahrlich keine Schönheit war. Trotzdem versuchte ich ihn zu streicheln. Doch noch ehe meine Hand ihn erreichte, knurrte er los und bellte, was das Zeug hielt. Kurz darauf trat Opa Bobby auf den Plan und rief: „Verschwinde, du olle Göre, has hier nix verlorn. Hau ab."

Da Opa Bobby auch mit den anderen Kindern so ruppig umging, ärgerten wir ihn gerne gemeinsam, riefen ihm Schimpfworte hinterher, lachten ihn aus und bewarfen ihn mit Sand aus dem großen Sandkasten, woraufhin er die Augen schloss und sich schüttelte. Gern wäre er uns hinterhergelaufen, seine Kriegsverletzung, das steife Bein, hinderte ihn jedoch daran. Selbst seine rotschopfige Enkelin schmiss ihm aus sicherer Entfernung Beleidigungen an den blassen Kopf. Sie benutzte dabei ein Wort, welches ich nie kapiert habe. Mit ihrem frechen Grinsen im Gesicht rief sie mehrmals hintereinander: „Opa,

Scheiß-Klammer", was auch immer das zu bedeuten hatte.

Bobby und sein Herrchen bildeten auf ihre Art eine zufriedene Symbiose und wurden steinalt.

Ein regelrechtes Schoßhundeleben hatte damals schon der Pudel Amor. Er hatte es von den Hunden der Siedlung am besten getroffen. Ausgewählt bei einem richtigen Züchter wurde der schwarz gelockte Pudel mit langer Ahnentafel, gleich nachdem das Herrchen, welches er nie kennengelernt hatte, verstorben war, voller Freude ins alte Zechenhaus getragen.

Amor-Liese – so nannten wie sie, seit sie diesen Hund besaß – blühte regelrecht auf, seit sie sich alltäglich, auf der Fensterbank des offenen Küchenfensters liegend, Amor zwischen ihren Doppel-D-Busen klemmte und mit ihm die Leute beobachtete. Als ich in die Pubertät kam, stellte ich mir vor, was die Amor-Liese sonst noch so alles mit ihrem schwarzen Liebling anstellte. Verließ sie mit ihm die Wohnung, kam der kleine Schatz an eine rote Lederleine. Sein Strasssteinchenhalsband funkelte in der Sonne, wenn er aufrechten Ganges neben seinem Frauchen her stolzierte.

Als meine Mutter einmal bei der Amor-Liese zum Kaffeetrinken eingeladen war, kam sie ganz erzürnt nach Hause und berichtete beim Abendessen, was da abgegangen sei. Amor habe auf einem eigenen Stuhl an der gedeckten Kaffeetafel gesessen und Rosinenkuchen von einem Teller mit Goldrand gefressen. Aus schwarzen Augen habe er sie angestarrt und sie habe Angst bekommen, dass er jeden Moment zubeißen würde. Außerdem habe sein Atem übel gerochen, meinte meine Mutter noch. Nach dem Kaffeetrinken habe er sich an Herrn Müllers Wade geklammert und eindeutige Schüttelbewegungen durchgeführt. Damals wusste ich noch nicht, was sie damit meinte.

Den Briefträger biss Amor in die Hand, nachdem er den Versuch gestartet hatte, ihn zu streicheln. Wahrscheinlich war Rentenzahltag gewesen und der Postbote hatte schon einen sitzen und eine üble Fahne, weil er überall einen Kurzen eingeschenkt bekommen hatte. Amor mochte nämlich keinen Alkoholgeruch.

Einmal im Monat, immer kurz nach dem Ersten, wurden die pfundige Amor-Liese und ihr Hündchen in den VW-Käfer ihres Sohnes verfrachtet und nach Buer kutschiert, wo Amorchen eine neue Frisur verpasst bekam. Voller Staunen beobachteten wir Kinder, wenn Amor Stunden später völlig verändert, total aufgemotzt, wieder dem Auto entstieg. Er war schon ein starker Kontrast zu dem verfilzten Waldi.

Ich wünschte mir nichts sehnlicher als einen eigenen Hund, doch damit stieß ich bei meinem Vater auf taube Ohren. Des Gebettels nach einem Haustier irgendwann überdrüssig, fuhr mein Vater eines Tages, als ich zehn Jahre alt war, mit mir zu einem Zoohändler und kaufte mir Hansi, den Wellensittich. Okay, der blaugelbe Vogel war recht niedlich und machte mir lange Jahre viel Spaß. Er trank Schnaps- und Bierreste aus den Gläsern, die gelegentlich abends auf dem Tisch standen, drehte anschließend tollkühne Flugrunden durch unsere Wohnküche und sprach sogar einige Worte. Viel lieber hätte ich jedoch einen Hund gehabt. Am liebsten so einen wie den TV-Hund Lassie.

Margit Kruse

Straßen-Improvisationstheater war ein Mittel im Kampf gegen die Atomkraft. Doch stieß man irgendwann auch an die Grenzen seiner Möglichkeiten.

Stümper gegen Atomenergie

Theorie und Spiellust kamen zusammen: Es fing Ende der 70er an, einerseits im Bochumer Atombüro, andererseits in unserer Studenten-WG.

Ein Mitbewohner unserer WG war im Atombüro aktiv, außerdem mit einem weiteren Atombüroler befreundet, der demzufolge öfters in unserer WG zu Besuch war. Die Folge: Abendelang wurde bei uns diskutiert: Energiepolitik, Atomenergie, Gefahren usw. Brokdorf war damals der größte Aufreger – das AKW war im Bau, hätte vielleicht verhindert werden können. Aber auch: Wie überzeugt man den Rest der Welt? Wir waren sicher, dass Atomkraft keine Zukunft hat, aber leider, leider stimmte uns nicht jeder zu. Demonstrationen, Diskussionen, Flugblätter gab es zuhauf – nur der Erfolg ließ auf sich warten. Wir wollten andere Wege gehen.

An dem Punkt kam die kreative Seite unserer WG zum Zuge. Unsere Idee: Wir spielen

Theater, auf der Straße. Das Thema war klar: AKW. Dass keiner von uns je Theater gespielt hatte, sollte weiter nicht stören.

Gesagt, getan. Unser Projekt stellte sich dann doch als ganz schön mühsam heraus. Der Wille war da und sehr groß. Den Weg mussten wir noch suchen.

Als Studenten konnten wir gut denken und diskutieren. Und das taten wir dann auch ausgiebigst: Was wollten wir überhaupt vermitteln? Welche Inhalte waren wichtiger, welche weniger? Wen wollten wir erreichen?

Unsere Inhalte zusammenzubekommen war nicht so schwierig. Aber die vertrackte Schauspielerei!

Für Szenen hatten wir schon ein paar Ideen: Da müsste man mal nach vorne gehen, und du müsstest dann was sagen, und dann könnte ich plötzlich ... Man merkt: müsste, könnte, sollte, würde.

Der Schritt, selbst in unserer kleinen, ziemlich vertrauten Gruppe nach vorn zu gehen und etwas auszuprobieren oder mal vorzuspielen, fiel enorm schwer. Da waren doch sehr viele Hemmungen hinter unseren „Denkerstirnen".

Immerhin, wir merkten bald, was wir nicht konnten, und sannen auf Abhilfe. Wir besuchten Kurse und Workshops, versuchten uns unter kundiger Anleitung an Improvisation und Pantomime. Das half schon mal ein bisschen weiter.

Und wir suchten nach Mitstreitern, die neue Erfahrungen einbringen sollten. Dabei lernten wir Leute kennen, die genauso wenig konnten wie wir (und wahrscheinlich von uns erwarteten, wir könnten ihnen etwas beibringen), aber auch einen, der tatsächlich schon mal bei einem Laientheater aufgetreten war! Der ist zum Glück nicht gleich wieder geflüchtet, sondern hat es mit uns ausgehalten, und wir kamen zusammen ein bisschen weiter.

Während unser Stückchen nun endlich gedieh – Probenraum war das größte Zimmer in unserer WG – fingen wir an, uns parallel um Kostüme und Requisiten zu kümmern. Kosten durften die nichts, Geld hatten wir so gut wie keins, aber wir wussten uns zu helfen:

Sperrmüll wurde damals noch öffentlich angekündigt und wir wurden eifrige Sperrmüllgänger. Ich erinnere mich noch an einen alten Fernseher, den (bzw. dessen Gehäuse) wir für eine Szene brauchten.

Einiges wurde gebastelt: Jahre später stand in unserem Keller noch das Atomkraftwerk aus Pappe und Alufolie, das mittels Kaliumpermanganat und Glyzerin bei jeder Aufführung zu einer kleinen Explosion gebracht wurde.

Die Kostüme beschafften wir bei Mama und Papa. Was die schon lange nicht mehr schön fanden, war für uns ideal.

Aber auch bei der Altkleidersammlung: Ob es die Möglichkeit heute noch gibt, weiß ich nicht. Damals konnte man gegen geringes Geld (Kilopreis) Altkleider beim Verwerter direkt aus der Sortieranlage „ernten". Das hat uns z. B. einen golden glitzernden Unterrock eingebracht, der als Abendfummel herhalten konnte, oder einen weißen Kittel für unseren „Forscher".

Und schließlich und endlich machten wir auch vor der Wohnungseinrichtung nicht halt. Mithilfe von Übergardinen in Gelb und Blau verwandelten wir uns in Grundwasser und Vater Rhein.

Nach all den Vorbereitungen ist es dann tatsächlich auch zu Auftritten gekommen: mal beim Geburtstag, mal bei der Studentengemeinde, aber auch – wie geplant – in der Fußgängerzone.

Für die Auftritte brauchten wir dann auch einen Namen: Die „Stümper" waren geboren.

Das größte Publikum hatten wir sicherlich beim Straßentheaterfestival in Bochum (da hatten dann schon die 80er angefangen und Harrisburg hatte uns nochmal darin bestärkt, nicht aufzugeben). Die Leute interessierten sich für uns und blieben länger stehen – doch noch ein kleiner Erfolg!

Worum ging es nun eigentlich in unserem Stück?

Um Atomenergie, klar.

Aber im Detail kann sich anscheinend niemand von uns mehr erinnern. Irgendwann im Laufe der Jahre wanderten Texte und Requisiten in den Müll. Im Gedächtnis sind nur Bruchstücke geblieben:

Ein Forscher sucht vergebens nach der Energielücke im Land – Gehen ohne Atomstrom wirklich die Lichter aus? – Wie so ein AKW funktioniert (oder auch nicht) – Verseuchtes Grundwasser auf dem Weg in den Rhein, die Nordsee, die Weltmeere – Unzureichende Vorsorge für den Katastrophenfall – Und die Medien wirkten mit, uns so dumm wie möglich zu halten.

Was wurde aus uns?

Über das Ende der Studienzeit und die Auflösung der WG konnten wir die Stümper nicht retten. Wir starteten zwar Proben für ein neues Stück mit anderen Themen (Geschlechterrollen, Wettrüsten, Ruhrgebiet), das aber nie fertig wurde.

Dennoch haben die Stümper Folgen für uns gehabt:

Einige sind dem Laientheater treu geblieben. Workshops, Kurse und Auftritte, teils mit Kabarett, teils mit Improvisationstheater, folgten. Wenn wir dabei von den Stümpern erzählten, war das manchmal etwas peinlich …

Andere haben sich mehr auf die Musik verlegt. Oder sind in der Politik gelandet, siehe unsere Anfänge: Die AKWs müssen weg!

Ulrike Grüne

Das Bochumer „Büro für Atomenergieprobleme"

Angefangen hatte es mit einer Gruppe von Studenten aus unterschiedlichen Fachrichtungen (Ingenieure, Naturwissenschaftler, Sozialwissenschaftler), die eines einte, dass Atomkraftwerke eine Gefahr darstellten für die Umgebung, für die Energiepolitik, die Gesellschaft und zukünftige Generationen; man musste etwas dagegen tun, und natürlich den Rest der Bevölkerung aufrütteln, und das tat man auch mit Flugblattaktionen und Ständen in der Innenstadt und an der Uni, mit selbst organisierten Seminaren in der Uni und

Das Logo „ATOMKRAFT? NEIN DANKE", wurde 1975 in Dänemark entwickelt.

an der Volkshochschule, mit Aufrufen und Teilnahmen an Demonstrationen, mit dem Verfassen von Broschüren zu Problemen von Atomkraftwerken und besserer Energiepolitik.

Es gab kleine Erfolge, z.B. konnten wir den damaligen Chef der Reaktorsicherheitskommission und Prof. für Maschinenbau in Bochum, der zu einer unserer Veranstaltungen kam, bloßstellen, dass er von Auswirkungen von radioaktiven Stoffen auf den Menschen und die Umwelt viel weniger Ahnung hatte als wir, Studenten im 2./3. Semester.

Es gab aber auch Niederlagen, z.B. die Katastrophe von Tschernobyl, das war das, was wir eigentlich verhindern wollten. Dies spornte uns zusammen mit anderen Gruppen noch einmal an, zu großen Flugblattaktionen in der Bochumer Innenstadt, zu Vorträgen nicht nur zu Problemen der AKW, sondern vor allem zu einer besseren Energiepolitik und was man hierzu machen könnte.

Zurückblickend: Was hat es gebracht? Inzwischen werden die AKW abgeschaltet und Alternativenergien ausgebaut. Vielleicht haben wir ein wenig dazu beitragen können, dass die Stimmung in der Bevölkerung in diese Richtung ging, so dass dies befördert wurde.

Harald Slatky

Trinkhallen kannte keiner

Für mich sind die 70er Jahre eindeutig zweigeteilt – oder soll ich sagen in Schwarz und Weiß in Erinnerung? Für das Wintersemester 1969 hatte ich einen Studienplatz für Medizin in Kiel ergattert. Zuvor hatte ich mein Leben in Duisburg verbracht. Die ersten Wochen in Kiel habe ich nur als grau und nass in Frinnerung. Der Kontakt zu den meist aus Norddeutschland stammenden Kommilitonen war schwierig. Die gluckten lieber für sich zusammen. Als ich zu Beginn meiner Zeit dort jemanden nach der nächstgelegenen Trinkhalle fragte, wurde ich dann wohl auch noch eindeutig als alkoholabhängig eingestuft. Trinkhallen kannte man ja im Norden nicht, was mir damals nicht bewusst war. Wie froh war ich dann, als ich nach dem Physikum in den Schoß meines geliebten Ruhrgebietes zurückkehren konnte, weil ich zur (damaligen) Gesamthochschule Essen wechselte. Am Klinikum herrschte eine Art Aufbruchstimmung. Wir waren noch nicht so viele Studenten, lernten uns schnell kennen. Das Sekretariat befand sich in einer Holzbaracke, die freundliche Sekretärin dort kannte nahezu jeden Studenten mit Namen. Die meisten Studenten stammten aus dem Ruhrgebiet. Denn wer wollte von den alteingesessenen deutschen Universitäten schon ins „schmutzige" Essen ziehen. Am allertollsten war dann, dass ich beim studentischen Kegeln meinen späteren Mann kennengelernt habe, einen Essener.

Hannelore Vollmar

FRAUEN

**DIE HÄLFTE DES HIMMELS
FÜR FRAU HANS KELM**

Die „karibischen Nächte" waren eine tolle Attraktion in der Duisburger Tanzschule Paulerberg. Für viele Tanzfreudige wurde sie zur „zweiten Heimat".

Karibische Nächte

Mit 16 Jahren meldete ich mich 1974 mit einer Freundin gemeinsam in einer Tanzschule an. Es gehörte damals irgendwie zum Erwachsenwerden dazu. Man konnte zu dieser Zeit in Duisburg zwischen zwei Tanzschulen wählen. Wir entschieden uns für „TP-Tanzschule Paulerberg". Außer den Tanzschritten vermittelte Harald Paulerberg auch gewisse Regeln der „Etikette". Ich erinnere mich daran, dass die Jungen zum so genannten Mittelball die Getränke mitbrachten, wir Mädchen ‚Knabberzeug' – und „niemals Schokolade zum Wein".

Großartig war dann der Abschlussball. Zum ersten Mal bekam ich etwas „Langes". Einen geblümten Rock und eine schwarze Bluse – sehr chic!

Auf jeden Fall hatte es mich „erwischt" – Tanzen war mein Ding. Ich machte weiter: Kurs für Fortgeschrittene, Bronze, Silber ... Und dann das Allergrößte: Ich durfte in einer Formation mittanzen!

Jutta Paulerberg trainierte sowohl eine Jazz- als auch eine Samba-Formation. Diese gefiel mir wegen des Namens – „Karibische Nächte" –, der Musik und der tollen Kostüme besonders gut.

Neben der Tanzstunde, der Disco am Samstag und dem Tanzcafé am Sonntag kam das Formationstraining nun noch hinzu. Die Tanzschule wurde zu meiner zweiten Familie.

Unsere Formation tanzte nicht nur bei den Paulerberg-Abschlussbällen, sondern auch bei anderen Tanzschulen. Mit einem VW-Bus, den selbst gestaltete Plakate zierten, fuhren wir in diverse Nachbarstädte. Unvergesslich aber auch der Auftritt im Heidelberger Schloss. Es war eine tolle Zeit, deren Höhepunkt sicherlich unser Fernsehauftritt im Mai 1975 bildete.

Die Tanzschule Paulerberg richtete in der Mercatorhalle den „World Cup" aus, der live im Fernsehen übertragen wurde. Welch eine Aufregung!

Ich weiß gar nicht mehr, wie oft wir dafür trainierten. In der letzten Woche beinahe täglich. In mühevoller Kleinarbeit klebten wir Strasssteine auf die Kostüme. Zum ersten Mal benutzte ich Selbstbräunungscreme.

Meine gesamte Familie saß an diesem Samstag bei meiner Oma (sie besaß schon ein Farb-TV!) vor dem Fernseher und drückte die Daumen, dass mir der Radschlag auch gelang. Es war sensationell!

Marion Schwiening

Hausfrau und Mutter

Meine siebziger Jahre begannen mit einer Verlobung. Als Braut ging ich in das neue Jahrzehnt. Und während wir unsere Hochzeit planten, trennten sich, zu unserem großen Bedauern, die Beatles.

Nach der Hochzeit bezogen wir eine Neubauwohnung. Nicht ohne vorher die Bescheinigung über die erfolgte Trauung beim Vermieter einzureichen. Für mich war diese Wohnung ein Paradies, weil sie ein komplettes Badezimmer besaß. Das erste richtige Bad in einer Wohnung in meinem Leben! Dank unseres früh begonnenen „Vermögenswirksamen Sparens" konnten wir uns gut mit Fernseher, Kühlschrank und Staubsauger einrichten. Im Schlafzimmer lag der Flokati Teppich. Und das Telefon mit Wählscheibe durfte auch nicht fehlen. Mit unserem weißen VW-Käfer machten wir uns zur Hochzeitsreise in den Schwarzwald auf.

Leider lag unsere Wohnung an einer sehr verkehrsreichen Straße, so dass wir das Angebot des Arbeitgebers meines Mannes annahmen, eine Wohnung in Essen-Eiberg zu beziehen. Diese lag ruhig und war großzügig geschnitten. Hier hatten wir es schon auf dreieinhalb Zimmer gebracht.

Wir genossen das neue freie Leben, losgelöst von den Elternhäusern, und machten einige Reisen immer mit unserem VW-Käfer. In der Freizeit trafen wir unsere Freunde. Wir kegelten, unternahmen Ausflüge oder feierten gemeinsame Feste.

Die Frauen trugen bunte, lässige Kleidung aus Leder oder gehäkelten Sachen. Dazu Schuhe mit Blockabsatz. Und sie toupierten ihre Haare in erstaunliche Frisuren. Die Männer ließen sich ebenfalls die Haare etwas länger wachsen, trugen endlos lange und breite Koteletten, farbige Hemden und Pullunder mit Rautenmuster. Die Hosen hatten einen gehörigen Schlag.

Musik kam für uns aus den Stereoanlagen, die nun fast zu jedem Haushalt gehörten. Die Beatles, die Rolling Stones und ABBA erfreuten uns mit ihrer Musik. Wir tanzten in den Partykellern nach den vielen Schlagern von Udo Jürgens, Elvis Presley, Boney M. ... Ach, es gab eine unendliche Auswahl an Musik in dieser tollen Zeit.

Mitte der siebziger Jahre wurde dann unsere Tochter geboren. Mit ihrer Geburt im „Jahr der Frau" erhielt sie das Recht, schon mit 18 Jahren volljährig zu werden. Außerdem würde sie auf die Anrede „Fräulein" verzichten müssen. Diese wurde in diesem Jahrzehnt aufgehoben. Das Fräuleinwunder war vorbei, alle

Wäschewaschen war für die Hausfrauen eine mühsame Arbeit. Und das Trocknen an der häufig kohlenstaubhaltigen Luft oft eine frustrierende Plagerei.

weiblichen Bürgerinnen waren ab sofort mit „Frau" anzusprechen.

In diesem Jahr wurde aber auch unsere Heimatstadt Wattenscheid gegen den entschiedenen Willen der Bevölkerung zu Bochum eingemeindet. Das war ein schwerer Schlag für alle gebürtigen Wattenscheider. Da wir ja gerade in Essen wohnten, brauchten wir unser Autokennzeichen nicht in BO zu ändern, als unser VW-Käfer erschöpft war und von einem roten Audi 80 ersetzt wurde.

Meinen Beruf als Sekretärin hatte ich aufgegeben, da man sich ja um das Kind kümmern musste. „Kitas" gab es damals noch nicht. Nach acht Wochen wurde dann auch die Zahlung des Mutterschaftsgeldes eingestellt. In den Kindergarten konnte man die Kinder erst ab drei Jahren bringen. Und spätestens um zwölf Uhr mussten sie wieder abgeholt werden. Da gab es dann kein Arbeiten mehr für mich.

Also stellte man sich ganz darauf ein, Hausfrau und Mutter zu sein. Ich erlebte freudig diesen Lebensabschnitt mit Kind und Haushalt in all seinen Facetten.

Nach sieben Jahren in Essen-Eiberg zog es uns wieder in unsere Heimatstadt Wattenscheid zurück. Damals wurde viel gebaut, und auf einer großen Ackerfläche entstand ein großes Neubaugebiet. Dort konnten wir dann eine Eigentumswohnung erwerben, die diesmal sogar vier Zimmer, Küche und Bad umfasste. Schließlich stand eine weitere Vergrößerung der Familie an. Nachdem wir den Umzug bewältigt hatten, wurde unser zweites Kind – ein Sohn – geboren.

Der rote Audi 80 wurde von einem hellgrünen Jetta abgelöst, und so mussten auch wir unser Autokennzeichen in „BO" ändern lassen. Durch unseren Umzug waren wir zu Bochumern geworden. Aber im Herzen sind wir immer Wattenscheider geblieben.

Christel Naskret

Die Hälfte des Himmels oder „Frau Hans Kelm"

Eigentlich begann alles so: Ich war dreizehn Jahre alt, meine Mutter wollte mich mit einer Geburtstagskarte zum Postkasten schicken. Doch ich weigerte mich. Auf der Karte stand als Anschrift: „Frau Hans Kelm". Das war 1970, und mein erster kleiner Sieg in Sachen Frauengleichberechtigung.

Es folgten nicht so viele weitere und auch keine großartigen Erfolge. Dafür zahlreiche kleine Aktivitäten, Projekte, Ideen und – Worte. Gesprochen, gelesen, gestritten. Damit uns endlich die Hälfte der Welt gehörte. Oder, entschieden gefühlvoller und dramatischer, „die Hälfte des Himmels". Große Emotionen fehlten nie bei der sogenannten Emanzipation der Frau.

Meine Mutter trug meinen pubertär überlagerten Kampf um die korrekte Anrede ihrer Freundin mit Humor und brachte die Karte selbst zur Post. In mir loderte die Wut über so viel Ignoranz der Generation unserer Mütter. Viele Jahre später haben wir über diese Episode gemeinsam gelacht, und meine Mutter gab zu, danach nie mehr das absurde „Frau Hans Kelm" verwendet zu haben. Das war mir entgangen, denn vor lauter eigener Aufregung und Aufbegehren habe ich die emanzipatorische Entwicklung meiner Mutter erst spät wahrgenommen.

Aber nicht zu spät. Das Buch „Der kleine Unterschied und seine großen Folgen" von Alice Schwarzer begeisterte uns beide. Mama hat es mir schwesterlich ausgeliehen, so dass ich es nicht kaufen musste. Denn Frau war ja sparsam trotz aller Frauenbewegtheit. Natürlich aber auch, weil Frauen schlechter bezahlt wurden (für die gleiche Arbeit) und es in den siebziger Jahren immer noch die Leichtlohngruppen gab.

Das magere Einkommen wurde nun auch verwendet für Neuerscheinungen wie das „Frauenkursbuch" oder Zeitschriften wie „Emma" und „Courage". Oder in große Frauenfeten investiert. Zum Beispiel anlässlich des neuen Gesetzes zum Nachnamen in der Ehe. Ab Mitte der siebziger Jahre konnte auch der „Mädchenname" der Frau als Familienname gewählt werden. Also „Herr Gerda Kelm", von nun an, zieh dich warm an.

Apropos „anziehen" und „warm". Meine nicht über Gebühr frauenbewegte Mutter kleidete sich so, wie es das ungeschriebene Regelwerk für emanzipierte Frauen forderte. Nämlich in der Regel praktisch. Und was tat ich in meiner Hälfte des Himmels? Wider besseres Wissen um die aufreizende Wirkung von Hotpants, wilden Mustern, grellen Schockfarben und knappen Tops zur Schlaghose machte ich mich schön für die Männer (um deren Komplimente dann als „sexistisch" zu parieren).

Aber es gab auch ein gut gefülltes Fach in meinem Kleiderschrank mit lilagefärbter Latzhose (aus der Fachabteilung für Maler und Lackierer), riesigen langärmeligen Männer-Unterhemden, weiten unförmigen Pumphosen und viel Selbstgestricktem. Aus diesem Reservoir bediente ich mich dann, wenn die Treffen meiner Frauengruppe, der Frauenfotogruppe oder Besuche des Frauenbuchladens, der Frauenkneipe oder eines Frauenkonzerts anstanden. Mode hatte nicht mehr geschlechterspezifisch zu sein. Und wegen der damals langen Haare der Männer sahen wir von hinten ohnehin ziemlich gleich aus. In den Sommerurlaub reiste ich im Hippiekleid mit Stirnband oder Schlapphut und in Jesuslatschen (wobei ich mir meine Füße völlig ruinierte).

Zu meiner „Wut" in den Teenagertagen trug nicht unwesentlich die „Ausgangssperre" bei. Weil ich mit 14, 15 Jahren mobiler wurde und auch am Abend Freundinnen treffen, auf Partys und zu Veranstaltungen gehen wollte, bedeutete das für den dunklen Rückweg: Wut, Angst und Dauerläufe. Die unendlichen vielen Geschichten von den Vergewaltigern, die in dunklen Ecken lauerten, hatten in mir ihre volle Wirkung entfaltet. Die Rettung war da – der Mann. Der Freund, der das Mädchen nach Hause brachte. Der Vater, der es abholte. Und später dann der Führerschein.

In verheirateten Geschlechtsgenossinnen brannte die Wut, weil sie per Gesetz noch bis 1977 die Pflicht hatten, ihren Ehemann um Erlaubnis zu bitten, wenn sie berufstätig sein wollten. Und kaum eine echauffierte sich nicht über den Paragraphen 218. Anfang der siebziger Jahre stand theoretisch noch eine

Mutter und Tochter bei einem trauten Frauen-Nachmittag in Solidarität vereint.

Ein nicht ganz ernst gemeinter „Foto-Roman", entwickelt in der Frauen-Foto-Gruppe, wurde von der „Emma" auf sechs Seiten abgedruckt. Es war ein köstlicher Klamauk um den begehrten Arzt Dr. Berger und die schöne Putzfrau Dorothee.

Gefängnisstrafe auf Abtreibung und bis 1976 tobte der Kampf um die Abschaffung dieser Gesetzeslage. „Mein Bauch gehört mir" ist als Slogan noch heute bekannt. Ebenso die Titelzeile im „Stern", wo sich 400, teils prominente, Frauen dazu bekannten: „Wir haben abgetrieben". Erst als rechtskräftig wurde, dass Abtreibung in den ersten drei Monaten der Schwangerschaft mit Indikation straffrei blieb, kehrte in diesem Feld der Frauenbewegung wieder Ruhe ein.

Doch Frauen suchten weiter nach Kanälen, um ihre Wut und Empörung abzuleiten. Es entstanden Tausende von Frauenprojekten und -Aktionen, von denen mir vor allem die provokantesten in Erinnerung sind. So etwa das Werfen von Schweinshaxen bei Misswahlen. Oder die Klage gegen den „Stern" wegen sexistischer Titelblätter, an der sich auch Inge Meysel beteiligte.

Auch ich lebte das neue Frauenbewusstsein zunächst als Schülerin, dann als Studentin. Wobei es mir nicht so wichtig war, bei den großen politischen Initiativen mitzuwirken. Ich hatte sehr viel Spaß am VHS-Kurs für Frauen „Jetzt hänge ich mir die Lampe selber auf", auch wenn der Kursleiter ein Mann war. Ich kam mir als einzige Frau sehr wichtig vor im Projekt „Wie funktioniert ein AKW?", auch wenn ich kein Wort verstand.

DIE 70 WICHTIGSTEN FILME

» **12 Stühle, 1971,** von Leonid Gaidai (Archil Gomiashvili, Sergei Filippov)
» **Alice lebt hier nicht mehr,** USA 1974, von Martin Scorsese (Ellen Burstyn, Kris Kristofferson)
» **Abgerechnet wird zum Schluss,** USA 1970, von Sam Peckinpah (Jason Robards, Stella Stevens)
» **Abschied in der Nacht**, Frankreich/Deutschland 1975, von Roberto Enrico (Philippe Noiret, Romy Schneider)
» **Aufstieg,** Russland 1977, von Larissa Schepitko (Boris Plotnikov, Wladimir Gostjuchin)
» **Apocalypse Now**, USA 1979, von Francis Ford Coppola (Martin Sheen, Robert Duvall)
» **An Average Little Man**, Italien 1977, von Mario Monicelli (Alberto Sordi, Shelley Winters)
» **Ballad of Tara,** Iran 1979, von Bahram Beyzai (Susan Taslimi, Manuchehr Farid)
» **Bataillon der Verlorenen,** Italien 1971, von Francesco Rosi (Franco Graziosi, Alain Cuny)
» **Blutige Hochzeit,** Italien/Frankreich 1973, von Claude Chabrol (Stéphane Audran, Michel Piccoli)
» **Cabaret,** USA 1972, von Bob Fosse (Liza Minnelli, Michael York)
» **César und Rosalie,** Frankreich/Italien/Deutschland 1972, von Claude Sautet (Yves Montand, Romy Schneider)
» **Chinatown,** USA 1974, von Roman Polański (Jack Nicholson, Joe Mantell)
» **Cherie Bitter – So wie wir waren**, USA 1973, von Sydney Pollack (Barbra Streisand, Robert Redford)
» **Cousine Angelica,** Spanien 1974, von Carlos Saura (José Luis López Vázques, Lina Canalejas)
» **Der Filmamateur,** Polen 1979, von Krzysztof Kieślowski (Jerzy Stuhr, Malgorzata Zabkowska)
» **Der Holzschuhbaum,** Italien 1978, von Ermanno Olmi (Luigi Ornaghi, Francesca Moriggi)
» **Der Mann aus Marmor,** Polen 1977, von Andrzej Wajda (Jerzy Radziwiłowicz, Krystyna Janda)
» **Die Ermordung eines chinesischen Buchmachers,** USA 1976, von John Cassavetes (Ben Gazzara, Seymour Cassel)
» **Das Sanatorium zur Todesanzeige,** Polen 1973, von Wojciech Has (Jan Nowicki, Tadeusz Kondrat)
» **Das Geständnis,** Italien/Frankreich 1970, von Costa Gavras (Yves Montand, Simone Signoret)
» **Das Gespenst der Freiheit,** Frankreich/Italien 1974, von Luis Buñuel (Adriana Asti, Julien Bertheau)
» **Death of a President,** Polen 1977, von Jerzy Kawalerowicz (Zdzisław Mrożewski, Marek Walczewski)
» **Der Stadtneurotiker**, USA 1977, von Woody Allen (Woody Allen, Diane Keaton)
» **Die Hochzeit,** Polen 1973, von Andrzej Wajda (Daniel Olbrychski, Hanna Skarżanka)
» **Der Texaner,** USA 1976, von Clint Eastwood (Clint Eastwood, Chief Dan George)
» **Die Flucht,** Russland 1971, von Aleksandr Alov und Vladimir Naumov (Mikhail Ulyanov, Nikolay Olyalin)
» **Die Dinge des Lebens,** Frankreich/Schweiz/Italien 1970, von Claude Sautet (Michel Piccoli, Jean Bouise)
» **Die Katze,** Italien/Frankreich 1971, von Pierre Granier-Deferre (Jean Gabin, Simone Signoret)
» **Der Pate 2,** USA 1974, von Francis Ford Coppola (Al Pacino, Robert de Niro)
» **Die durch die Hölle gehen,** Großbritannien/USA 1978, von Michael Cimino (Robert de Niro, Christopher Walken)
» **Die letzte Vorstellung,** USA 1971, von Peter Bogdanovich (Timothy Bottoms, Jeff Bridges)
» **Einer flog über das Kuckucksnest,** USA 1975, von Miloš Forman (Jack Nicholson, Louise Fletcher)
» **Endstation Schafott,** Frankreich/Italien 1973, von José Giovanni (Jean Gabin, Alain Delon)
» **Ein glückliches Jahr,** Frankreich/Italien 1973, von Claude Lelouch (Lino Ventura, Françoise Fabian)

DER 70ER JAHRE

- **Ein besonderer Tag,** Kanada/Italien 1977, von Ettore Scola (Sophia Loren, Marcello Mastroianni)
- **Ein Drittel der Nacht,** Polen 1971, von Andrzej Żuławski (Małgorzata Braunek, Leszek Teleszyński)
- **Eine einfache Geschichte,** Deutschland/Frankreich 1978, von Claude Sautet (Romy Schneider, Bruno Cremer)
- **Eine Perle in der Krone,** Polen 1972, von Kazimierz Kutz (Olgierd Łukaszewicz, Jan Englert)
- **Faustrecht der Freiheit,** Deutschland 1975, von Rainer Werner Fassbinder (Peter Chatel, Rainer Werner Fassbinder)
- **Furusato,** Japan 1972, von Yōji Yamada (Hisashi Igawa, Chieko Baishō)
- **Harold und Maude,** USA 1971, von Hal Ashby (Bud Cort, Ruth Gordon)
- **Harry und Tonto,** USA 1974, von Paul Mazursky (Josh Mostel, Ellen Burstyn)
- **Hundstage,** USA 1975, von Sidney Lumet (Al Pacino, John Cazale)
- **Ich hasse Montage**, Polen 1971, von Tadeusz Chmielewski (Andrzej Herder, Joanna Kasperska)
- **Is' was, Doc?,** USA 1972, von Peter Bogdanovich (Ryan O'Neal, Michael Murphy)
- **Johnny zieht in den Krieg,** USA 1971, von Dalton Trumbo (Timothy Bottoms, Kathy Fields)
- **Jeanne Dielman,** Frankreich/Belgien 1975, von Chantal Akerman (Delphine Seyrig, Jan Decorte)
- **Kaspar Hauser – Jeder für sich und Gott gegen alle**, Deutschland 1974, von Werner Herzog (Bruno S., Walter Ladengast)
- **Liebe,** Ungarn 1971, von Károly Makk (Lili Darvas, Mari Törőcsik)
- **Liebe und Anarchie**, Italien 1973, von Lina Wertmüller (Giancarlo Giannini, Mariangela Melato)
- **Lenny**, USA 1974, von Bob Fosse (Dustin Hoffman, Valerie Perrine)
- **Manhattan**, USA 1979, von Woody Allen (Woody Allen, Diane Keaton)
- **Mado**, Deutschland/Frankreich/Italien 1976, von Claude Sautet (Michel Piccoli, Ottavia Piccolo)
- **Mord mit kleinen Fehlern**, Großbritannien/USA 1972, von Joseph L. Mankiewicz (Laurence Oliver, Michael Caine)
- **König Lear**, Russland 1971, von Grigori Kozintsev (Jüri Järvet, Elza Radzina)
- **Network**, USA 1976, von Sidney Lumet (Peter Finch, Faye Dunaway)
- **Schafe töten**, USA 1978, von Charles Burnett (Henry G. Sanders, Kaycee Moore)
- **Sieben Schönheiten**, Italien 1975, von Lina Wertmüller (Giancarlo Giannini, Fernando Rey)
- **Strohfeuer,** Deutschland 1972, von Volker Schlöndorff (Margarethe von Trotta, Friedhelm Ptok)
- **Tod in Venedig,** Italien/Frankreich 1971, von Luchino Visconti (Dirk Bogarde, Romolo Valli)
- **The Report,** Iran 1977, von Abbas Kiarostami (Shohreh Aghdashloo, Kurosh Afsharpanah)
- **Vier im roten Kreis,** Frankreich/Italien 1970, von Jean-Pierre Melville (Yves Montand, Gian-Maria Volonté)
- **Vincent, François, Paul und die anderen,** Frankreich/Italien 1974, von Claude Sautet (Yves Montand, Michel Piccoli)
- **Von Angesicht zu Angesicht,** Schweden/Italien 1976, von Ingmar Bergman (Liv Ullmann, Erland Josephson)
- **Wir waren so verliebt,** Italien 1974, von Ettore Scola (Vittorio Gassman, Nino Manfredi)
- **Wie fern, wie nah,** Polen 1972, von Tadeusz Konwicki (Andrzej Łapicki, Gustaw Holoubek)
- **Willkommen Mr. Chance,** USA/Großbritannien/Japan/Deutschland 1979, von Hal Ashby (Peter Sellers, Shirley MacLaine)
- **Züchte Raben,** Spanien 1976, von Carlos Saura (Geraldine Chaplin, Mónica Randall)

Spaß, Ausgelassenheit und wilde Feiern kamen im Übrigen nie zu kurz in diesen frauenbewegten Zeiten, denn wir waren schließlich jung.

Dann gab es noch diese lustige, aber auch ehrgeizige Frauen-Fotogruppe. In ihr entwickelten wir eine „Fotostory", die sogar in der „Emma" veröffentlicht wurde. Die Story war vordergründig herrlich trivial und handelte von der guten und schönen Putzfrau Dorothee und ihrer bösen Widersacherin Cynthia im Kampf um den begehrten Mann, den Arzt Dr. Berger. Ich rätsle noch heute, was die „Emma" da hinein interpretierte und warum sie die Story auf sechs (!) Seiten veröffentlichte.

Andere Gruppen, in denen ich mein Frausein entwickelte, waren weniger erfolgreich. Die Arbeitsgruppe „Jenny, wir kommen" löste sich im Bemühen, gemeinsam einen Roman zu schreiben, nach diversen Treffs in diversen Wohngemeinschaften, wieder auf. In Anlehnung an das Schicksal von Jenny Marx, die ihren Mann Karl unentgeltlich und unbekannterweise versorgte, während er große Manifeste schrieb, wollten wir das Unding der unbezahlten Familienarbeit mit einem Prosawerk thematisieren. Wir waren alle aufrichtig empört, merkten dann aber, dass es für einen Roman mehr braucht.

Sie hört also wohl nie auf, die Frauenbewegtheit. Auch meine Mutter lebte sie nach dem Tod meines Vaters immer intensiver, und einträchtig schlugen wir uns bei dem legendären Streitgespräch zwischen Esther Vilar („Der dressierte Mann") und Alice Schwarzer auf die Seite der „Emma"-Herausgeberin. Die Diskussion fand nachmittags im Februar 1975 statt. Für das gemeinsame Gucken hatte ich meine Frauenfotogruppe versetzt und meine Mutter ihren Frauen-Gesprächskreis abgesagt.

Das war ein toller Frauen-Nachmittag. Wir schlürften Sekt und Mama und ich fühlten uns so solidarisch. Der Termin war gut gewählt – es war Weiberfastnacht.

Barbara Kirfel

Das Zimmer

„Ich bin sicher, Sie werden sich bei uns wohlfühlen, Fräulein Müller. Fräulein Kleinken bringt Sie nach oben und zeigt Ihnen alles!" Frau Wolters gibt mir zum Abschied die Hand. Sie ist die Heimleiterin des katholischen Studentenwohnheims in Essen-Rüttenscheid. Vor ein paar Tagen, zu Beginn des Sommersemesters 1974, habe ich dort einen Platz bekommen und gerade meinen Mietvertrag unterschrieben. Die Hausordnung habe ich auch gelesen. Übernachtungsgäste sind verboten, das weiß ich jetzt.

In der sechsten Etage in meinem neuen Zuhause angekommen, stelle ich meine Taschen ab und blicke mich um. Mir gefällt, was ich sehe. Das Zimmer ist hell und freundlich. Links von mir ein dreitüriger Einbauschrank, daneben das Waschbecken. An der anderen Wand das schmale Bett. Gegenüber dem Schrank eine Tischplatte, sie reicht von einer Wand zur anderen. Unter der Tischplatte links ein Bettkasten, daneben ein Stuhl, über der Tischplatte das Fenster. Das ist also mein Schreibtisch. Dort hat auch meine Reiseschreibmaschine Platz. Ich schaue zum Fenster hinaus und habe einen weiten Ausblick auf Essen. Auf der Fensterbank und in dem Hohlraum unter dem Fenster kann ich meine Bücher lassen. Rechts von mir stehen noch ein Sessel und ein kleines Beistelltischchen.

Ich lasse mich aufs Bett fallen. Meins. Endlich einmal ein Zimmer für mich allein. Ein

Das erste Zimmer in einem Studentenwohnheim wurde zumeist liebevoll und farbenfroh gestaltet.

Zimmer, das ich mit niemandem teilen muss. Das Zimmer ist klein und eng, aber mich stört das nicht. Ich freue mich über mein erstes eigenes Reich.

Von meinen neuen Mitbewohnerinnen im Heim erfahre ich bald, dass ich das Zimmer von Lisa bekommen habe. Lisa hat eigentlich nur pro forma hier gewohnt, eigentlich war sie immer bei ihrem Freund. Aber das durften ihre Eltern nicht wissen. Sie ist nur zum Wäschewechseln vorbeigekommen.

Dass Lisa hier nicht lebt, wussten alle auf der Etage. Aber irgendjemand muss das Frau Wolters gesteckt haben und dann wurde Lisa gekündigt. „Ich finde es gar nicht gut, dass wir solche Petzen auf der Etage haben", meint Gaby. Ich finde das auch nicht gut. Aber ich bin froh, dass ich das Zimmer hier bekommen habe. Jetzt muss ich nicht mehr täglich von Gelsenkirchen mit Bus und Bahn anfahren.

Es gibt immer wieder Ärger mit der Sauberkeit in der Küche. Ich beschließe, meine Sachen sauber in den Geschirrschrank zu stellen,

Die Küche war der Treffpunkt für alle Bewohner der Etage. Hier wurde alles Mögliche besprochen. Und manchmal auch gespült.

bevor ich weggehe, um keinen Streit zu verursachen. Allerdings habe ich keine Lust, Geschirrberge von Anderen zu spülen.

Dann fällt mir ein, dass ich ja noch meine Mutter anrufen will. „Am besten unten im Eingang, da steht ein Münzfernsprecher", erklärt mir Uschi. Ich rufe meine Mutter an: „Hier ist alles prima", berichte ich ihr, „auf meiner Etage wohnen nur Frauen!" Das betone ich, um sie zu beruhigen.

„Ruf mich morgen früh doch noch einmal an! Ich will wissen, wie du geschlafen hast!" Gehorsam rufe ich sie am nächsten Morgen noch einmal an, bevor ich zur Uni fahre. Doch je länger ich dort wohne, umso weniger mache ich das, was meine Mutter will. Anfangs fahre ich noch jedes Wochenende nach Hause. Später nur noch, wenn ich unbedingt muss. Es macht viel mehr Spaß, auch am Wochenende und in den Ferien im Wohnheim zu bleiben.

Wie oft haben wir abends zusammengesessen, Martini getrunken und geklönt. Die pfiffigsten Gerichte entstanden beim gemeinsamen Kochen in der Küche der Etage. Im Sommer saßen wir bis spät in die Nacht auf dem Balkon. Im „Katholenbunker", der kleinen Pinte des Wohnheims, haben wir ausgelassene Partys gefeiert. Übernachtet hat mein damaliger Freund und späterer Ehemann auch bei mir. Für diese Zwecke hatte ich zwei Matratzen im Schrank stehen. Die breitete ich der Länge nach auf dem Boden meines Zimmers aus. Allerdings war dann dort wirklich kein Fitzelchen Platz mehr. Es durfte nur niemand in der Nacht von Mittwoch auf Donnerstag bei mir bleiben. Denn am Donnerstagmorgen kam die Putzfrau, die das Zimmer putzte und die Wäsche wechselte. Sie hätte sofort Frau Wolters gemeldet, dass jemand im Zimmer übernachtet hatte.

Das Zimmer kostete 115 Mark. Das konnte ich mir leisten von den 500 Mark Bafög, die ich im Monat bekam. Ich spürte einen Hauch von Freiheit in der Zeit, in der ich dort wohnte.

Am Ende meines Studiums fuhren wir gemeinsam nach Frankreich an die Côte d'Azur. Es war ein schöner Abschluss. Kurz nach dieser Fahrt endete auch mein freies, unbeschwertes Studentenleben. Ich zog aus, denn jetzt begann der zweite Teil meiner Ausbildung im Schuldienst in Gelsenkirchen. Wohin ich auch wieder zog, nachdem ich geheiratet hatte. Und aus Fräulein Müller Frau Teske geworden war.

Maria Teske

Es gab keine Fräuleins mehr

In den siebziger Jahren waren die Kellerbars sehr beliebt. Es musste schon so eine richtige Westernbar sein. Da saßen wir nun und hörten Abba, Queen, Led Zeppelin, und dann durften es auch die Liedermacher sein.

Im Kino schaute ich mir Fellinis Filme (z. B. Satyricon, La Strada, Boccacio) an.

Als die Kinder kamen, war das unbeschwerte Leben auch für Renate Smirnow-Klaskala erst einmal vorbei.

Aber als mein Sohn und meine Tochter Teenies wurden, ging das Alles nicht mehr. Da war das unbeschwerte Leben vorbei. Strenge oder antiautoritäre Erziehung? Ich wählte eine Mischform. Mamas und Papas hatten es nicht gerade einfach, wenn sie abends teetrinkend in der Küche saßen und auf die Heimkehr ihrer widerspenstigen Kinderchen warteten. Begeistert waren die davon nicht.

Wir waren begeistert von Willy Brandt und seiner Friedenspolitik. Sicher nicht vom Gewaltterror der RAF, der auf den siebziger Jahren wie ein dunkler Schatten lag. Aber es veränderte sich vieles zum Guten. Es gab keine „Fräuleins" mehr, Frauen waren mit „Frau" anzusprechen.

Meine Tochter brachte die Mini- und Maxi-Mode ins Haus. Später dann die „Hot Pants". Mein Sohn mutierte zum Punk mit Parka und langen Haaren. Verwandte wechselten die Straßenseite, wenn sie ihn von Weitem kommen sahen. Nicht alle waren in den neuen, toleranteren Zeiten angekommen.

Renate Smirnow-Klaskala

Frauen lernten, sich zu behaupten

1970 – ich war gerade 15 Jahre alt und besuchte seit einem Jahr die Handelsschule. Sie war eine Vorbereitungszeit auf mein angestrebtes Berufsleben im Büro. Ich war in einer reinen Mädchenklasse, denn man wollte Störungen durch Flirten und Necken mit dem anderen Geschlecht vermeiden. Natürlich ergab sich dazu aber reichlich Gelegenheit auf dem Schulhof und in den Fluren. Ich lernte das Kokettieren. Andere Mädels hatten schon Erfahrung mit dem Rauchen, was mich ebenfalls reizte. Schülern unter 16 Jahren war das Rauchen verboten, aber in den WC-Räumen wurde fleißig „geübt", was bei mir angebracht war.

Musik war immer schon meine große Leidenschaft und Tanzen meine einzige sportliche Neigung! Die Kirchen-Discos waren eröffnet. Während der Veranstaltung achteten Gemeindemitglieder auf die jungen Besucher. Wahre Höhepunkte waren die vom Jugendamt Bottrop organisierten Musikabende mit Live-Bands im Lichthof der Berufsschule, Eintritt: DM 1,50. Es waren unbeschreiblich schöne Stunden. Ich bekomme heute eine Gänsehaut, wenn ich Hits wie „San Francisco" oder „House of the rising sun" höre.

In den 1970er Jahren gab es genügend Arbeits- und Ausbildungsplätze. Der Stenografenverein hatte stets ausgebuchte Kurse. Der Chef rief noch zum Diktat. In den Büros klapperten die elektrischen Schreibmaschinen. Ich begann 1971 meine Ausbildung zur Bürokauffrau/Stenotypistin beim Rheinstahlkonzern. Anschließend wurde ich selbstverständlich ins Angestelltenverhältnis übernommen und habe in der Firma bis zu meiner Heirat 1975 gearbeitet. Als verheiratete Ehefrau gab ich, wie seinerzeit üblich, meine Berufstätigkeit auf und war fortan begeisterte „Nur-Hausfrau". 18 Monate später mit liebevoller Hingabe Mutter und auch acht Jahre später bei unserem zweiten Familienzuwachs. Übrigens: in den Siebzigern wurde bei Vermietung einer Wohnung noch nach dem Trauschein gefragt!

Meine Generation war in den 1970ern noch demütig, wogegen ich schon als Kind innerlich rebellierte, in späteren Jahren das auch auslebte. In den letzten Jahren des Jahrzehnts wurde die Frau nach und nach selbstbewusster, stand mit beiden Beinen fest auf dem Boden, wehrte sich, wollte sich behaupten und durchsetzen. Ich war dabei immer in der ers-

Auch die Mitarbeiterinnen von AEG Telefunken in Mülheim an der Ruhr lernten, für ihre Interessen im Berufsleben zu kämpfen und, wie auf dem Bild, auch gegen Lohnkürzungen zu streiken.

ten Reihe, ließ Bemerkungen los, die andere kaum zu denken wagten. Schon in der Handelsschule fiel ich mit meiner freien Meinungsäußerung bei meiner Klassenlehrerin auf. So war mir zum Beispiel absolut unverständlich, warum in einer kaufmännischen Schule Kochunterricht erteilt wurde. Außerdem gefiel ihr meine Vorliebe für Hosen und Miniröcke nicht. Freundlicherweise ließ sie das nicht an meinen Noten aus, sondern beurteilte mich stets fair nach meinen Leistungen. Später eckte ich so auch in der Familie bzw. Verwandtschaft an. Gleichzeitig wuchs ich innerlich, wie unzählige andere Frauen auch, an diesem Aufbegehren. Man wurde stark und lernte, sich zu behaupten.

Birgit Michaelsen

Beruf: Hausmann und Vater

Wir wollten ein Kind. Erheblich früher, als es für die meisten unserer zum Teil mit Unverständnis reagierenden Freunde und Bekannten zum Thema wurde. Und wir hatten beschlossen, dass ich zu Hause bleiben und mich um das Kind kümmern würde. Denn meine Frau konnte wenige Wochen nach der Geburt ihre erste Vollzeitstelle als Lehrerin annehmen. Also hatte ich meine Arbeitsstelle gekündigt. An Elternzeit, schon gar nicht an bezahlte, und erst recht nicht für Männer, war damals noch gar nicht zu denken. Der Tag vor der Geburt war mein letzter Arbeitstag als Sozialwissenschaftler, danach begann für mich ein Zeitabschnitt, der in den 1970er Jahren für Frauen völlig normal, für Männer aber total ungewöhnlich war: Ich wurde hauptberuflich Hausmann und Vater.

Dass das Vaterwerden und -sein für engagierte Väter in den 1970er Jahren nicht einfach war, merkte ich schnell: Beim mehrwöchigen Geburtsvorbereitungskurs für werdende Mütter gab es nur einen einzigen Abend, an dem auch die werdenden Väter dabei sein durften. Schwierig war es auch, eine Klinik zu finden, in der ich bei der Geburt dabei sein konnte. Nach intensiven Gesprächen mit dem Gynäkologen, dem ich hoch und heilig versicherte, dass ich während der Geburt nicht in Ohnmacht fallen würde, erklärte er sich bereit, mich mit in den Kreißsaal zu lassen.

Die erste Zeit nach der Geburt brachte zahlreiche Veränderungen und Neuerungen in mein Leben: angefangen vom Lauschen in der Nacht, ob das Kind noch atmete, über mehrmaliges Wachwerden, wenn meine Frau das Kind stillte und ich es anschließend wickelte bis hin zum Einschlafen im Sessel mit Tochter auf dem Arm, wenn ich ihr später nachts das Fläschchen gab, damit meine Frau ein wenig schlafen konnte, bevor sie morgens wieder früh aufstehen und zur Schule fahren musste.

Woran ich mich auch gewöhnen musste, waren die immer wieder auf mich gerichteten Blicke vor allem von Müttern: neugierig, erstaunt, mitleidig, skeptisch, sogar zum Teil vorwurfsvoll tadelnd – egal, wo ich mit meiner Tochter auftauchte. So begrüßte mich eine Kinderärztin ziemlich barsch: „Wo ist denn Ihre Frau? Ein krankes Kind braucht doch seine Mutter!"

An der Wurst- und Fleischtheke sowie an der Kasse von „Hill" ließen mir hin und wieder nette ältere Damen den Vortritt mit den freundlich gemeinten Worten: „Damit Sie mit dem kleinen Würmchen schnell wieder bei der Mama sind."

Auf dem Spielplatz hatte ich anfangs den Eindruck, gleich würde die Polizei benachrichtigt, weil da so ein Kerl auf der Bank sitzt und aufmerksam die Kinder im Sandkasten beobachtet. Die Mütter rückten zusammen, tuschelten. Aber das legte sich im Laufe der Zeit; schmunzelnd nahmen die meisten Spielplatzmütter meine Gesprächsbeiträge zur Kenntnis, wenn ich mit dem Satz begann: „Also, jetzt mal so ganz unter uns Müttern …" Wir kamen ins Plaudern, besprachen Erziehungsfragen und Kochrezepte und bewunderten die Fortschritte der Kinder. Mir wurde dabei ein wenig das Gefühl, Hahn im Korb zu sein, vermittelt, was durchaus angenehm war.

Und trotzdem – wirklich ausgefüllt hat mich meine Rolle als Hausmann und Vater nicht; deswegen entschloss ich mich – parallel zu meiner Vater- und Hausmanntätigkeit – zu einem Zweitstudium an der Universität Essen. Wenn die Seminare zeitlich so lagen, dass meine Frau sich nicht um unser Kind kümmern konnte, packte ich Töchterchen in die Tragetasche und nahm es mit. Professoren und meine Mitstudent(inn)en reagierten überwiegend leicht amüsiert, aber oft hilfsbereit.

Meine Zeit als Hausmann war für mich eine gute und wichtige Erfahrung; geblieben ist unter anderem der Spaß am Kochen und Backen sowie die selbstverständliche Bereitschaft, Haus- und Gartenarbeit mit meiner Frau zu teilen. Die Zeit, die ich als Vater beim Aufwachsen unserer drei Kinder erleben durfte, war abwechslungsreich und aufregend, sicherlich auch anstrengend, aber schön-anstrengend, und heute genieße ich die Zeit als Opa von bald acht Enkelkindern sehr.

Helmuth Schönig

Ein ungewohnter Anblick in den 1970er Jahren: Ein Mann schiebt einen Kinderwagen durch die Gegend. Nicht ohne seine politische Überzeugung bei der Gelegenheit zu propagieren.

Das Studentenwohnheim rauchte „Kim"

Zu meiner Studentenzeit gab es ein Darlehen vom Staat – das sogenannte „Honnefer Modell" –, das später, wenn man im Beruf war, teilweise wieder zurückgezahlt werden musste. Das reichte gerade, um die Miete für das Studentenwohnheim und ein paar Bücher und Lebensmittel bezahlen zu können. Der Vorteil, im Studentenwohnheim zu leben, war unter anderem der, dass ich sozusagen an der Quelle saß. Der damalige AStA-Vorsitzende wohnte auch dort und vieles lief seinerzeit über den AStA. So waren wir im Studentenwohnheim die ersten, die Bescheid wussten über geplante politische Aktionen, musikalische und sonstige unterhaltsame Veranstaltungen und auch diverse Jobangebote. Ein bisschen nebenbei was dazuzuverdienen war nämlich ganz wichtig für mich. Und schnelle Jobs gab es zu dem Zeitpunkt für Studenten jede Menge. So war ich im Oktober 1970 dabei, als das „Bauhaus" am Rüttenscheider Stern eingerichtet wurde und an einem Wochenende die Regale eingeräumt werden mussten. Von dem Geld, das ich dort verdient hatte, kaufte ich mir einen dunkelblauen Dufflecoat. Das Bauhaus ist nun seit Ende 2017 geschlossen ... und ich trage immer noch Dufflecoats sehr gerne.

Im Giradet Verlagshaus sortierte ich Zeitschriften und andere Presseprodukte, schenkte in Supermärkten Dubonnet zum Probieren aus, der damals gerade ziemlich beworben wurde, und marschierte mit umgehängtem Plakat als Werbeträger durch die Essener Innenstadt.

Der lukrativste Job war aber der für die Bewerbung der seinerzeit neuen Zigarettenmarke „Kim". Den Werbespruch: „Für Männerhände viel zu chic" werde ich wohl nie vergessen.

Für diesen Job war ich vorher bei der Zigaretten-Agentur an der Gruga ausgesucht – heute würde man „gecastet" sagen – und geschult worden. Die spätere Durchführung dieses Jobs wäre heute so unmöglich: Zwei junge Mädchen, möglichst blond und dunkelhaarig, gingen zusammen mit einem Vertreter der Zigarettenmarke mittags durch Kantinen und boten an den Tischen Zigaretten der Marke „Kim" an. Meine Studienfreundin und Mitbewohnerin U. – dunkelhaarig – und ich – blond – erfüllten diese Voraussetzung perfekt. Vorher waren wir ausstaffiert worden mit der entsprechend farbigen Kim-Kleidung und Accessoires. Wir trugen rote Hosenanzüge mit weißem Pulli und weiße Schuhe und hatten eine weiße Tasche mit dem Kim-Logo umhängen. Darin lagen die Kim-Schachteln; eine komplett weiße Packung mit einem wellenartigen Muster in Orange-Rot am unteren Rand. Es waren längere schlankere Zigaretten als bisher bekannt und deshalb bezeichnete man sie wohl auch als „Frauenzigaretten".

U. und ich waren wohl ein Traumteam, um das sich die Vertreter rissen, wenn es dann abends durch die Discos und Kneipen der Stadt und in der Umgebung ging. Gegen Abend wurden wir am Studentenwohnheim von einem Vertreter mit dem Auto abgeholt, der uns dann durch die diversen Unterhaltungseinrichtungen führte. Auf diese Art lernten wir „Lokalitäten" kennen, in die wir sonst wohl nie gekommen wären.

Jedes Mal, bevor wir zigarettenanbietend durch das Publikum laufen mussten, erklang eine Werbemusik: „Sie tragen Blusen und nichts darunter ..." und entsprechend waren wir dann im Focus.

Mit einem PR-Nebenjob versorgte Anne Filler das ganze Studentenwohnheim mit den seinerzeit völlig unverzichtbaren Rauchwaren.

Im letzten Lokal waren wir immer sehr knauserig mit unseren Zigaretten, denn alle Zigaretten, die wir danach noch in unseren Taschen hatten, durften wir behalten. Das hieß, dass das halbe Studentenwohnheim ca. ein halbes Jahr kostenlos „Kim" geraucht hat – auch die Männer! Wir sorgten nämlich zum Schluss immer gut vor und dieser Job lief über mehrere Wochen. Am Ende hatten wir gutes Geld verdient und konnten alle Requisiten behalten.

Die Zigarettenmarke Kim ist allerdings seit 2010 vom Markt verschwunden.

Anne Filler

Metamorphose
Mein Vater als frühpensionierter Bergmann war sehr erleichtert und froh darüber, dass ich direkt nach der Handelsschule 1973 eine Anstellung als Stenokontoristin beim Sozialamt Recklinghausen bekommen habe. Ein sicherer Job mit 16! Mit Stolz sagte er jedem, der danach fragte: „Meine Tochter ist *bei der Stadt*."

Mit der Zeit merkte ich, dass wir weiblichen Schreibkräfte – von manch männlichen Exemplaren auch abfällig *Tippsen* genannt – in der Hierarchie des Amtes zu den letzten Gliedern einer Kette gehörten.

Den Respekt musste man sich erarbeiten. Wie aber sollte man sich Respekt erarbeiten, wenn jeder junge Inspektorenanwärter mich mit der Diminutivform für Frau, also Fräulein, anreden dufte?

Außerdienstlich warf ich das Fräulein ab und verkehrte in Abiturientenkreisen in der Clique meines Freundes Sammy, der Schüler am humanistischen Gymnasium in Recklinghausen war. In unserer Freizeit besuchten wir eine etwas dunkle Kneipe, die unsere Eltern gerne als Haschspelunke bezeichneten. Sie hätten niemals einen Fuß hineingesetzt.

Das erste, was ich damals wahrnahm, waren mittelalte Männer mit langen Haaren und Bärten, die Schach spielten und diskutierten, und natürlich laute, zeitgemäße Musik wie Stones, Jethro Tull, Pink Floyd.

Wahrscheinlich wurde nicht nur reiner Tabak geraucht. Ich aber hielt mich davon fern, denn eines sollte mir nie passieren: Mit 16 schwanger werden. Ich hatte Angst vor einem Rausch und dem Verlust von Kontrolle und rauchte nur normale Zigaretten ohne Filter, um auch meinen Freunden mal eine anbieten zu können. Eigentlich waren mir diese Zigaretten zu stark, aber ich wollte dazugehören. Ich kaufte mir auch Tabak und Blättchen und lernte, Zigaretten selbst zu drehen.

Durch den Kontakt mit den Gymnasiasten wurde ich im Beruf immer unzufriedener, weil ich mich unterfordert fühlte. Als eine Arbeitskollegin mit 19 Jahren heiratete und kurz darauf Zwillinge bekam, dachte ich: „Das will ich nicht. So soll mein Lebensweg nicht sein."

Mit Sammy überlegte ich, als ich 17 Jahre alt war, wie es mit mir weitergehen könnte. Da er nach dem Abitur zum Wehrdienst eingezogen und für mich 15 Monate nicht präsent sein würde, könnte ich doch per Fernstudium neben der Arbeit mein Abitur nachholen – das war unsere Idee.

Ich ging einen Vertrag ein und bekam monatlich Bücher in allen Fächern zugeschickt, die ich nach der Arbeit im kleinen, mit meiner Schwester geteilten Kinderzimmer durcharbeiten musste. Der Lernstoff eines Buches endete mit einer Lernkontrolle in Form einer Klausur. Diese Prüfungsaufgaben wurden dann eingeschickt und von der Fernstudienagentur korrigiert. Es kamen immer neue Bücher. Ich wurde immer müder und nervöser, denn in der Regel war ich schon um sieben Uhr im Amt und arbeitete den ganzen Tag über fleißig.

Am Wochenende kam mein Freund „vom Bund" und ich wollte nicht die wenige Zeit, die uns blieb, mit Büchern verbringen. Sammy erzählte mir die absonderlichsten Geschichten von seinem Wehrdienst, von frustrierten Vorgesetzten, die besonders die Abiturienten – „die Klugscheißer" – auf dem Kieker hatten. Gerne hätte er seinen Wehrdienst verweigert. Aber mit Wehrdienstverweigerern ist man in den 1970er Jahren nicht glimpflich umgegangen. Man musste sich inquisitorischen, hinterlistigen Fragen stellen. Zum Beispiel: „Stellen Sie sich vor, Ihre Freundin würde vor Ihren Augen vergewaltigt, würden Sie da nicht eingreifen?"

Meine Studienbücherlast begann mich zu erdrücken und da las ich in der Tageszeitung, dass meine alte Kaufmännische Schule im Sommer 1976 in einem Pilotprojekt erstmalig eine Sekundarstufe II einrichten wollte, um Menschen mit Mittlerer Reife in drei Jahren zur Hochschulreife zu führen.

Ich kündigte nach einem intensiven Gespräch mit meinem Vater meinen sicheren Job bei der Stadtverwaltung. Hochmotiviert saß ich dann 1976 mit 19 Jahren wieder auf der Schulbank – nun bei einer Kollegschule.

An der Tankstellen-Kasse wurde an den Wochenenden etwas Geld verdient. Trotz Bildschirm-Überwachung kam es vor, dass „Kunden" ohne zu bezahlen das Weite suchten.

Uns alle einte ein großer Wille: mit dem Abiturzeugnis abschließen! Nicht wenige von uns waren nach der Mittleren Reife in einem ungeliebten Beruf tätig gewesen und sahen – wie ich – ihre große Chance. „Bildung für alle" war das Motto sozialdemokratischer Politik. Durchlässigkeit der Bildungssysteme war nun ein Thema. Für die Zeit der weiterführenden Schule wurde mir ein Schüler-BAföG gewährt. Dafür bin ich heute noch dankbar.

Am Wochenende und in den Ferien arbeitete ich an einer Selbstbedienungstankstelle in Recklinghausen an der Kasse zusammen mit meinem Freund, der mittlerweile endlich nach dem Wehrdienst Student sein durfte. Sammy war u. a. für die Ölwechsel und die Waschstraße zuständig. Der Stundenlohn betrug für jeden von uns nur 5 DM.

Einmal ist es Sammy passiert, dass ein Lkw-Fahrer ohne zu bezahlen das Weite gesucht hat. Circa 200 DM waren auf der Uhr. Unser Arbeitgeber war sehr streng. Sammy musste die 200 DM in 5-DM-Schritten abarbeiten.

Im Mai 1979 war es endlich soweit. Ich hielt mein Abiturzeugnis in den Händen und im Oktober schrieb ich mich dann an der Pädagogischen Hochschule in Dortmund ein und studierte auf Lehramt für die Primarstufe. Auch da wurde ich mit BAföG unterstützt, welches ich nach dem Studium in Raten teilweise zurückzahlen musste.

Im Mai 1980 heiratete ich als Studentin meinen Sammy im kleinen Kreis von elf Leuten – weder in Weiß, weder im Anzug. Damals brauchten wir einen Trauschein, um ein staatlich gefördertes sogenanntes Ehepaarappartement zu mieten. Wir hatten uns auf eine Warteliste setzen lassen und bekamen im April überraschend die Nachricht, dass ab dem 1. Juni 1980 ein Appartement frei sei.

Wir bestellten rasch das Aufgebot und ich überfiel meine Eltern mit den Worten: „Übrigens, im Mai heirate ich!" Aber das ist eine andere Geschichte.

Dagmar Sandkühler

Es zählte das Zusammensein

Februar 1970. Karnevalssamstag in Castrop-Rauxel bei Koch Willms, seinerzeit ein Kulttanzlokal. Dort war ich, mit dem Zug aus Bottrop kommend, als 18-Jährige mit meiner Freundin tanzen. Wir saßen brav am Tisch und warteten darauf, aufgefordert zu werden. Immer mit der latenten Sorge, hoffentlich werde ich aufgefordert. Nett sollte er ja auch sein. Sitzen bleiben wollte man schließlich nicht. Als Frau ging keiner alleine auf die Tanzfläche. Also wartete man, dass jemand kam.

Derjenige, der mich an diesem Abend aufforderte, ist seit 49 Jahren an meiner Seite.

Die Mode war bunt, alle Farben waren aktuell. Die Haare wurden lang getragen, meist mit Mittelscheitel. Männer trugen stolz ihre Koteletten. Mini und maxi war angesagt – mit Plateauschuhen. Die farblich passende Handtasche gehörte meist dazu. Zur Verlobung 1971 trug mein Mann eine auberginefarbene Hose mit Schlag und dazu den passenden Blazer mit Muster.

1973 suchten wir unsere erste Wohnung. Ohne Trauschein ging gar nichts. Die Aussteuertruhe, die viele seinerzeit hatten, war gut gefüllt. Bettwäsche, Damast-Tischdecken, Handtücher usw. Möbel wurden gekauft, die Schrankwand war riesig. Eiche rustikal musste es seinerzeit sein. Dazu weiße Esszimmerstühle mit orangefarbener Sitzfläche von Casala. Die Kultstühle seinerzeit und heute wieder aktuell. Dazu der passende weiße Tisch mit Pilzfuß. Diese Möbel befinden sich noch in unserem Besitz.

Elternzeit war sechs Wochen vor und acht Wochen nach der Geburt des Kindes. Kitas gab es keine. Also blieben die meisten Mütter, so wie ich auch, zu Hause. Im Alter von drei Jahren bekamen meine Kinder einen Kindergartenplatz.

Telefon hatten wenige Haushalte. Da ich inzwischen in Witten wohnte, wurden Briefe an Freundinnen und Bekannte geschrieben. Die Freundschaften hatten viel Intensität und auch Spontanität. Besuche waren oft spontan, denn wie sollte man sich kurzfristig anmelden. Bei den spontanen Besuchen wurde nicht groß überlegt, was koche ich oder was biete ich an. Es wurde gegessen, was da war. Brot und Wurst standen immer zur Verfügung. Es zählte das Zusammensein ohne viel Aufwand und Stress.

Annemarie Krein

Als Mädchen im Stahlbau oder „Wollen Sie heiraten?"

Ende 1970 kam die Berufsberatung in unsere Realschule. Schließlich endete unsere Schulzeit am 16.6.1971. Dann stand uns eine weiterführende Schule oder die Berufswelt offen. Mit dem Halbjahres-Zeugnis sollten wir uns bewerben. Vorher bekamen wir alle einen Einzel-Termin beim Arbeitsamt.

Meine Kleidung bestand aus Jeans- und Cordhosen, Pullies, Boots, Parker und – langen Haaren. Nun, wo ja der „Ernst des Lebens" begann, bekam ich von einigen netten Nachbarinnen, allesamt Hausfrauen, den gutgemeinten Rat, mich endlich hübsch zu kleiden und mir eine angesagte Frisur zuzulegen. Aber so ein „Weibchen" wollte ich ja nicht werden. Und einen „Frauenberuf" wollte ich schon gar nicht.

Also ging ich gekleidet wie immer zu meinem Berufsberatungs-Termin. Und stand dann vor einem Schreibtisch. Dahinter ein personifizierter „Stock" mit grauem Dutt, geradem Sitz und steifer Wortwahl. Sie sieht mich offenkundig missbilligend an und fragt nach meinem Berufswunsch. „Goldschmied", sage ich, worauf sie nur spöttisch antwortet: „Da gibt es nur ganz wenige Plätze. Ich bezweifle, dass du da eine Chance hast. Was machen denn deine Eltern beruflich?" Ganz selbstverständlich bin ich „du" für sie. Erst will ich sie darauf hinweisen, dann denke ich: „Scheiß drauf!"

Ihr Vorschlag, nachdem ich sie von den Tätigkeiten meiner Mutter (Krankenpflege) und meines Vaters (Post) informiert hatte: „Gehe in die Krankenpflege oder werde Telefonistin. Den Schnabel dazu hast du ja." Ich war baff und verabschiedete mich. Ihre Stellenangebote lehnte ich ab.

Eine Lehrerin, bei der ich Physik und Fachzeichnen hatte und der ich mein Dilemma schilderte, gab mir den Rat: „Werde doch Technische Zeichnerin! Du kannst Mathe, hast räumliches Denken und eine gute Hand fürs Gestalten." Eine Schulkameradin, die eine Büro-Lehrstelle in einem angesagten Inneneinrichtungsbetrieb ergattert hatte, informierte mich über eine freie Lehrstelle dort für eine technische Zeichnerin.

Zu meinem Bewerbungsgespräch war ich pünktlich am Empfang. „Er" kam mir schon entgegen, übersah meine ausgestreckte Hand und beäugte mich. Ohne Frage die männliche Ausgabe der Frau vom Arbeitsamt. Er bat mich nicht einmal in sein Büro, und eigentlich hätte ich auch gleich gehen können. Mein Zeugnis wollte er aber schon sehen und sah es flüchtig durch: „Sie tanzen wohl gerne und sind sehr fromm? Religion „sehr gut" und sonst nur Fächer „gut", die nichts zur Sache tun. Aber Mathe „fünf". Ne, das wird nichts mit uns, Mädel." Ich stand da im Flur wie abgeseift und verließ fluchtartig das Gebäude. Draußen brach ich in Tränen aus, wollte nur noch nach Hause. Aber so konnte ich unmöglich in meiner Straße auftauchen. Ich schaute mir die anderen Angebotskarten vom Arbeitsamt genauer an und stellte fest, dass ein Ingenieurbüro um die nächste Ecke lag, klingelte dort und fragte mich erst dann, ob meine Wimperntusche wohl tränenfest war. Mein späterer Kollege, riesig groß, öffnete und lächelte amüsiert an mir runter. Ich legte nach einer Begrüßung richtig los: „Ja, ich will eine Ausbildung. Ja, ich habe in Mathe ne Fünf. Aber nur jetzt. Das hat mich alles nicht interessiert. Sonst habe ich bessere Noten."

„Mal mit der Ruhe, junge Frau. Weißt du denn überhaupt, was wir hier machen?"

„Ja, Zeichnungen."

„Kommst du denn überhaupt an das Brett?" Und brachte mich zu einem riesigen Zeichenbrett. Ich griff beherzt zu. Sofort schnellte der Zeichenknopf bis an die Decke. Erschrocken sah ich in lachende Gesichter. Dann zeigten sie mir Stahlbau-Zeichnungen. Und ich war sofort fasziniert.

Ob ich Angst vor Dreck, Farbe und Werkzeug hätte, war eine Frage, die ich getrost verneinen konnte. Und dann sagte der Chef noch, dass Schulnoten für ihn nur bedingt aussagefähig seien. Er hätte da so seine Erfahrungen.

So begann meine Ausbildung am 1. August 1971. Einmal in der Woche hatte ich Berufsschule. Bis auf drei Mädels nur Jungs. Nahezu alle lernten Maschinenbauzeichner und arbeiteten bei Babcock. Dort hatten die nur einen Tag Schule und mussten überhaupt nur Übungs-Zeichnungen machen. Unser Klassenlehrer hofierte die Babcockianer und richtete den Unterricht nach den Maschinenbauern aus. Für mich hatte er nur ein mitleidiges Kopfschütteln übrig. Ein Mädchen im Stahlbau. Wie das nur ausgehen sollte?!

Meine Hausaufgaben erledigte ich nur so nebenbei, da ich es überflüssig fand, Zahnräder usw. zu zeichnen und zu berechnen. Ohne die Sorgfalt, die ich im Büro an den Tag legte, kam ich daher in Fachzeichnen und -rechnen nur auf durchschnittliche Noten. Aber für mich, immer mehr bereits in der Firma mit konkreten Arbeiten betraut, waren die ganzen Übungs- und Fleißarbeiten in der Berufsschule nur noch Zeit- und Papierverschwendung.

In der Stahlbau-Werkstatt, für die wir Zeichnungen anfertigten, waren Frauen gar nicht vorgesehen. Es gab keine eigene Umkleide, keine Toilette. Aber in einem kleinen angeschlossenen Büro gab es eine Damentoilette. Dort habe ich mich umgezogen und gewaschen. Aber ich bin auch mal in Arbeitskleidung nach Hause gegangen.

Und dann kam die Prüfung. In Essen in einem riesigen Saal. Sie dauerte drei Tage. Einen für die theoretischen Fragen, einen für verschiedene Fachzeichnungen. Und dann die praktische Zeichnung für die einzelnen Fachbereiche. Für mich eben eine im Stahlbau-Bereich. Am dritten Tag ging für mich alles schief. Ich riss das Blatt ein, setzte falsch an, was weiß ich noch. Nach zwei Stunden hing vor mir ein komplett ruiniertes Blatt Pergament. Eine Aufsichtsperson meinte nur: „Fang am besten noch mal von vorne an." Und das habe ich getan und plötzlich war ich die Ruhe selbst. Ich habe ohne Blick auf die Uhr einfach losgelegt – war doch eh egal.

Dann kam der Tag der Entscheidung. Wir würden unseren Gesellenbrief bekommen. Oder eben nicht. Aufgeregt standen wir vor dem Ausschuss. Alle wurden hereingerufen – und kamen strahlend wieder heraus mit ihrem Gesellenbrief. Nur noch ein Junge und ich blieben übrig. Der Klassenlehrer, der dabei war, fixierte mich abfällig. „Bin ich durchgefallen?", fragte ich ihn ängstlich. Der drehte sich nur wortlos zu den anderen um.

Nun sollte ich rein. Da saßen fünf Männer in einer Reihe. „Möchten Sie heiraten?", war die erste Frage. Ich weiß nicht, wie blöd ich geguckt habe. „Nein, habe ich nicht vor", sagte ich. „Ja, dann ist ja gut. Männer wollen nämlich keine Frauen, die schlauer sind." Und dann wurde mir eröffnet, dass ich die erste Stahlbauzeichnerin hier sei und die Beste überhaupt in diesem Ausbildungsjahr.

Als ich nach einer halben Stunde wieder vor der Tür stand, war der Gang völlig leer. Keiner hatte auf mich gewartet. Sie waren feiern gegangen. Mit dem Klassenlehrer.

Am letzten Schultag, der nach der Prüfung noch stattfand, waren alle reserviert. Als sei ich scheinheilig und irgendwie zur „Besten" mutiert. Dabei hatte ich nie einen Hehl aus meiner großen Neigung zum Maschinenbau gemacht.

Mein Beruf hat mir immer viel Spaß gemacht. Natürlich auch, weil mensch schon während der Ausbildung wesentlich mehr verdient hat als in einem typischen Frauenberuf. Und mensch wird nicht an subjektiven Werten gemessen. Eine Zeichnung kann nur falsch oder richtig sein.

Claudia Hühnerbach-Kniep

FUSSBALL

„KEINE MÄDCHEN
AUF DEM BOLZPLATZ!"

Eine typische „Straßenmannschaft" in den siebziger Jahren. Kinder gab es überall genug. Nur mangelte es an geeigneten Bolzplätzen. Doch der Autor – stehend in der Mitte – fand mit seinen Kumpels immer irgendwo eine Spielfläche.

Wenn Bernd mit Gummistiefeln schießt

„Piss!" – „Pott!" – „Piss!" – „Pott!" – „Piss!" – „Pott!" Klingt jetzt nicht so appetitlich, ist aber unverzichtbar. Denn das rufen die beiden Wählenden, während sie abwechselnd einen Fuß vor den anderen setzen und sich dabei immer näher kommen. Wer dem anderen am Ende auf die Spitze latscht, hat verloren. Und der Wahlsieger entscheidet stolz: „Ich nehm' den Langen!"

Der Wahlverlierer holt sich den Nächstbesten in sein Team, bis am Ende der dicke Junge übrig bleibt. Für den ist das jedes Mal bitter, seine Glanznoten in Mathe nützen ihm hier nichts. Hier zählen andere Talente. Hier spielt das Leben. Der dicke Junge ist froh, dass er diesmal nicht hören muss: „Den könnt ihr auch noch haben!"

Wir sind in Wanne-Eickel, Anfang der Siebziger. Brandt ist Kanzler, Huberty moderiert die Sportschau, Heck die Hitparade, und wir beackern ein kleines Feld. Umrahmt von Wildwuchs, weit genug weg von der Straße: Dies ist das Feld der Träume. Acht- bis Elfjährige bereiten hier ihre Profikarrieren vor, aus denen später nichts wird. Auch Herbert wird es nicht helfen, dass er ein schwarzes Torwart-Trikot hat wie sein Vorbild Bernd Franke von Eintracht Braunschweig.

Der Boden ist aus Lehm, plattgetreten in ungezählten Stunden, die wir im „Sauerland-sei-uns-gnädig-Stadion" verbracht haben. So nennen wir den Bolzplatz, seit uns das Gerücht zu Ohren gekommen ist, dass die Bäckerei Sauerland nebenan unsere Spielfläche in eine Zufahrt plus Parkplatz verwandeln will. Für uns heißt das: keine Zeit verlieren! In den Ferien wird schon ab elf Uhr gepöhlt. Nach acht, neun Stunden bist du die Krone der Erschöpfung, aber du fühlst dich großartig. Den Abpfiff haben die Eltern vorher festgelegt: Schluss ist, wenn die Straßenlaternen angehen.

Samstags rennen wir mittags noch eben rüber zum Aschenplatz. Da haben wir ein E-Jugend-Spiel im Verein – muss ja auch sein. Danach: Trikot anlassen (gehört uns ohnehin, der Verein hat kein Geld), Dusche umdribbeln und sofort zurück auf den Bolzplatz. Schweißkunstlauf.

„Ich stecke dich am besten komplett in die Waschmaschine!" Die Mutter sagt das häufig. Regen? Pfützen? Matsch? Sind nur problematisch, weil sich der Lederball vollsaugt und schwerer wird. Der Kontakt mit den Nähten der Kugel kann beim Kopfball ganz schön schmerzhaft sein.

Hauptsache, es ist überhaupt einer da, der einen Ball besitzt. Der mit dem Ball weiß, dass er sich Chef-Allüren leisten kann. „Ersten alles!", sagt er, wenn es losgeht. „Ersten alles" heißt: Er schießt den ersten Freistoß und den ersten Elfmeter. Die erste Ecke nicht, Ecken sind tabu, wären bei kleinen Teams ja ein Nachteil. Das Gesetz heißt: Drei Ecken – ein Elfer!

Manchmal simulieren wir ein Bundesligaspiel. Der eine will Libuda sein, der andere Netzer, wahlweise kicken auch Beckenbauer, Overath, Held oder Lippens mit. Wer den Ball hat, kommentiert gleichzeitig – im Radioreporter-Stil: „Und Beckenbauer passt nach außen, da kommt die Flanke – Kopfball, und wieder eine Parade! Nigbur hält heute einfach alles!"

Ein Spiel dauert meistens „bis Zehn". Heißt: Hat eine Mannschaft zehn Tore, ist Ende. „Letzter Mann hält" ist auch so eine häufig angewandte Regel, wenn wieder keiner Lust hat, die ganze Zeit zwischen den Pfosten zu stehen.

Pfosten bestehen mal aus Jacken, mal aus Taschen, mal aus Erdhaufen. Als wir bei der Ballsuche im Gestrüpp ein paar Holzlatten finden, fühlen wir uns wie Lottogewinner. Nur Herbert muss aufpassen, dass ihm die Latten beim Pfostenschuss nicht um die Ohren fliegen.

Wehleidig sollte man hier ohnehin nicht sein. Mamis kleiner Liebling, der bei jeder Ohrläppchenzerrung auf dem Boden wälzend um Aufmerksamkeit ringt, spielt genau einmal mit. Strittiges regelt man hier nämlich so: „Foul ist erst, wenn's blutet."

Schnell zu sein ist auch nicht übel. Manchmal erscheinen nämlich ganz plötzlich die älteren, stärkeren Jungs aus einer leicht verrufenen Gegend und beanspruchen den Platz für sich. Einige von uns meinen, das seien Typen, bei denen man hören kann, wie der Wind durch ihre Hohlbirnen pfeift, andere reden nicht so gut über die. Und wehe, die haben keinen Ball dabei. „Rück den Ball raus, oder es gibt was auf die Nase" – das ist leider nicht die Wahl, nach der es aussieht. Was auf die Nase gibt's so oder so.

Aber es kommen auch wieder Festtage. Wenn die befreundete Straßenmannschaft aus der Nähe zu Gast ist, geht es um die WM. Wir tauschen selbstgemalte Wimpel aus, laufen ein – und machen Erfahrungen, die wir nie wieder vergessen werden. Als Bernd den entscheidenden Elfer verschießt, weil ihn seine Mutter an diesem verregneten Tag in Gummistiefeln rausgeschickt hat, weiß er noch nicht, dass dies nur die siebzehntschlimmste Sache sein wird, die ihm im Leben passiert. Jetzt fehlt ihm gerade eine Höhle, in die er sich verkriechen könnte.

Nur einmal werden die Straßenspiele in ihrer Bedeutung übertroffen. Vom ersten und einzigen Länderspiel im „Sauerland-sei-uns-gnädig"-Stadion.

Ein paar Meter entfernt steht ein Junge, den wir noch nie gesehen haben. Unsicher nähert er sich. Er spricht kaum Deutsch. Ekrem heißt er, er ist kürzlich mit seinen Eltern aus der Türkei gekommen. Natürlich darf er sofort mitkicken.

Als wir mitbekommen, dass Ekrem Brüder hat, steht der Plan: Deutschland gegen Türkei, auf Wanne-Eickeler Boden. Am nächsten Samstag. Mit Onkel Hubert als Schiedsrichter.

Gut, dass uns diese Idee noch gekommen ist, denn Ekrems älterer Bruder Serdar erweist sich als Heißsporn. Onkel Hubert, Typ herzensguter Kerl, regelt das auf seine Weise. Er hat ein paar Flaschen Limo dabei, unterbricht das Spiel kurz, wenn ihm danach ist, und versorgt beide Mannschaften. Serdar ist wieder beruhigt.

Onkel Hubert ist auch so clever, das Länderspiel abzupfeifen, als es 6:6 steht. Die Mutter der türkischen Jungs hat das historische Ereignis verfolgt, sie winkt uns heran und zaubert Brote aus ihrer Tasche. Ganz dicke Schnitten. Großartig.

Ekrem, kommst du morgen wieder? Dann zeigen wir dir auch, wie bei uns gewählt wird. Pass auf, lern' bis dahin schon mal Deutsch: Piss – Pott – Piss – Pott.

Peter Müller

Buttern im Tossehof

Eine beliebte Spielform war das sogenannte Buttern. Das funktionierte im Tossehof so: Einer ging ins Tor und die anderen versuchten, ihm den Ball reinzuhauen. Wer daneben zielte, musste selbst ins Tor. Jeder hatte zehn Punkte plus Gummipunkt. War der weg, schied man aus. Wer zuerst ins Tor musste, klärte ein Lattenschießen. Wenn zwei übrig waren, entschied ein Elfmeterschießen. Für denjenigen, der zuerst rausflog, ließen wir uns immer irgendwelche Gemeinheiten einfallen. Den Platzwart der Sportanlage verarschen, Klingelmännchen machen oder kopfüber in die Sandgrube springen. Da war unser Einfallsreichtum schier unbegrenzt.

Marc Elsenheimer

Alle durften mitmachen

Wir haben fast jeden Tag Fußball gespielt. An Wochenenden auch mit unseren Vätern. Nach dem Spiel kam meine Mutter dann mit zwei, drei Blechen Apfelkuchen und Kakao. Wir waren meist acht bis zehn Kinder und ebenso

Ein Bolzplatz der besseren Art. Denn es gab ein Torgestänge, wenn auch ein offenbar sehr fragiles. Zumeist dienten Kleidungsstücke oder Tornister als Pfosten.

viele Väter. Einmal im Monat gab es nach dem Spiel Kartoffelsalat und Würstchen. Vor ein paar Jahren wurde bei uns in der Siedlung in Gladbeck-Zweckel ein Teil des Spielfilms „Landauer" gedreht. Szenen spielten auch auf unserem Bolzplatz. Da wurden alte Erinnerungen wach. Es war so unvergleichlich auf unserem Bolzplatz, weil alle mitmachen konnten.

Herbert Siemann

Drei Ecken ein Elfer
Oft spielten wir zu dritt, einer im Tor und zwei gegeneinander. Drei Ecken, ein Elfer. Gespielt wurde meist, bis der erste zehn Tore geschossen hatte. Wir spielten um den Frühjahrs-, Sommer-, Herbst- und Wintertitel. Diese Meisterschaften wurden immer sehr ernst genommen. Weil wir keine „richtigen" Tore hatten, wurden die Pfosten aus Jacken und Pullover gebildet. Leider ließ ich die immer mal wieder liegen. Und dann gab es zu Hause großen Ärger. Vor allem, wenn die Kleidungsstücke später nicht mehr auffindbar waren.

Thomas Kolb

Keine Mädchen auf dem Bolzplatz
Es gab in den Sommerferien nichts Schöneres als mit dem Fahrrad zur „Kirchwiese" in Essen-

Stoppenberg zu fahren, um mit den Kumpels den ganzen Tag lang Fußball zu spielen. Das Mittagessen war die einzige Unterbrechung. Dann ging es wieder zum „bötschen". In Ermangelung von Spielern brachen wir mit dem Grundsatz „Keine Mädchen auf dem Bolzplatz!", allerdings erst nach einem strengen Test. Wer als „brauchbar" eingestuft wurde, war voll integriert. Weibliche Kopfballtore und gewagte Grätschen waren dann keine Seltenheit.

Ulrich Matenar

Ärger mit dem Hausmeister

Unsere Straßenclique bestand aus mehr als 20 Kindern und wir spielten Fußball an allen Ecken. Unser Lieblingsplatz war die Schulwiese an der Grundschule. Dort hatten wir stets Ärger mit dem Hausmeister. Unsere leicht verfehlten Schüsse trafen manchmal halt ein Fenster der Schule. In Nullkommanix verschwanden wir dann von der Bildfläche. Schiss hatten wir schon. Aber ein Fußballspiel-Verbot wurde natürlich nicht eingehalten. Von Verboten ließen wir uns nicht unterkriegen. Wir haben einfach immer weitergemacht.

Andreas Karrenberg

„Fußball rot-weiß"

Der Fußball und das Ruhrgebiet – eine unendliche Geschichte! So war es von Kindesbeinen an auch bei mir. Erste Erinnerungen gehen zurück zum „Pöhlen" hinter unserem Wohnhaus, auf einer Wiese, auf der die Wäschestangen standen, die uns als Tore dienten. Sonntags, vor dem guten Sonntagsbraten, ging's mit Vater zum Sportplatz, wo der BVA spielte. Dort herrschte eine Wettkampfatmosphäre mit brüllenden, gestikulierenden Erwachsenen am Spielfeldrand, mitunter Zigarre rauchende ältere Herren, die zu wissen schienen, wie man es auf dem Platz besser machen müsste. Wir Kleineren durften dann den Bällen hinterherjagen, wenn sie ins Aus geschossen worden waren. Nichts aber war vergleichbar den Erlebnissen, wenn es denn mal zu Rot-Weiss Essen in die für uns große, weite Fußballwelt ging!

Wir wohnten damals in der Nähe des Kaiserparks in Altenessen. Das berühmte Georg-Melches-Stadion befand sich eine gute Dreiviertelstunde Fußweg entfernt. Und natürlich lief man, wie ja auch die meisten Besorgungswege zu Fuß zurückgelegt wurden. Der lange Marsch zum Fußballtempel gehörte schon zum reinsten Vergnügen und ließ Meter um Meter die Spannung steigen. Schienen Vater und ich mindestens bis zum Altenessener Markt am Beginn der langen Vogelheimer Straße noch die einzigen Fans zu sein, so strömten danach mehr und mehr Besucher aus den Nebenstraßen zusammen, bis sich schließlich kurz vor der Hafenstraße ein Mahlstrom an Fußballfans hin zum Stadion ergoss. Zuletzt im Trippelschritt ging es zu den Einlasstoren, wo man sich wegen des Gedränges eng bei den Händen halten musste, um nicht auseinander gerissen zu werden. Hatte man diesen Engpass überwunden, galt es nun einen einigermaßen guten Stehplatz, leider wieder im Gedränge, zu finden. Vater wählte gerne einen Platz vor oder kurz hinter den sog. Wellenbrechern, die dazu dienten, Wellen eventuell herabstürzender Zuschauer abzufangen. Da man oft zwei und mehr Stunden dicht beieinander stehen musste, war es ein besonderes Vergnügen für uns Kinder, zeitweilig auf den Wellenbrechern sitzen zu dür-

Harry de Vlugt auf den Schultern begeisterter RWE-Fans. Der pfeilschnelle Rechtsaußen hatte mit seinen Toren entscheidenden Anteil am Aufstieg 1973.

Für immer das RWE-Idol schlechthin. Willi Lippens ist nach Helmut Rahn der größte RWE-Kicker aller Zeiten. Die „Ente" lief 395mal für Rot-Weiss Essen auf und begeisterte mit seiner Technik und Torgefährlichkeit.

fen. Für uns, aus einer ruhigen Siedlung kommend, kaum berührt vom Autoverkehr, war die Atmosphäre im Stadion ganz besonders aufregend. Das Raunen des Publikums, das Brüllen und Pfeifen, die Sirenen und nicht zuletzt die Stadionansagen und die Musik. 1970, wie ich später las, hatte die schwedische Schlagersängerin Liw Malmkvist erfolgreich den Schlager „Adiole" herausgebracht. Er wurde, in leicht abgewandelter Form, zur Stadionhymne. Wenn es etwa erklang: „Seit wir zwei uns gefunden – Adiole, kenn ich nur frohe Stunden – Adiole", wurde bei Adiole der Ton abgedreht, so dass die Fans mit ihrem „Oh RWE" einstimmen konnten. Erklang die Hymne, war es das Signal, bald würde das Spiel beginnen. Unvergessen auch das rotweiße Fahnenmeer in der sog. Westkurve, wo die treuesten und auch „wildesten" Fans des RWE standen. Ein Spiel ist mir in besonderer Erinnerung geblieben, weil es wahrscheinlich das erste und bedeutendste war, das ich zusammen mit meinem Vater besuchte. Es war 1971 gegen Bayern München mit den großen Stars, die ich nur aus dem Fernsehen kannte, Maier, Beckenbauer und Müller. Gerd Müller hatte die Münchner 1:0 in Führung gebracht, bevor Willi Lippens ausgleichen konnte. Am Ende hieß es 3:1 für RWE! Einen Skandal gab es: Irgendein RWE-Fan hatte von den Rängen etwas auf Sepp Maier geworfen. Wie ich später erfuhr, ist es ein rostiges Messer gewesen. Ich sehe noch den sehr schmalen, schwarz gekleideten Maier vor meinen Augen, der mit riesig scheinenden Handschuhen etwas aufhob und es dem Schiedsrichter mit ausgestrecktem Arm unter Pfeifen und Gejohle der Zuschauer zeigte.

Die Siebziger Jahre waren für mich wahrscheinlich die schönsten Jahre, die ich mit dem RWE erleben durfte, obwohl der Verein zu den sog. Fahrstuhlmannschaften gehörte, die aus der Bundesliga abstiegen, um dann bald wieder aufzusteigen. In diesen Jahren wuchs ich zum Jugendlichen heran, der später viele Spiele auch allein besuchen durfte. Die so erfolgreiche Zeit des RWE war mit großen Spielerpersönlichkeiten verbunden, die ich noch heute gerne erinnere. Allen voran Willi Lippens, genannt die „Ente" wegen seines watschelnden Ganges. Willi liebte das Spektakel. Unvergessen seine „Pirouetten", mit denen er die gegnerischen Verteidiger narrte, sehr zum Vergnügen und zur Unterhaltung der Zuschauer, die ihn wie einen Torero anfeuerten. Oh, armer Berti Vogts, der „Terrier", der meist das Nachsehen hatte! Ich sehe vor mir Fred-Werner Bockholt, den Torwart, waagerecht in der Luft liegend bei einer seiner Rettungstaten. Da war „Nobby" Fürhoff, ein blonder, schlaksiger, nicht sehr lauffreudiger, aber filigraner Spielmacher, den alle wegen seines fröhlichen Lebensstils auch „Asbach" nannten. Damals konnten noch große oder ganz groß werdende Spieler für einige Jahre an den Verein gebunden werden wie Manni Burgsmüller und Frank Mill, die später Furore in anderen Vereinen und in der Nationalmannschaft machen sollten. Ganz besonders erinnere ich mich an Horst Hrubesch, das westfälische Kopfballungeheuer. Als er Mitte der Siebziger zum RWE stieß, durfte er nicht flach angespielt werden, verstolperte Bälle, dafür aber schraubte er sich wie eine Rakete im Strafraum in die Höhe, um seine Kopfballtore unabwehrbar zu erzielen. Das war seine Spezialität!

Auf dem Heimweg war ich erfüllt von dem, was ich gesehen, gehört und erlebt hatte. Um mich herum marschierten Kolonnen von Fans, die diese oder jene Szene diskutierten. Menschentrauben bildeten sich vor den Kneipen entlang des Weges. Zunächst dicht und schwer schob sich der Besucherstrom die Vogelheimer Straße hinab, um dann allmählich in die Nebenstraßen abzufließen. Spätestens im Kaiserpark waren wir wieder allein. Unsere ruhige Siedlung nahm uns wieder auf.

Peter Schwiderowski

Pioniere der Trikotwerbung

Die wilden sechziger Jahre mit Schule, Berufsausbildung und Bundeswehr waren vorbei. Ein Jahrzehnt, in dem die Jugend rebellierte, hatte andere Perspektiven gebracht. Aber auch die folgenden „Siebziger" blieben ziemlich anstrengend.

Unsere Freizeit-Fußball-Mannschaft war eine Kooperation von Mitarbeitern der Kruppwerke und der Knappschaft sowie Sportfreunden aus der Verwandtschaft. Es war schon eine Menge Arbeit, für jede Woche Plätze von der Stadt Bochum zu organisieren (im Winter wurde auch in Hallen trainiert), andere Mannschaften zu kontaktieren, Schiedsrichter zu besorgen usw.

Wir waren eine der ersten Mannschaften, die im Freizeitbereich mit Trikotwerbung einer damaligen Bochumer Großbäckerei auflief. Es ist uns sogar gelungen, einen Trikotentwurf im Katalog einer deutschen Sportartikel-Firma zu platzieren.

Später nahmen wir mit einer Buchhaltungsmannschaft an Krupp-Turnieren im Griesenbruch teil. Der finanzielle Überschuss aus diesen Veranstaltungen kam einer caritativen Einrichtung zugute. Der Pokal für den sechsten Platz bei einem der Endturniere steht heute in der Requisite des Bochumer Schauspielhauses.

Hans Jackowski

Trikotwerbung war in den siebziger Jahren noch nicht einmal in der Bundesliga bekannt. Erst recht nicht bei einer Betriebssport-Mannschaft. Da waren die Freizeitkicker von Krupp und Knappschaft echte Vorreiter.

DIE BESTEN 70 KICKER IM REVIER

Torhüter

Horst Bertram (16.11.1948), 227 Bundesligaspiele für **Borussia Dortmund** von 1971-1983. **Gerhard Heinze** (30.11.1948) 238 Bundesligaspiele für den **MSV Duisburg** von 1975-1983. **Eike Immel** (27.11.1960) 247 Bundesligaspiele für **Borussia Dortmund** von 1978-1986. 19 Länderspiele für Deutschland. **Dietmar Linders** (20.11.1940) 161 Bundesligaspiele für den **MSV Duisburg** von 1967-1976. **Norbert Nigbur** (8.5.1948) 393 Bundesligaspiele für **Schalke 04** von 1966-1976 und 1979-1983. Sechs Länderspiele für Deutschland. **Wolfgang Scheid** (23.8.1942; gest. 30.7.2009), 105 Bundesligaspiele für **RW Oberhausen** von 1969-1973. **Werner Scholz** (1.12.1944), 207 Bundesligaspiele für den **VfL Bochum** von 1972-1981.

Abwehrspieler

Michael Bella (29.9.1945), 405 Bundesligaspiele für den **MSV Duisburg** von 1964-1978. Vier Länderspiele für Deutschland. **Kees Bregman** (8.8.1947), 213 Bundesligaspiele für den **MSV Duisburg** von 1974-1979 und 1982-1984. **Bernard Dietz** (22.3.1948), 394 Bundesligaspiele für den **MSV Duisburg** von 1970-1982. 135 Bundesligaspiele für den **FC Schalke 04** von 1982-1987. 53 Länderspiele für Deutschland. **Klaus Fichtel** (19.11.1944), 477 Bundesligaspiele für **Schalke 04** von 1965-1980 und 1984-1988. 23 Länderspiele für Deutschland. **Klaus Franke** (23.5.1948), 104 Spiele für den **VfL Bochum** von 1974-1978. **Hermann Erlhoff** (22.12.1944), 75 Bundesligaspiele für **Schalke 04** von 1967-1970. 87 Bundesligaspiele für **RW Essen** von 1970-1976. **Hartmut Heidemann** (5.6.1941), 262 Bundesligaspiele für den **MSV Duisburg** von 1963-1972. Drei Länderspiele für Deutschland. **Lothar Huber** (5.5.1952), 330 Bundesligaspiele für **Borussia Dortmund** von 1974-1987. **Ditmar Jakobs** (28.8.1953), 78 Bundesligaspiele für **RW Oberhausen** von 1971-1974. 68 Bundesligaspiele von 1977-1979 für den **MSV Duisburg**. 20 Länderspiele für Deutschland. **Uwe Kliemann** (30.6.1949), 56 Bundesligaspiele für **RW Oberhausen** von 1970-1972. **Helmut Kremers** (24.3.1949), 226 Bundesligaspiele für **Schalke 04** von 1971-1980. Acht Länderspiele für Deutschland. **Detlef Pirsig** (22.10.1945), 337 Bundesligaspiele für den **MSV Duisburg** von 1968-1977. **Wolfgang Rausch** (30.4.1947), 93 Spiele für **RW Essen** von 1968-1974. **Rolf Rüssmann** (13.10.1950, gest. 2.10.2009), 304 Bundesligaspiele für **Schalke 04** von 1969 bis 1980. 149 Bundesligaspiele für **Borussia Dortmund** von 1980-1985. 20 Länderspiele für Deutschland. **Kurt Rettkowski** (23.1.1949), 131 Spiele für den **MSV Duisburg** von 1967-1973. **Werner Schneider** (26.7.1954), 313 Bundesligaspiele für den **MSV Duisburg** von 1972-1983. **Jürgen Sobieray** (2.11.1950), 210 Bundesligaspiele für **Schalke 04** von 1969-1980. 13 Bundesligaspiele für **Borussia Dortmund** von 1980-1982. **Paul Steiner** (23.1.1957), 58 Bundesligaspiele für den **MSV Duisburg** von 1979-1981. Ein Länderspiel für Deutschland. **Gert Wieczorkowski** (24.7.1948), 101

IN DEN 70ER JAHREN

Bundesligaspiele von 1974-1979 für **RW Essen**. Hermann-Josef Wilbertz (15.6.1943), 116 Bundesligaspiele für **RW Oberhausen** von 1967-1974. **Lothar Woelk** (3.8.1954), 385 Bundesligaspiele für den **VfL Bochum** von 1977-1985. 99 Bundesligaspiele für den **MSV Duisburg** von 1989-1992. **Reinhold Wosab** (25.2.1938), 198 Bundesligaspiele für **Borussia Dortmund** von 1962-1971. 59 Bundesligaspiele für den **VfL Bochum** von 1971-1973.

Mittelfeldspieler

Dieter Bast (28.8.1951), 213 Bundesligaspiele für **RW Essen** von 1970-1977. 192 Bundesligaspiele für den **VfL Bochum** von 1977-1983. **Hans Bongartz** (3.10.1951), 131 Bundesligaspiele für **Schalke 04** von 1974-1978. Vier Länderspiele für Deutschland. **Manfred Burgsmüller** (22.12.1949), 64 Bundesligaspiele für **RW Essen** von 1974-1976. 224 Bundesligaspiele für **Borussia Dortmund** von 1976-1983. Drei Länderspiele für Deutschland. **Theo Bücker** (10.7.1948), 112 Bundesligaspiele für **Borussia Dortmund** von 1969-1973. 53 Bundesligaspiele für **Schalke 04** von 1981-1983. **Günter Fürhoff** (6.10.1947, gest. 25.1.2016), 153 Bundesligaspiele für **RW Essen** von 1969-1976. **Heinz van Haaren** (3.6.1940), 123 Bundesligaspiele für den **MSV Duisburg** von 1965-1968. 126 Bundesligaspiele für **Schalke 04** von 1968-1972. **Matthias Herget** (14.11.1955), 64 Bundesligaspiele für den **VfL Bochum** von 1976-1978. 142 Bundesligaspiele für **RW Essen** von 1978-1982. 19 Bundesligaspiele für **Schalke 04** von 1989-1990. 39 Länderspiele für Deutschland. **Reiner Hollmann** (30.9.1949), 91 Bundesligaspiele für RW Oberhausen von 1970-1973. **Paul Holz** (27.9.1952), 59 Bundesligaspiele für **Schalke 04** von 1971-1974. 99 Bundesligaspiele für den **VfL Bochum** von 1974-1975 und 1977-1979. 19 Bundesligaspiele für **Borussia Dortmund** von 1979-1981. **Kurt Jara** (14.10.1950), 160 Bundesligaspiele für den **MSV Duisburg** von 1975-1980. 31 Bundesligaspiele für **Schalke 04**. 59 Länderspiele für Österreich. **Lothar Kobluhn** (12.4.1943, gest. 21.1.2019), 317 Spiele für **RW Oberhausen** von 1963-1974. **Franz Krauthausen** (27.2.1946), 139 Bundesligaspiele für **RW Oberhausen** von 1966-1971. Sechs Bundesligaspiele für **Schalke 04** von 1973-1975. **Werner Krämer** (23.1.1940, gest. 12.2.2010), 217 Spiele für den **Meidericher SV (MSV Duisburg)** von 1958-1967. 102 Bundesligaspiele für den **VfL Bochum** von 1969-1973. 13 Länderspiele für Deutschland. **Michael Lameck** (15.9.1949), 518 Bundesligaspiele für den **VfL Bochum** von 1972-1988. **Hannes Linßen** (28.9.1949), 113 Bundesligaspiele für den **MSV Duisburg** von 1968-1974. **Herbert Lütkebohmert** (24.3.1948, gest. 29.10.1993), 286 Bundesligaspiele für **Schalke 04** von 1968 bis 1979. **Burghardt Segler** (5.3.1951), 173 Bundesligaspiele für **Borussia Dortmund** von 1973-1979. **Klaus Scheer** (4.10.1950), 165 Bundesligaspiele für **Schalke 04** von 1969-1975. **Klaus Senger** (19.10.1945), 101 Bundesligaspiele für **Schalke 04**

von 1965-1971. 53 Spiele für **RW Essen** von 1973-1976. **Franz-Josef Tenhagen** (31.10.1952), 64 Spiele für **RW Oberhausen** von 1971-1973. 306 Spiele für den **VfL Bochum** von 1973-1981 und 1984-1988. 87 Spiele für **Borussia Dortmund** von 1981-1984. Drei Länderspiele für Deutschland. **Holger Trimhold** (13.6.1953), 105 Bundesligaspiele für den **VfL Bochum** von 1975-1979.

Stürmer

Rüdiger Abramczik (18.2.1956), 202 Bundesligaspiele für **Schalke 04** von 1973-1980 und 1987-1988. 90 Bundesligaspiele für **Borussia Dortmund** von 1980-1983. 19 Länderspiele für Deutschland. **Werner Balte** (17.2.1948, gest. 17.3.2007), 276 Spiele für den **VfL Bochum** von 1966-1977. **Erich Beer** (9.12.1946), 64 Bundesligaspiele für **RW Essen** von 1969-1971. 24 Länderspiele für Deutschland. **Rainer Budde** (1.5.1948), 149 Bundesligaspiele für den **MSV Duisburg** von 1967-1972. 50 Bundesligaspiele für **Schalke 04** von 1972-1975. **Heinz-Werner Eggeling** (17.4.1955), 147 Bundesligaspiele für den **VfL Bochum** von 1973-1979. 27 Bundesligaspiele für **Borussia Dortmund** von 1982-1983. **Klaus Fischer** (27.12.1949), 295 Bundesligaspiele für **Schalke 04** von 1970-1981. 84 Bundesligaspiele für den **VfL Bochum** von 1984-1988. 45 Länderspiele für Deutschland. **Peter Geyer** (11.12.1952), 185 Bundesligaspiele für **Borussia Dortmund** von 1975-1981. **Sigfried Held** (7.8.1942), 230 Bundesligaspiele für **Borussia Dortmund** von 1965-1971 und 1977-1979. 41 Länderspiele für Deutschland. **Horst Hrubesch** (17.4.1951), 83 Spiele für **RW Essen** von 1975-1978. 17 Spiele für **Borussia Dortmund** von 1985-1986. 21 Länderspiele für Deutschland. **Josef Kaczor** (23.3.1953), 142 Bundesligaspiele für den **VfL Bochum** von 1974-1981. **Erwin Kremers** (24.3.1949), 212 Bundesligaspiele für **Schalke 04** von 1971-1979. 15 Länderspiele für Deutschland. **Reinhard Libuda** (10.10.1943, gest. 25.8.1996), 215 Bundesligaspiele für **Schalke 04** von 1961-1965, 1968-1972 und 1973-1976. 74 Bundesligaspiele für **Borussia Dortmund** von 1965-1968. 26 Länderspiele für Deutschland. **Willi Lippens** (10.11.1945), 394 Spiele für **RW Essen** 1965-1976 und 1979-1981. 70 Bundesligaspiele für **Borussia Dortmund** von 1976-1978. Ein Länderspiel für die Niederlande. **Helmut Littek** (15.4.1944), 210 Spiele für **RW Essen** von 1964-1973. **Willi Neuberger** (15.4.1946), 148 Bundesligaspiele für **Borussia Dortmund** von 1966-1971. Zwei Länderspiele für Deutschland. **Rudi Seliger** (20.9.1951), 288 Bundesligaspiele für den **MSV Duisburg** von 1971-1982. Fünf Länderspiele für Deutschland. **Wolfgang Sühnholz** (14.9.1946), 32 Bundesligaspiele für **RW Oberhausen** von 1970-1971. **Hans Walitza** (26.11.1945), 166 Bundesligaspiele für den **VfL Bochum** von 1969-1974. **Ronald Worm** (7.10.1953), 231 Bundesligaspiele für den **MSV Duisburg** von 1971-1979. Sieben Länderspiele für Deutschland. **Klaus Wunder** (13.9.1950), 94 Bundesligaspiele für den **MSV Duisburg** von 1971-1974. Ein Länderspiel für Deutschland.

Die Glückauf-Kampfbahn besaß am Anfang der 1970er Jahre wegen der Stahlrohr-Tribüne über der Geraden ein Fassungsvermögen von 38.000. Nicht eingerechnet jene, die über den Zaun guckten. Die A42 befand sich damals direkt hinter der Nordkurve gerade im Bau.

Das Herz des Fußballs

Gerne behauptet das Ruhrgebiet ja von sich, in ihm würde das Herz des deutschen Fußballs schlagen. Zumindest für eine Dekade kann es dazu keine zweite Meinung geben. Denn obwohl in den siebziger Jahren nicht einmal die Schale ins Revier wanderte, mischten zeitweise fünf Klubs von der Ruhr im Oberhaus erfolgreich mit. Eine räumliche Dichte, die nirgendwo auch nur annähernd zu verzeichnen war.

Fußball hatte damals noch nicht den Event-Charakter von heute. Es war tatsächlich noch der Arbeitersport, über den viele Bürger nur die Nase rümpften. Ein Blick auf die Stadien, in denen die Erstligaspiele im Revier stattfanden, spricht da Bände. Mit den Konsumtempeln von heute war das überhaupt nicht zu vergleichen. In ihnen herrschte aber, besonders bei den Derbys, eine unvergleichliche Stimmung. Diese Partien konnten die Fans nahezu alle in kürzester Zeit und mit der Straßenbahn erreichen. Als unparteiischer Fußball-Freund konnte man sich die Partien in jeder Woche aussuchen – immer fand irgendwo ein Highlight statt. RW Oberhausen und RW Essen erlebten in diesem Jahrzehnt die Höhepunkte ihrer Vereinsgeschichte. Sowohl an der Landwehr wie an der Hafenstraße erlebten die Fans viele unvergessliche Fußball-Nachmittage, wenn die Großen der Branche ihre Visitenkarten abgaben. Schalke wäre gleich mehrmals „fast" Deutscher Meister geworden, der VfL Bochum erwies sich als „unabsteigbar". Und die Duisburger „Zebras" konnten sich immer erstklassig behaupten.

Doch es gab natürlich auch dunkle Seiten. RWO und RWE konnten letztlich den Abstieg nicht verhindern. Sie kehrten nicht wieder zurück. Auch die ruhmreiche Dortmunder Borussia schmorte drei Spielzeiten im Unterhaus. Im Bestechungsskandal spielte RWO eine unrühmliche Rolle. Schalke verlor durch die Beteiligung an ihm die wohl beste Nachkriegsmannschaft. Alle später aufgedeckten Manipulationen gingen zu Lasten der abgestiegenen Essener, die nie dafür entschädigt wurden und deshalb den „Hass" auf den Gelsenkirchener Nachbarn bis in die heutige Zeit mit Inbrunst pflegen.

Ulrich Homann

Die DDR-Wundertüte

1974 war ich Betriebsleiter der Deutschen Schlaf- und Speisewagen Gesellschaft. Am 24. Juni erhielt ich von meiner Dienststelle in Dortmund kurzfristig den Auftrag, die Bewirtschaftung eines Sonderzuges für die Fußball-Nationalmannschaft der DDR abzusprechen. Der Zug sollte am 26. Juni von Ratingen nach Hannover fahren.

Nach einer kurzen Kontrolle vor dem Hotel Altenkamp in Ratingen unterhielt ich mich dann mit Trainer Georg Buschner und weiteren Delegationsmitgliedern über ihre Wünsche. Wir einigten uns dabei schnell über das Mittag- und Abendessen. Laut Delegationsleitung sollten keine Spirituosen, Tabakwaren und Schokoladen im Speisewagen mitgeführt werden.

Der Sonderzug der Deutschen Bundesbahn bestand dann aus einem Speise- und drei Schlafwagen. Die Hinfahrt ab Ratingen verlief ohne große Probleme. In Hannover-Linden warteten wir auf die Rückkehr von Spielern und Offiziellen. Von der Niederlage der DDR gegen Brasilien erfuhren wir erst nach Rückkehr der Mannschaft.

Ich hatte den Auftrag, dafür zu sorgen, dass jeder Spieler während der Rückfahrt nur eine Flasche Bier bekommen sollte. Da es unser Servicepersonal aber besonders gut meinte, wurde einigen Spielern auch eine zweite Flasche Bier serviert. Tatsächlich war der Oberkellner etwas „verschnupft" wegen der strengen Regel, weil das den Verdienst des Serviceteams schmälerte.

Die Delegationsleitung, die am Ende des Speisewagens mit sechs Leuten an einem Tisch für vier Personen saß, hatte den Ausschank beobachtet. Georg Buschner hat mich dann umgehend gebeten, für die Einhaltung der Vorgaben zu sorgen.

Nach dem Abendessen kam ein Mitglied der Delegationsleitung zum Buffet des Speisewagens und sah zufällig unser Spirituosensortiment im Kühlschrank. Die Flaschen hatte der Oberkellner zusammen mit Tabakwaren und Schokolade gegen meine Anweisung vor der Abfahrt in Dortmund einladen lassen. Der Funktionär kam sofort zu mir und fragte leise: „Können Sie mir nicht ein Paket zusammenstellen?" „Klar", sagte ich, „Aber wer bezahlt mir das dann?" „Darum brauchen Sie sich keine Sorgen zu machen", antwortete er.

Nach ihm kamen auch die anderen Delegationsmitglieder, jeweils einzeln, und baten ebenfalls um eine solche Tüte. Das konnte und wollte ich nicht verhindern. Auch die Spieler hatten mittlerweile Wind von der Sache be-

Zumeist fuhr die DDR-Delegation bei der WM 1974 mit dem Bus durch die Bundesrepublik zu ihren Spielorten. Einmal ging es aber auch mit dem Zug von Ratingen nach Hannover.

kommen, trauten sich dann auch einzeln ans Buffet und bekamen jeweils die identische „Wundertüte". Das führte dazu, dass wir bei der Ankunft in Ratingen keine Spirituosen, Tabakwaren und Schokolade mehr an Bord hatten.

Die Rechnung wurde mir übrigens noch in der Nacht auf dem Bahnsteig in Ratingen von einem Delegationsmitglied abgezeichnet. Unsere Vorräte waren aufgebraucht und die Gäste zufrieden.

Gerd Wittfeld

Glutofen oder Nachtschicht

Die WM 1970 in Mexiko gilt für manche Fans auch heute noch als die spannendste und attraktivste Endrunde der Fußball-Geschichte. Tatsächlich hatte sie Partien zu bieten, die zu Legenden wurden.

Uns Fans zu Hause boten die TV-Anstalten die Spiele erstmals in Farbe an. Um die Partien in der für Europa attraktiven Zeitspanne zwischen 19 und 21 Uhr MEZ senden zu können, erfolgte mancher Anpfiff in der glühenden Mittagshitze von Mexiko. Auch daraus gewann das Viertelfinale gegen England (3:2 nach 120 Minuten) seinen späteren Heldenstatus. Denn der Kampf bei 40 Grad im Schatten ging an die körperlichen Grenzen der Spieler.

Aber auch die Zuschauer daheim am Bildschirm hatten Außergewöhnliches zu leisten. Ungefähr die andere Hälfte der Spiele begann nämlich erst um 23 Uhr MEZ. So war das Halbfinale Deutschland gegen Italien (3:4) nach der Verlängerung erst gegen 01.30 Uhr beendet. An einem normalen Werktag!

Es war eine unwirkliche aber nicht unbekannte Szenerie, wie sich damals die Fußballfans die Nächte um die Ohren schlugen. Denn zwei Jahre zuvor hatten bereits die Olympischen Spiele mit entsprechendem Zeitunterschied in Mexiko stattgefunden. Und hatten für olympische Ringe unter manchen Augen gesorgt.

Meinem Vater, der um fünf Uhr zur Arbeit nach Krupp musste, war die Nachtruhe wichtiger. So hockte ich erstmals in meinem Leben als 15-Jähriger tief in der Nacht und einsam vor meiner Schwarz-Weiß-Glotze und konnte am Morgen in der Schule fast über den gesamten Zeitraum der WM die Augen kaum aufhalten. Aber noch heute denke ich: Es hatte sich gelohnt.

Ulrich Homann

Späte Einsicht

Fußball war meine Leidenschaft. Ein Traditionsverein im Essener Westen war meine sportliche Heimat. Es war noch eine andere Zeit. Nach dem Spiel saßen wir im Clubhaus zusammen und sangen alte Fußball-Lieder. Bei Sieg wurde gefeiert, aber nicht weniger bei Niederlagen. Die Kameradschaft war uns wichtig. Es kam auch vor, dass wir nach einem „großen Sieg" unter der Dusche standen und unsere wohlproportionierte Kellnerin Adele erschien mit einer Runde Pils. Dann erschallte ein Lied, zu hören die ganze Keplerstraße rauf und runter: „Adele, Adele, schenk der Reserve noch ein Feuerwasser ein!"

Da musste die nach Frau Kishon zweitbeste Ehefrau von allen schon mal etwas länger auf ihren geliebten Ehemann warten. Aber ihre Mutter, die immer zu mir hielt, hatte sie schon frühzeitig gewarnt: „Du wusstest, dass dein Mann Fußballspieler ist. Und jetzt gib Ruhe!" Da konnte „Mausi" nichts mehr sagen.

Dazu muss aber noch erwähnt werden, dass die zweitbeste Ehefrau von allen nicht nur „Frau und Mutter", sondern auch noch halbtags bei den Stadtwerken beschäftigt war. Also, im Nachhinein hatte sie manchmal schon recht, wenn sie sich über mangelnde Unterstützung beschwerte.

Peter Rüb

Schuld und Sühne

Schalke-Fans waren im Frühjahr 1971 richtig aus dem Häuschen. Man konnte ahnen, dass da eine große Zukunft vor einer extrem jungen Mannschaft lag, die der Vorsitzende Günther Siebert mit seinem „Diamantenauge" in den Jahren zuvor zusammengestellt hatte. Nun sollten auch noch die Kremers-Zwillinge Erwin und Helmut aus Offenbach dazu kommen. Jeden Morgen rannte ich zum Briefkasten, um Neues in dieser Angelegenheit zu erfahren. Was störte, waren die Berichte im Zusammenhang mit dem Bundesliga-Bestechungsskandal. Aber was hatte Schalke damit zu tun?

In Berlin war massiv manipuliert worden. Rot-Weiß Oberhausen und Kickers Offenbach hatten ihre schlimmen Finger drin. Und natürlich Arminia Bielefeld, das mit den Geldkoffern durch die Republik gereist war.

Okay, Schalke hatte in der Endphase der Saison 1970/71 zu Hause gegen Bielefeld 0:1 verloren. Aber in dem Spiel knallte Aki Lütkebohmert zwei Mal an den Bielefelder Querbalken. Zentimeter tiefer und es hätte diese hässlichen Gerüchte nicht gegeben.

Anfang und Ende des großen Bundesliga-Bestechungsskandals. Einen Tag nach Ende der Saison 1970/71 präsentierte Offenbach-Präsident Canellas die Mitschnitte seiner Manipulations-Verhandlungen. Als später auch Schalkes Niederlage gegen Bielefeld in den Focus rückte, leisteten die beteiligten Spieler Meineide vor dem Essener Landgericht. Lütkebohmert, Fichtel, Wittkamp, Libuda, Rüßmann und Fischer (v.l.) auf der „Sünderbank".

Diese nahmen dann ausgerechnet massiv an Fahrt auf, als Schalke Tabellenführer war und drauf und dran, ein handfester Meisterschafts-Kandidat zu werden. Täglich hagelte es neue Verdächtigungen. DFB-Chefankläger Hans Kindermann wurde zur Unperson. Verein und Spieler leugneten hartnäckig, und wem hätte man lieber geglaubt als diesen wunderbaren Fußballern, die über Gelsenkirchen hinaus große Sympathien erfuhren und über Popstar-Charakter verfügten? Aber Kindermann kannte kein Pardon und nahm sie alle einzeln ins Kreuzverhör. Und plötzlich hieß es, Dieter Burdenski, der im Spiel gegen Bielefeld Norbert Nigbur im Tor vertreten hatte, sei „umgefallen" und habe „ausgepackt". Von einer Geldübergabe am Löwenpark Westerholt wurde gemunkelt. Geldbote sei der Ex-Schalker Waldemar Slomiany gewesen. Alles las sich wie ein Krimi. Aber was nicht wahr sein durfte, sollte es auch nicht sein.

Doch dann kamen die Anklagen. Und die Sperren. Als ersten traf es Jürgen Sobieray. Dann verlor Torjäger Klaus Fischer seine Bundesligalizenz für zwei Jahre. Heinz van Haaren und Reinhard Libuda waren nach Frankreich entfleucht, sie konnte der DFB-Bannstrahl nicht erreichen. Die Fans pendelten zwischen Ohnmacht und Hass auf den DFB. Nur die wenigsten wollten wahr haben, dass die Spieler für das Linsengericht von 40.000 Mark ihre Zukunft wohl tatsächlich verscherbelt hatten.

Die Spielzeit 1972/73 stand vom ersten Tag an im Schatten des Skandals. Die Mannschaft war nicht mehr wiederzuerkennen und befand sich vom ersten Spieltag im Abstiegskampf. Als Tabellenplatz 17. erreicht war, wurden auch noch die Korsettstangen Rolf Rüßmann, Klaus Fichtel und Herbert Lütkebohmert vor dem eminent wichtigen Heimspiel gegen den 1.FC Köln gesperrt. Die Fans gingen vollends auf die Barrikaden, als ordentliche Gerichte die DFB-Sperren für null und nichtig erklärten und der Verein vor der Entscheidung stand, die Spieler einzusetzen oder nicht. Unter dem Eindruck der Fan-Drohungen, das Stadion zu besetzen, wurde das Spiel vom DFB-Spielplan genommen.

Beflügelt von der Fan-Unterstützung ging der Verein in die Offensive. Vor ordentlichen Gerichten sagten die Spieler aus, kein Bestechungsgeld angenommen zu haben – der „FC Meineid" war geboren. Denn es kam der Tag, an dem das Lügengebäude zusammenbrach. Gleich mehrere Spieler hielten dem Druck nicht mehr stand. Ja, sie hatten nach der 0:1-Niederlage gegen Arminia Bielefeld jeder 2.300 Mark erhalten. Wie genau das Geld in die Kabine gekommen war, das blieb für immer unklar. Später behaupteten die Spieler, vor dem Spiel nichts von der Absprache gewusst und erst nachher das Geld genommen zu haben.

Für die Fans brach eine Welt zusammen. Und die Träume von einer neuen großen Schalker Mannschaft waren ausgeträumt. Auch wenn die meisten Spieler vor der WM 1974 begnadigt wurden und auch vor den ordentlichen Gerichten wegen ihrer Meineide vergleichsweise glimpflich davon kamen – ihre Form erreichten sie später nie wieder. Sie tanzten nur einen Sommer.

Ulrich Homann

Abstiegskampf am Schloss

Als der VfL Bochum am 13. März 1976 beim Abstiegskandidaten Hannover 96 sang- und klanglos mit 1:4 unterliegt, scheint der von Fachleuten schon lange prophezeite Absturz

Im Stadion Schloß Strünkede in Herne trug der VfL Bochum 1976 seine letzten Saison-Heimspiele aus. Es kam zu einem legendären Abstiegskampf mit einem glücklichen Ausgang für die seinerzeit noch „Unabsteigbaren".

beschlossene Sache. Zwar stehen noch zehn Spiele aus, aber kein einziges davon kann mehr auf eigenem Platz ausgetragen werden.

Denn an der Castroper Straße wird umgebaut. Aus dem alten „Starenkasten" (Hermann Eppenhoff) soll endlich ein Stadion werden, das bundesligareif ist. „Eine Arena", wie es Vorsitzender Ottokar Wüst immer wieder gefordert hat, „in der wir die Chance des wirtschaftlichen Überlebens haben."

Mit der kleinen Holztribüne auf der einen (nicht einmal 500 überdachte Plätze gab es da) und einer Art „Fahrradschuppen" auf der anderen Längsseite des Stadions sind die Bochumer schon längst kein ernsthafter Konkurrent mehr für die Vereine, denen die Fußball-WM 1974 neue Stadien beschert hat. Als Durchschnittspreis pro Karte erzielt der VfL gerade mal ein paar Pfennig über fünf Mark – längst erlösen die Nachbarn rundum mehr als das Doppelte. „Wir kämpfen hier", formuliert der damalige Trainer Heinz Höher durchaus treffend, „wir kämpfen hier mit Schubkarren gegen Panzer."

Doch der unabdingbare Umbau hat eben zur Voraussetzung, dass der Bundesligist aus- und umziehen muss. Das Übergangsdomizil ist inzwischen gefunden. Die Stadt Herne hat ein Herz für den Nachbarn und stellt das Stadion am Schloss Strünkede zur Verfügung.

„Aber wenn die Bochumer von da zurückkommen", unken viele Anhänger und Journalisten, „kommen sie als Absteiger zurück."

Den vorläufigen Abschied von der Castroper Straße am 6. März 1976 wollen mehr als 25.000 Besucher sehen. Und sie werden belohnt durch einen 2:0-Sieg über Borussia Mönchengladbach. Doch es folgt die oben genannte schlimme 1:4-Pleite in Hannover. „Zu Hause hui, auswärts pfui", so fassen viele Auguren die Bilanz der Blau-Weißen zusammen. Und nach Hannover gibt es eben überhaupt keine Heimspiele mehr.

Doch siehe da: Die Treue des Bochumer Publikums bewirkt ein kleines Wunder. Als die „Premiere" am Schloss Strünkede gegen den 1.FC Kaiserslautern angepfiffen wird, ist die Arena mit 18.000 Zuschauern gut gefüllt. Michael Eggert und Michael Lameck sorgen auch noch für einen 2:0-Erfolg.

Weil gerade wegen eines Druckerstreiks keine Tageszeitungen erscheinen, lässt der VfL in der Innenstadt Flugblätter verteilen, die auf den Umzug nach Herne hinweisen und um Unterstützung bitten.

Zwar folgen schlimme Wochen mit den obligatorischen Auswärts-Niederlagen und dem drohenden Abstieg vor Augen. Doch unverdrossen pilgern die Bochumer Fans nach Herne. Und am Ende kommt es zu einem rauschenden Finale. Letzter Spieltag am Schloss, Gegner ist der Karlsruher SC. Die Sonne knallt unbarmherzig vom Himmel, das Thermometer zeigt mehr als 30 Grad im Schatten, die Straßen rund um Strünkede sind schwarz vor Menschen. Mehr als 25.000 Besucher füllen die Arena. Und erleben durch Tore von Kaczor, Eggert, Eggeling und Pochstein eine begeisternde 4:2-Abschlussvorstellung ihres Teams.

Als abgerechnet wird, ist der VfL Vierzehnter der Tabelle. Die kleine Kabine ist voll von jubelnden Menschen. Der VfL hat sein vielleicht schwerstes Jahr überstanden. Und ist voller Hoffnung auf bessere Zeiten, wenn man denn erst mal an die Castroper Straße zurückgekehrt sein wird.

Günther Pohl

Über den Zaun

Ich habe 1974 in einer Einliegerwohnung bei der Sekretärin von Alfried Krupp gewohnt, an der Haraldstraße, unweit der Villa Hügel. Und direkt nebenan, im Touring-Hotel, hatte die brasilianische Nationalmannschaft ihr Quartier. Trainiert hat die Seleção damals übrigens beim ETB am Uhlenkrug.

Weil der amtierende Weltmeister immer von Fans umlagert war, hatte man das Hotel mit einem Bretterzaun abgeschottet. Ich arbeitete im Garten, als die Spieler mich dort entdeckten und mit mir auch gleich Fotos machen

Wolfgang Overath und Gerd Müller nach dem WM-Sieg 1974 gegen die Niederlande in München. Hans-Joachim Teske erlebte ihn live vor Ort.

wollten. Sie halfen mir beim Klettern über den Zaun, als ein ziemlich energischer Polizist erschien. Aber wir konnten ihm schnell klarmachen, dass die Spieler mich eingeladen hatten und dass ich kein aufdringlicher Fan bin. Die Fotos wurden gemacht und einige der Polaroid-Aufnahmen kleben heute noch in einem Album von mir. Ich bin anschließend zurück über den Zaun in meinen Garten geklettert.

Monika Reich-Püttmann

Die Sache mit den Karten

Ich bin im November 1952 in Gelsenkirchen geboren und soll bei der Übertragung des „Wunders von Bern" in meinem Kinderwagen vor einem Rundfunkgeschäft selig geschlafen haben, wie mir mein Vater berichtet hat.

Dann kam die WM 1974 – vor der Haustür! Ich war noch Soldat und wollte unbedingt einige Spiele live sehen. Bei dem damaligen Rieseninteresse beim Karten-Vorverkauf fuhr ich mit dem Fahrrad mitten in der Nacht von Buer nach Gelsenkirchen zum Reisebüro Friedrichs in der Gelsenkirchener Innenstadt, in der Hoffnung, so ganz sicher an die gewünschten Karten zu kommen. Ich weiß noch, dass uns Mitarbeiter des Reisebüros mit Kaffee und Decken versorgt haben.

Als ich endlich an der Reihe war, konnte ich gerade noch zwei Stehplatzkarten (Sitzplätze waren schon weg) für das Endspiel ergattern. Außerdem eine Stehplatzkarte für das Spiel Zaire-Brasilien, weil ich die Südamerikaner einmal in Natura sehen wollte. Dazu noch je eine Karte für die 2. Finalrunde, für das sich ja die BRD als Gruppensieger qualifizieren würde. Doch es kam ja schließlich ein wenig anders und die DDR wurde Gruppensieger.

Aber da ich ja die Karte hatte, wollte ich mir das Spiel Niederlande – DDR auch ansehen. Angekommen auf dem Parkplatz von Schloss Berge, holte ich gerade meine Karte aus der Brieftasche, als ich um mein Leben fürchten musste! Im Nu war ich umringt von einer Traube von holländischen Fans, die scharf auf meine Karte waren. Ich kam gar nicht zum Verhandeln – plötzlich war meine Karte (25,00 DM) weg und ich hatte einen 50-Gulden-Schein in der Hand! Das Spiel DDR – Argentinien habe ich dann tatsächlich im Stadion erlebt und es war wegen der Begleitumstände ein unvergessliches Erlebnis. Ich hatte auf der Gegengerade im Parkstadion mitten unter friedlich feiernden Fans meinen Platz gefunden. Die „Gauchos" waren mit zahlreichen Trommeln und ähnlichen Musikinstrumenten ausgestattet und machten aus dem Spiel eine Riesenparty. Von dieser Stimmung wurde ich schließlich mitgerissen, so dass mich das Spiel kaum noch interessierte.

Mit meiner zweiten Endspielkarte habe ich dann schließlich noch ein gutes Werk getan. Als feststand, dass die BRD im Finale stand, habe ich einen guten Freund in Wesel besucht und ihn gefragt, ob er denn am Sonntag schon etwas vor haben würde. Er antwortete, da hätte er keine Zeit, denn da wäre ja das Endspiel. Ich holte daraufhin meine Endspielkarten heraus und legte sie auf den Wohnzimmertisch. Selten habe ich ein so fassungsloses Gesicht gesehen wie damals. Er weinte fast vor Glück und tanzte durch die Wohnung, als er endlich begriffen hatte, dass ich ihn zum Endspiel einladen wollte.

Wir waren dann schon sehr früh am Endspieltag in der Münchener Innenstadt und stießen dort auf viele Schwarzmarkthändler, die ganze Bündel von Endspielkarten loswerden wollten. Überraschenderweise konnten sie diese kaum an den Fan bringen, denn wer zum Spiel wollte, hatte sich schon vorher eine Karte besorgt.

Die Verkäufer wurden immer hektischer und boten schließlich die Karten zum Nennwert an. Im Stadion habe ich dann erfahren, dass sie ihre Karten schließlich weit unter ihrem Wert abgegeben hätten. Ich bin eigentlich gar nicht schadenfroh, aber das hat mir damals ziemlich gut gefallen.

Als frischgebackener Weltmeister haben wir uns dann noch einen schönen Abend in München gemacht und sogar noch mit einigen netten „Oranjes" gefeiert!

Ich wage zu bezweifeln, dass das heute noch in dieser Form möglich wäre!?

Hans-Joachim Teske

Smalltalk mit Sepp Maier

Nach dem verkorksten Spiel gegen die DDR (0:1 – Tor durch Sparwasser) verlegte die Deutsche Nationalmannschaft ihr Trainingslager von Malente in die Sportschule Kaiserau.

Am folgenden Tag bin ich zu dieser Sportschule gefahren, um evtl. beim Trainingsbetrieb zusehen zu dürfen.

Es war relativ einfach, in einem kleinen Tross von Journalisten eingerahmt auf den Trainingsplatz zu gelangen. Kurz darauf erschienen auch unsere Spieler (Beckenbauer, Netzer, Müller, Heynckes, Maier ...) und liefen ihre Runden, angeführt vom Co-Trainer Jupp Derwall. Nach der Aufwärmphase wurde Angriff gegen Abwehr gespielt, danach gab es einige Instruktionen von Helmut Schön, und dann war die Trainingseinheit auch schon beendet.

Ich habe mich dann zu einem in der Nähe gelegenen Gasthaus begeben, um mich ein wenig zu stärken. Dabei erfuhr ich von dem WDR-Reporter Dieter Adler, dass es am Abend in der angrenzenden Turnhalle ein Interview mit einem oder mehreren Spielern geben würde. Die Turnhalle war als kleines Studio umfunktioniert; dort waren Kameras und eine Sitzecke aufgebaut. Bis zum Beginn der Live-Übertragung hielt ich mich bei Cola und Zigeunerschnitzel in der Gaststätte auf; dabei unterhielt ich mich weiter mit Dieter Adler.

Und tatsächlich – am Abend erschienen der Linksaußen Dieter Herzog und Sepp Maier. Ich bin dann mit allen zusammen ins Studio gegangen, habe mich auf Anweisung hinter einer Kamera positioniert und still der Unterhaltung zwischen dem Reporter und den Spielern gelauscht. Beim abschließenden „Small Talk" wünschte mir Sepp Maier eine gute Heimfahrt.

Willi Schnieder

GESELLSCHAFT

**WEN MACHT
DIE BANANE KRUMM?**

Vor dem Hintergrund immer weiterer Zechenschließungen gab die IG Bergbau und Energie die Generallosung aus: „Kein Bergmann darf ins Bergfreie fallen." Die soziale Absicherung stand an oberster Stelle.

Politik für die Menschen

In den siebziger Jahren wurden viele Weichen gestellt, die das Leben in Deutschland bis heute prägen. Zum Beispiel wurde die seit Jahren erhobene Forderung nach Änderung des Wahlalters endlich erfüllt. Bereits am 18. Juni 1971 beschloss der Deutsche Bundestag, das Wahlrecht auf das 18. Lebensjahr herabzusetzen. Nun konnten endlich junge Auszubildende, Arbeitnehmer, Schüler und Studierende an der Kommunal-, Landtags-, Bundestags- und Europawahl teilnehmen. Zum ersten Mal an die Wahlurne zu gehen, wenn man das 18. Lebensjahr erreicht hatte, war für junge Leute eine Freude. Heute ist es zur Selbstverständlichkeit geworden und mancher Jungwähler sollte dieses Recht auch zur Pflicht machen.

In den Steinkohlenrevieren Ruhr, Aachen und Ibbenbüren wurden Halden höher und auch im Saarland gab es den Absatzmangel. Zechenschließungen wurden weiter geplant und man befürchtete eine große Arbeitslosigkeit. Für die IG Bergbau und Energie gab es den Grundsatz: „Kein Bergmann darf ins Bergfreie fallen." Der frühere Vorsitzende der IGBE, Walter Arendt, unterstützte die Forderung als Bundesminister für Arbeit und Sozialordnung nach sozialer Sicherheit für die Bergbaubeschäftigten und setzte sich in der Bundesregierung für das Anpassungsgeld ein. Ende 1971 verabschiedeten die Bundesregierung und der Bundestag die Richtlinien für das Anpassungsgeld. Mit den Richtlinien konnte den Beschäftigten des Steinkohlenbergbaus und des Braunkohletiefbergbaus geholfen werden, wenn Arbeitslosigkeit bevorstand. Das Instrument half dabei, tausende Betroffene sozial abzusichern. Denn mit dem Anpassungsgeld konnte der Übergang in die Rente ermöglicht werden.

Das Berufsbildungsgesetz von 1969 brachte eine Verbesserung der beruflichen Bildung. Es musste aber in den 1970er Jahren und in einigen Punkten anwendbarer und verbessert werden. Es hat deutlich gemacht, was der Gesetzgeber unter Berufsbildung versteht und wie sie praktiziert werden muss. Vor allem gibt es seit vielen Jahren Regelungen über Ausbildungsbetriebe und wer für die berufliche Aus- und Weiterbildung geeignet sein muss. Ausbildereignungsprüfungen sind inzwischen geübte Praxis.

In der Europäischen Union, die in den siebziger Jahren aus 20 Mitgliedsstaaten bestand, ging es um die Erweiterung durch neue Staaten. An den gemeinsamen Markt, an die abgeschafften Grenzkontrollen, an die Zollunion und an die Freizügigkeit auf dem europäischen Arbeitsmarkt, an all die Menschenrechte haben wir uns heute als Bürger lange gewöhnt. In den siebziger Jahren wurden dafür die politischen Weichen gestellt.

Horst Weckelmann

Glücksfall Willy

Wie jedes Jahrzehnt, so hatten auch die siebziger Jahre ihre Meilensteine. Modischer Schnickschnack, Disco, Terror der RAF, Palästinenserterror, Atomkrawalle, Nato-Doppelbeschluss, Pershing/SS-20-Raketen. Nicht zuletzt der Vietnamkrieg mit den berechtigten Demos auf den Straßen der Republik.

Es gab aber auch eine Besonderheit: Die Wahl von Willy Brandt zum Bundeskanzler. Die Regierungszeit von Willy Brandt als Bundeskanzler ist mir deshalb in guter Erinnerung, weil mir damals als CDU-Wähler und Sympathisant der Vertriebenenverbände nicht einleuchten wollte, dass ein möglich wiedervereintes Deutschland an der Oder-Neiße-Grenze endet. Verzicht auf Schlesien, Ostpreußen etc. Dann gab es den Kniefall von Warschau. Es gab die unsäglichen Bundestagsdebatten, vorwiegend von Strauß, Wehner, Dregger, Barzel und vielen anderen mehr. Die Leute saßen vor dem Fernseher wie bei einem Fußballendspiel. Man muss wissen, die SPD und die CDU/CSU waren in der Wählergunst meist gleichauf – immer über 40 % der Wählerstimmen. In Erinnerung an diese Zeit hadere ich mit mir selbst, dass ich damals nicht ein „Jünger" der Brandtschen Außenpolitik war. Gott sei Dank sahen das viele anders. Deshalb war es nur folgerichtig, dass Willy Brandt mit dem Friedensnobelpreis ausgezeichnet wurde.

Entschuldigend für mich kann ich anführen, dass sowohl schulisch als auch politisch alles getan wurde, die Nazi-Zeit von 1933 bis 1945 als einen zufälligen Unfall in der deutschen Geschichte zu behandeln. Dass sich eine Studentenschaft gegen diese Form der „Vergangenheitsbewältigung" auflehnte und radikalisierte, muss man von heute aus eher positiv beurteilen – wenngleich Mord und Terror nicht die Antwort sein kann und darf.

Aus heutiger Sicht war es ein Glücksfall für die Deutschen, dass mit Brandt, Schmidt und später Kohl die richtigen Männer die Geschicke geleitet haben. Heute macht es mich auch stolz, dass die dunkelste Zeit der deutschen Geschichte schonungslos aufgearbeitet wird. Ein vermeintliches Vergessen, Übertünchen und Verharmlosen wie in den 1970ern, das darf nicht sein.

Herbert Petri

Misstrauensvotum gegen Willy Brandt

Für mich gab es keine „politischere" Zeit als die frühen 1970er Jahre. Meiner Erinnerung nach haben die Menschen an den Straßenecken über Willy Brandt und die Ostverträge geredet wie heute über Fußball und anderen Zeitvertreib. Jeder hatte eine Meinung. Man trug sie offen als Button an der Jacke: „Willy wählen!" oder als Aufkleber an den Auto-Heckscheiben: „Lieber Weinbrandt als Willy Brandt". Worauf die SPD-Anhänger konterten: „Lieber reiner Korn als Rainer Barzel!"

Besonders emotional wurde es im Frühjahr 1972. Die SPD/FDP-Regierung unter Kanzler Willy Brandt verlor im Bundestag immer weiter an Stimmen, weil Abgeordnete der Liberalen aus der Fraktion aus- und der CDU/CSU beitraten. Es kam zu dem legendären Misstrauensvotum von Rainer Barzel, der sich am Tag der Abstimmung sicher sein konnte, noch am gleichen Tag (es war der 27. April 1972) zum Bundeskanzler gewählt zu werden.

In weiten Teilen der Bevölkerung herrschte die Meinung vor, diese sich abzeichnende neue Mehrheit sei „gekauft". Für viele war die Friedenspolitik von Brandt ebenso wie die zahlreichen sozialen Reformen zugunsten der „kleinen" Leute ein Grund, sich zu engagieren. Es gab ständig Demonstrationen, es wurden Fackelmärsche in Bonn organisiert und die Leserbriefspalten der Zeitungen waren jeden Tag voll. Die Leute mischten sich ein. Nie hatte die SPD mehr Mitglieder, ich glaube, es waren damals über eine Million.

Am Vormittag des 27. April stand das öffentliche Leben quasi still. Alle saßen vor den TV-Geräten und verfolgten die hoch emotionale Diskussion im Bundestag und die folgende Abstimmung über das Misstrauensvotum. Im Ruhrgebiet war die Stimmung wütend, weil man ja allgemein glaubte, das Ergebnis zu kennen. Es war sogar schon durchgesickert, dass Rainer Barzel um 15 Uhr beim Bundespräsidenten seine Ernennungsurkunde entgegennehmen wollte.

Dann das völlig überraschende Ergebnis – es fehlten zwei Stimmen. Willy Brandt blieb Kanzler. Noch heute laufen mir die Schauer über den Rücken, wenn ich an diese Freude denke, die sich überall entlud. In den Büros, Werkhallen, auf der Straße. Überall einfach nur große Erleichterung. Ich glaube, im Ruhrgebiet war die Mehrheit für Willy Brandt riesig. Im Herbst kam es zu vorgezogenen Neuwahlen. Und die SPD und ihr Kanzler fuhren einen großen Sieg ein.

Margit Hümer

Erinnerungen an Willy Brandt

Es war im Sommer 1973, als ich eine fast persönliche Begegnung mit Willy Brandt hatte. Wir waren auf dem Weg zum Festspielhaus in Recklinghausen, um uns eine Aufführung von Gerhart Hauptmanns „Weber" anzusehen. Plötzlich hielt neben uns eine große Limousine, die Türen wurden aufgerissen und heraus kam der amtierende Bundeskanzler mit Familie. Wir standen anfangs gut einen Meter neben ihm, wurden dann aber von den Sicherheitskräften abgedrängt. Und nicht nur wir nahmen wahr,

Ein Bild, das um die Welt ging. Willy Brandts Kniefall in Warschau polarisierte das gesellschaftliche Klima in der Bundesrepublik. An seiner Friedens- und Ostpolitik schieden sich die Geister.

wer da eben angekommen war. Eine Unruhe erfasste alle Festspielbesucher. Doch nach ein paar Minuten klatschte die Menge und alle riefen: „Willy, Willy!" Brandt lächelte und schüttelte viele Hände. Wir waren zu diesem Zeitpunkt schon weit von ihm entfernt.

Wieso ruft man jemanden wie ihn einfach beim Vornamen? Willy Brandt war einfach jemand Besonderer. Ich weiß noch, wie fertig ich war, als ich hörte, Brandt sei als Kanzler zurückgetreten. Und ich weiß auch noch, wo ich diese Nachricht bekommen habe. Ich war gerade in der Uni und die Überbringerin der Nachricht war eine Mitstudentin und ehemalige Mitschülerin.

Damals habe ich gespürt, dass eine Ära zu Ende war. Brandt verkörperte einfach die Aufbruchstimmung der siebziger Jahre. Er stand für all die Sehnsüchte der Menschen nach Veränderung, nach einer anderen Herangehensweise an die Dinge. Er war das neue Andere, jenseits der „bleiernen Zeit" der fünfziger Jahre. Und er nahm die damals Jungen mit, er gab dem Neuanfang und dem Umbruch der siebziger Jahre Schubkraft und eine Richtung.

Aber er war nicht der Unnahbare. Trotz seiner charismatischen Persönlichkeit blieb er bei den Menschen, er war einer von ihnen. Eben einer, den man mit dem Vornamen rufen kann. Undenkbar, seinen Nachfolger, Helmut Schmidt, mit dem Vornamen zu rufen.

Ihm war ich übrigens immer sehr böse. Für mich war Schmidt auch einer von denen, die Brandt aus dem Amt gejagt haben. Und seit Schmidt glaubt niemand mehr, dass Politik zu tun haben könnte mit Träumen und Visionen einer besseren Welt, einer erneuerten und stärkeren Demokratie. Jetzt wurde Realpolitik gemacht, nüchtern und emotionslos. Willkommen in der Wirklichkeit.

Heute weiß man mehr denn je die Leistung Brandts zu schätzen. Heute käme niemand mehr auf die Idee, ihm seine einfache Herkunft, seine Jahre im Exil vorzuwerfen. Das muss ihn damals sehr verletzt haben. Noch immer verbindet sich für mich mit seiner Kanzlerschaft ein Glanz. Ich habe, wie viele andere damals, Brandt bewundert, ihn verehrt. Vor allem aber habe ich ihn geliebt. Welcher andere Kanzler vor ihm und nach ihm kann so etwas von sich sagen?

Maria Teske

Bei den nervigen Jusos

Laut Theodor Fontane hat einer, der mit 20 Jahren nicht links ist, kein Herz. In den siebziger Jahren waren viele mit Herz bei den Jungsozialisten in der SPD. Zum einen hatte Willy Brandt mit seiner Politik der Aussöhnung mit dem Osten und der Losung „Mehr Demokratie wagen" im Inneren für eine wahre Eintrittsflut gerade von jungen Menschen in die Sozialdemokratie gesorgt. Und alle neuen Mitglieder unter 35 Jahren wurden automatisch Mitglied der Jungsozialisten. Hier war die Linke zu Hause, denn die sektiererische DKP war nicht ernst zu nehmen. Die sogenannten Maoisten in den „K"-Gruppen komplett irre. Und die Grünen gab es noch nicht.

Die Jusos waren als Arbeitsgemeinschaft durch ihre schiere Größe eine mächtige Stimme in der Partei. Dabei nicht wenig nervig und anmaßend. Für viele alte Genossen, gerade in der Ruhrgebiets-SPD, waren sie eine reine Zumutung. In den neuen Universitäten im Revier saßen massenhaft Kinder aus Arbeiterfamilien und saugten in allen möglichen Studiengängen die aufgeblasenen, unfassbar

70 TV-HÖHEPUNKTE DER 70ER

Krimis

Derrick; Die Straßen von San Francisco; Einsatz in Manhattan; Der Chef; Der Kommissar; Jason King; Starsky und Hutch; Detektiv Rockford; Molly Mill; Al Mundy; Kobra übernehmen Sie; Polizeiruf 110; Drei Engel für Charly; Ein Colt für alle Fälle; Sonderdezernat K 1; Die Zwei.

Abenteuer & Western

Raumschiff Enterprise; Tarzan; Timm Thaler; Kurier der Kaiserin; Lockruf des Goldes; Kung Fu; Invasion von der Wega; Rinaldo Rinaldini; Die Onedin-Linie; Lancer; Arpeid, der Zigeuner; Der Seeteufel; Die Abenteuer des David Balfour; Sandokan.

Kinderserien

Heidi, Biene Maja, Wickie, Die Sendung mit der Maus; Michel aus Lönneberga; Sesamstraße; Muppet Show.

Familienserien

Dr. med. Marcus Welby; Der Bastian; Dallas; Black Beauty; Drei Damen vom Grill; Eddies Vater; Unsere kleine Farm; Die Partridge Familie; Der Doktor und das liebe Vieh.

Dokus, Magazine, Nachrichten

Aktenzeichen XY; Drehscheibe; Tagesschau; Aktuelles Sportstudio; Sportschau.

Musik & Shows

Am laufenden Band; Blauer Bock; Disco; Musikladen; Dalli Dalli; Drei nach neun; Auf los geht's los; Der große Preis; Erkennen Sie die Melodie?; Rudi Carrell Show; Beat-Club.

Humor

Spencers Piloten; Ein Herz und eine Seele; Hotel Sacher; Der Geist und Mrs. Muir; Klimbim; Western von Gestern; Kli-Kla-Klawitter; Pippi Langstrumpf; Väter der Klamotte; Catweazle.

Der CSU-Politiker Franz-Josef Strauß war für die Jungsozialisten stets ein rotes Tuch und erklärter Lieblingsfeind.

selbstgerechten und dogmatischen Parolen und das teilweise reine Geschwafel ultralinker Dozenten und Professoren auf. Vor allem auch in den Familien, überwiegend christlich oder eben sozialdemokratisch gesinnt, führte das zu haarsträubend ernsthaft und erbittert geführten Debatten. Nicht selten entzweiten sich Kinder und Eltern aus „politischen" Gründen.

In den Ortsvereinen kam es immer wieder zu Scharmützeln über hanebüchene Anträge an Kreis- und Bezirksverband zu weltpolitischen Themen. Hier die altgediente, gewerkschaftlich orientierte, im Alltag ungemein konservative SPD-Parteibasis. Und da die ideologisch geschulten neuen Genossen, mit Besserwisserei und Deutungshoheit in nahezu allen Bereichen.

Dabei gab es bei den Jusos durchaus auch zwei Lager. Auf der einen die Theoretiker der reinen Stamokap-Lehre (Staatsmonopolistischer Kapitalismus), die ohne Ende über Marxismus diskutieren wollten. Spätere Sozialwissenschaftler mit bevorstehender Uni-Karriere. Zumeist aus gut-bürgerlichem Haus, eher in den Südlagen des Ruhrgebiets. Sie brachten die Altgenossen, die morgens früh zur Arbeit mussten, mit ihrer „Mitternachtsstrategie" zur Verzweiflung. Über Anträge wurde so lange diskutiert, bis die „Malocher" ins Bett mussten. Als sie weg waren, wurde abgestimmt.

Und dann die Realos aus dem Norden, die konkret etwas bewegen wollten. Da ging es um Jugend- und Kinderhäuser im Stadtteil, da wurden Häuser besetzt und Demos organisiert. Was beide Flügel einte: Man ging den

Parteigenossen, an der Basis wie in der Führung, ungemein auf den Wecker.

Auf Dauer konnte das nicht gut gehen. Nach dem Rücktritt von Willy Brandt verloren die Jusos ihren wichtigsten Fürsprecher. Die neue Parteiführung ging streng disziplinarisch gegen die internen Provokationen vor. Es kam zu einem Beschluss, nach dem jede Aktion der Jusos der nächsthöheren Parteiinstanz zur Genehmigung vorgelegt werden musste.

Bei uns in Schonnebeck war endgültig Schluss mit Lustig, als wir eine Demonstration für ein Kinderhaus und gegen den SPD-Bürgermeister organisiert hatten, die vollständig aus dem Ruder lief. Ganz gewiss im Sinne der antiautoritären Erziehung, verwüsteten von uns herangekarrte Kinder das Bürgerhaus im Revierpark Nienhausen – den ganzen Stolz des SPD-Ortsvereins – derartig, dass wir es komplett renovierungsbedürftig hinterließen.

Viele von uns verließen die SPD mit trotzigen Austrittsbriefen und unverdrossen davon überzeugt, mit um die 20 genau zu wissen, wie es im Leben und auf der Welt so läuft.

Das Zitat von Fontane lautet komplett übrigens: Wer mit 20 nicht links ist, hat kein Herz. Wer mit 40 noch links ist, keinen Verstand.

Ulrich Homann

Parka contra Schlaghosen

Als ehemalige Einkäuferin für Damen-Oberbekleidung habe ich mich auch in den siebziger Jahren schon sehr für Mode interessiert. Rückblickend kann man sagen, dass sich in dieser Zeit mehrere Stile entwickelten. Die Auswirkungen der 68er Bewegung sind dabei offensichtlich. Denn die Hippiemode ist unter den Jugendlichen sehr beliebt. Ausgefallene Schnitte, Peace-Zeichen und Blumen prägend. Auch als Protest gegen den Vietnamkrieg war zu verstehen, dass die Kleidung bunt gemustert wurde. Frieden, Pazifismus, auch die neu gewonnene sexuelle Freiheit stehen nun im Mittelpunkt. Nach der Ölkrise gilt allgemein das Motto: Zurück zur Natur! Nicht nur Frauen greifen wieder zur Häkel- und Stricknadel. Feminine Strickmode wird zu einem Hingucker auf den Laufstegen der Welt.

Während in den 60ern die Röcke nicht kurz genug sein konnten, werden sie in den 1970ern wieder verlängert. Bodenlange Kleider und Röcke, Hemdblusenkleider, Falten- oder Tweedröcke sind angesagt. Dazu Blusen aller Art: Hemdblusen oder Polobusen. Transparent, mit reichen Volants oder mit Stehkrägen. Aber da sind auch die Punks, die mit Mode bewusst nichts am Hut haben wollen, auch nicht mit jener der Flower-Power-Bewegung, und das auch demonstrieren. Sie werden mit ihrem schwarzen Leder, zerschlissenen Jeans und den gefärbten Irokesen-Frisuren zu den wirklichen Bürgerschrecken, nachdem man sich an die Hippies schon halbwegs gewöhnt hatte.

Auch der sogenannte Military-Look ist mehr oder weniger nach außen getragene Opposition. Kurioserweise soll gerade militärische Kleidung im Alltag den Protest gegen staatlichen Militarismus ausdrücken. Parka und Stiefel in khaki und Camouflage-Muster prägen nicht wenig die Stadtbilder, gerade auch im Ruhrgebiet. Für die angepasste, brave Jugend, die sich etwa um die ZDF-Hitparade schart, ist die Discomode ein modischer Meilenstein. Als Ausgangspunkt kann der Film „Saturday Night Fever" gelten. Er bringt Schlaghosen, Plateauschuhe und Catsuits in grellen Farben in die Geschäfte. Als Gegenpol zu den politisch ge-

So sah sie aus: die berühmte Schlaghose der 1970er Jahre.

prägten Parkaträgern trägt der modebewusste junge Herr in den 1970er Jahren Schlaghosen, gerne auch Hosenanzüge. Cord ist „in", ebenso die Farben senfgelb oder ocker. Ferner im männlichen Kleiderschrank vertreten: enge Jeans, Jacken, Hemden und T-Shirts in Batikoptik. Das Haar wird, wie bei den Frauen, lang getragen und mittig gescheitelt. In der Haarmode besinnt man sich auf Natürlichkeit. Frauen tragen ihr Haar offen, lang und in der Mitte gescheitelt. Bei Männern stehen Bärte und Koteletten hoch im Kurs.

Beatrix Krober

Schöner Wohnen

Unsere Hochzeitsfeier Mitte der 1970er Jahre war geprägt von der Renovierung unserer Wohnung, die uns derartig Nerven und Kräfte raubte, dass wir unsere eigene Feier um 21.30 Uhr erschöpft verließen und zum ersten Mal in unsere neue Wohnung fuhren.

Unsere Wände hatten wir mit Raufaser gestrichen, zum Teil in cremefarben. Wobei im Wohnzimmer, Schlafzimmer und im Korridor eine Wand Tapeten bekam. Da waren große farbige Muster angesagt – wahre „Eyecatcher". Fürs Schlafzimmer gab es Blumen, diese auch riesengroß und farbintensiv. Ein kleineres aber gelb-grün-orangenes Rapportmuster erleuchtete den Korridor. Die Küche wurde mit moosgrünen Fronten geliefert. Die Raufaser dazu war sonnengelb. Bei den Bädern gab es nicht viel zu modeln. Blau waren die Wandkacheln, sonnengelb die Sanitärobjekte, und der Boden war weiß gefliest. Hier setzte der neue gelb-blaue Frottee-Vorhang am Fenster noch ein Highlight.

Die Böden waren mit Auslegware versehen, wobei wir die Teppichfarben den Räumen in kräftigen Farbtönen wie blau, braun oder ocker angepasst hatten. Natürlich kam hier grün-bunt in die Küche. Toaster, Kaffeeautomat und die Frühstücksbrettchen waren schreiend orange. Farbe traf allerorten auf schreiende andere Farben. Und Strukturgardinen schmückten sämtliche Fenster.

Im Wohnbereich hatten wir uns für Eiche-Rustikal bei der Schrankwand entschieden, angenehm hell und ins Graue spielend. Mit den Jahren wirkte sie aber eher wuchtig braun. Wobei vier Meter Schrank am Stück sowieso wuchtig wirken.

Modern waren zu der Zeit Sessel-Einzelelemente. Unsere hatten einen flammend rot gestreiften Bezugsstoff, den sie sich mit den Esszimmerstühlen teilten. Sie waren perfekt – bis ein paar schwergewichtige Verwandte darin versanken und kaum noch hochkamen. Auf diese Weise riss der Spannstoff sehr schnell

Ein typisches Jugendzimmer in den 1970er Jahren: Das farbliche Zusammenspiel von Tapete und Sofa war natürlich gewöhnungsbedürftig.

ein. Dafür sollte der Ersatz länger halten. Es wurde eine Couchgarnitur angeschafft. Nunmehr geblümt in Grün. Die typische Variation jener Zeit als Zweier- und Dreiersofa mit einem Sessel.

Das Glanzstück des Wohnzimmers aber war der Flokati. Herzenswunsch seit langem. Und er sollte schneeweiß sein. Er füllte das ganze Wohnzimmer aus. Man ging wie auf Wolken. Alles versank in diesem Teppich: die Füße, die Dreckschuhe der Besucher, Erdnüsse, Kekse, manches Kleinod, das sich kaum wiederfand in den langen Haaren dieses griechischen Teppichs. Später suchten wir dort auch nach Schnullern und wurden längst nicht immer fündig.

Mit herkömmlichen Mitteln war der Teppich kaum sauber zu halten. Er musste in die Reinigung. Was bei zwölf Quadratmetern nicht gerade preiswert war. Man konnte ihn zwar aufrollen, aber sein Gewicht war enorm. Schließlich wurde er bei einem Umzug in eine andere Stadt verschenkt.

Ulla Kania

Noch war der Verkehr auf der Ückendorfer Straße in Wattenscheid sehr überschaubar.

Neubaugebiet in Bochum-Höntrop. Der Kampf gegen die Nachkriegs-Wohnungsnot konnte langsam gewonnen werden.

Kinder auf einem Spielplatz in der Bochumer Siedlung Hustadt, 1970er Jahre

Leder und Pelz waren der Hit

Ich kam am Anfang der siebziger Jahre aus Süddeutschland ins Ruhrgebiet. Ich lebte mich schnell ein, lernte viele Kumpels bei der Arbeit und in der Freizeit kennen. An einen Job zu kommen war kein Problem. Die Wirtschaft boomte, die Menschen waren im Kaufrausch. Von Arbeitslosigkeit hat kein Mensch gesprochen.

Ich war als Textil-Ingenieur lange Jahre als Abteilungsleiter in einer Firma in Gelsenkirchen-Buer tätig. Wir wohnten in einem schönen Haus am Stadtgarten in Herne. Neben der eigenen Familie – meine Tochter wurde direkt nach unserem Umzug ins Ruhrgebiet geboren – war mir auch meine ehrenamtliche Arbeit sehr wichtig, wobei ich wunderbare Menschen kennenlernen durfte. Trotz toller Integration wurde ich immer wieder angesprochen: „Sie sind aber hier auch nicht geboren."

Die Musik dieser Zeit war sehr geprägt von der schwedischen Gruppe ABBA. Auch Schlager waren hochaktuell. Und Elvis und die Rolling Stones. Der Jeans-Boom war ausgebrochen – vom Baby bis zum 80-jährigen Opa. Manche Jeans mussten vor dem Tragen noch gewaschen werden – mit „Steine gewaschen". Röhren- und Stiefeljeans wollte fast jeder tragen. Sie musste aber wie eine zweite Haut sitzen. Die Fußweite war auf 70 Zentimeter angewachsen. Manche standen aber auch auf der Elvis-Mode, sehr figurbetont. Röcke, Blusen, Hemden sehr bunt und weit geschnitten, Stichwort: Hawaii. Der Majo-Look wurde ganz groß geschrieben (Kampfjacken und Parka). Der größte Hit waren aber Leder und Pelz in allen Varianten.

Zum Einkaufen wurde man auf verschiedenste Weise animiert. Über Litfaßsäule, Fernsehwerbung oder Post im Briefkasten. Stammkunden wurden persönlich angeschrieben und in die Geschäfte eingeladen. Der persönliche Kontakt zu ihren Kunden war den Händlern immer wichtig. Merke: Gute Werbung, guter Umsatz.

Walter Hog

Schlangenlinienfahren in der „Todeszone"

Das Versprechen war so verheißungsvoll, dass es mich schon früh aus dem Bett trieb. Obwohl Sonntag war. Aber was für ein Sonntag! Sofort schaute ich aus dem Fenster. Draußen herrschte eine Szenerie, die zwar vorhergesagt, aber trotzdem unwirklich war: Es fuhr tatsächlich kein Auto! Große Stille und gähnende Leere auf den Straßen.

Der erste autofreie Sonntag am 25. November 1973 mit seinem bundesweiten Fahrverbot war faszinierend. Schnell holte ich mein Bonanza-Fahrrad aus dem Schuppen und steuerte direkt auf die größte Kreuzung zu, die ich erreichen konnte. Einmal quer drüber, und nochmal und nochmal … Verwaiste Abbiegespuren, grotesk minutiös funktionierende Ampeln – alles Staffage, nicht nur für meine Aufführung. Meine Brüder, jede Menge Freunde: Sie alle erprobten die ungewohnte Freiheit. Eine Welt der Radler und Fußgänger – das hatte noch keiner von uns erlebt.

Danach ging es mit meinen Brüdern zur Autobahn Richtung Düsseldorf, die Abfahrt runter auf ein gänzlich unbekanntes Terrain. Schlangenlinienfahren in der „Todeszone", vor und zurück, hin und her, quer und längs – und dann alles freihändig nochmal von vorne. Zwischendurch inspizierten wir den begrünten Mittelstreifen und staunten über den vielen Müll. Ein Rest Vorsicht blieb jedoch, ein halbes

Die autofreien Sonntage wegen der Ölkrise machten es möglich: Fahrten mit dem Bonanza-Fahrrad auf der leeren Autobahn.

Auge schielte unentwegt zum blechfreien Horizont: Es sollte, so hatten uns die Eltern gewarnt, Ausnahmegenehmigungen für Polizei und Ärzte geben.

Natürlich hatten wir einen Ball dabei: Es lockte der ganz große Fußballplatz, der sich aber schnell als eher ungünstig erwies. Die Pässe vom Standstreifen auf die Überholspur gelangen nicht immer punktgenau, die Torpfosten bestanden wie auf dem Schulhof aus Taschen und hatten natürlich kein Netz – wir mussten ziemlich viel laufen an diesem Tag und vermissten ganz schnell die Käfigwände vom Bolzplatz.

Die Gründe für diesen autofreien Sonntag (es folgten in den nächsten Wochen noch drei weitere) waren mir damals übrigens ziemlich egal. Ich fand es aber lustig, dass es ausgerechnet der Totensonntag war. Friedhofsruhe auf höchstem Niveau.

Achim Nöllenheidt

Rollschuh statt Auto

Mit gemischten Gefühlen hatte man auch im Oberhausen des Jahres 1973 diesen 25. November erwartet, den ersten von vier autofreien Sonntagen. Wie würde es sich auswirken aufs

Familien-, Sport- oder Kulturleben, wenn die Wege nicht mehr per Auto zurückgelegt werden könnten? Nun, die Oberhausener nahmen es pragmatisch, unaufgeregt, auch witzig.

Ein Student des Kollegs an der Wehrstraße erregte Aufsehen, weil er auf Rollschuhen durch die Stadt lief und über sonst stark vom Autoverkehr frequentierte Straßen flitzte. Der gute Mann namens Henry würde dafür heute keines Blickes gewürdigt, aber 1973 waren Rollschuhe („Skater" gab es noch nicht) schon völlig „out". Umso bemerkenswerter der Auftritt und Henrys Reaktion: „Die grüne Welle hab' ich nie erwischt", äußerte er bedauernd dem Zeitungsreporter gegenüber.

Die Ampeln nämlich waren nicht abgeschaltet worden. Denn es fuhren ja noch Autos: Die Busse der Stadtwerke etwa rollten, und die Fahrzeuge von Polizei, Feuerwehr, Rettungsdiensten sowieso. Und es gab auch Sondergenehmigungen, die vom Ordnungs- und Straßenverkehrsamt ausgegeben worden waren.

Journalisten im Dienst zum Beispiel durften ihre Autos bewegen, und es soll einen Fotografen gegeben haben, der mit seinem Gefährt am Sonntagvormittag lustig ums Rathaus-Karree karriolte – was zu empörten Anrufen in den Redaktionen führte. Nicht fahren zu „dürfen" nahmen manche Zeitgenossen schon ein bisschen auch als Beschneidung persönlicher Freiheit.

Viele Familien aber nutzten den autofreien Sonntag zum Spaziergang mit Blick auf Autobahnen. In der „Autobahnstadt" Oberhausen (von keiner Haustür ist der Weg zur nächsten Autobahn länger als drei Kilometer) war das reizvoll. Denn das waren schon merkwürdige Bilder, die sich da auftaten: graue und leblose Bänder aus Asphalt, nur ganz vereinzelt mal ein Auto, wahrhaft sonntägliche Ruhe.

Man könnte auch „totensonntägliche Ruhe" sagen, denn der erste autofreie Sonntag war natürlich nicht ohne Bedacht auf den Totensonntag gelegt worden, an dem es früher traditionell eher ruhig zuging. Sport fand nicht statt, ein Chorkonzert allerdings sorgte für Unmut. Die Rathaus-Behörden hatten nämlich den rund 150 Sängern eines Sterkrader Klangkörpers Ausnahmegenehmigungen ausgestellt, damit sie zu einem Konzert nach Alt-Oberhausen fahren konnten.

Gut zu tun und besser als sonst hatten jedenfalls Busse und Bahnen, die häufiger als normal in Anspruch genommen wurden. Über mangelnde Nachfrage konnte sich auch ein Kutschenbesitzer aus dem Stadtnorden nicht beschweren: Er musste sogar Absagen erteilen. Wegen Hochzeiten waren er und seine Schimmel für die nächsten Sonntage schon vorgebucht.

Die Bundesregierung Brandt/Scheel (SPD/FDP) hatte die autofreien Sonntage als Reaktion auf die explosionsartig gestiegenen Ölpreise angeordnet. Ausgangspunkt war der Jom-Kippur-Krieg im Nahen Osten. Die ölfördernden Staaten wollten zusätzlichen Druck auf den Westen ausüben. Energie gespart wurde so gut wie nicht. Es ging mehr darum, der Bevölkerung den Ernst der Lage vorzustellen – und etwas zum Nachdenken zu geben. Das ist gelungen.

Gustav Wentz

Es fehlte der Lärm

Anfang der 1970er Jahre konnten wir in eine Neubauwohnung einziehen. Von 49 qm auf 79 qm. Zweieinhalb Raum, Küche, Diele, Bad. Unsere Kinder – Mädchen und Junge, neun und sieben Jahre alt – hatten endlich ein Kin-

Ein bis heute sattsam bekanntes Bild: Stau auf der A40.

derzimmer, wenn auch gemeinsam. 1976 haben wir uns dann eine neugebaute Eigentumswohnung mit 87 qm Wohnfläche gekauft. Da waren wir sehr stolz drauf.

Zuvor wohnten wir unmittelbar an der A40. Schallschutz kannte man damals noch nicht. Als 1973 wegen der Ölkrise an einigen Sonntagen Fahrverbot herrschte, gab es einen Tag und eine Nacht keine Geräusche. Wir konnten bei offenem Fenster schlafen. Aber als wir in unsere Eigentumswohnung gezogen sind, konnte ich in den ersten drei Nächten überhaupt nicht schlafen. Es fehlte der Lärm.

In der Freizeit haben wir mit Kollegen meines Mannes und deren Ehefrauen einmal im Monat gekegelt. Pils und Samtkragen waren dabei die Getränke. Wir hatten sehr viel Spaß dabei.

Die Mode in den 1970ern war grauenhaft, zumindest für mich als gelernte Damenschneiderin. Die Jugend trug Parka und Jeans. Die Jeans mussten übersät sein mit bunten Flicken. Später kamen auch noch Risse und Löcher dazu. Was ja heute leider wieder modern ist. Die Haare wurden immer länger. Bei den Beatles waren die Alten wegen der „Pilzköpfe" schon empört. Aber die waren dagegen ja harmlos.

Lieselotte Reintjes

Die Post und ihre „Zellen"

Was mir als erstes zum Straßenbild in den Siebziger Jahren einfällt, sind die gelben Telefonzellen. Nahezu in jeder Straße stand eine von ihnen, die man nie lange suchen musste,

An Telefonzellen herrschte im Straßenbild kein Mangel. Sie hielten die Kommunikation aufrecht, als noch niemand an Handys dachte.

wenn dringender Bedarf nach einem Kontakt bestand.

Wenn man Glück hatte und der schwarze Apparat ebenso wenig kaputt war wie die Schnur zum Hörer durchschnitten oder der Schlitz für die Münzen verstopft, konnte man loslegen. Wer aber die Nummer nicht parat hatte, die er anrufen musste, brauchte noch ein benutzbares und vollständiges Telefonbuch. Was nicht selbstverständlich war. Oder man rief vorher die Auskunft an. Man bekam dann eine freundliche Frauenstimme zu hören, die oft noch die richtigen Nummern fand, wenn man nicht einmal den Vornamen wusste. Auch hatte die Post einen „Weckdienst" zu bieten, wobei man von einem „echten" Menschen aus dem Schlaf geklingelt wurde. Und eine Zeitansage gab es auch noch.

Aber Kleingeld war bei „öffentlichen Fernsprechern" unabdingbar. Man fütterte den Apparat mit Zehn-Pfennig-Stücken. Ortsgespräche kosteten 20 Pfennig und man konnte sie beliebig lang führen (allerdings begann dann auch schnell das Klopfen an die Scheibe von anderen, die auch telefonieren wollten; oft bildeten sich regelrechte Schlangen vor den Zellen). Irgendwann reduzierte man die Länge auf einen Acht-Minuten-Takt. Anders sah es bei Ferngesprächen aus. Hier konnte man im kleinen Display neben dem Münzenschlitz zugucken, wie das Guthaben ablief. Wenn man nicht rechtzeitig „zufütterte", ertönte noch einige Sekunden lang ein Warntuten – dann wurde das Gespräch beendet. Gerne nutzte man deshalb bei Auslandsgesprächen den „Mondscheintarif".

Im Regelfall befanden sich die „Zellen" in einem miserablen Zustand. Auch wenn die Post wohl tatsächlich um regelmäßige Reinigung bemüht war. Doch die Kabinen waren meist total verdreckt, voller Zigarettenkippen, Taschentüchern, verschimmeltem Brot und Obst. Und sie stanken wie die Pest nach kaltem Rauch, Schweiß und anderen Körperflüssigkeiten.

Da war es ein Glück, wenn man von zu Hause aus telefonieren konnte. Langsam wurde das Netz auch dichter, die Mehrzahl der Haushalte hatte mittlerweile einen eigenen Anschluss (einmalig 200 Mark). Die Post brachte ihn ins Haus in Form eines großen grauen Kastens mit Wählscheibe. Gegen Aufpreis gab es die aber schon in verschiedenen Farben. Die Grundgebühr betrug monatlich 30 Mark. Zuzüglich den Kosten für die einzelnen Anrufe. Die Post als Monopolist verdiente sich am Telefonieren der Leute dumm und dämlich.

Moritz Rabe

Capri oder Opel GT

Die siebziger Jahre – das war überall Aufbruch und Befreiung. Auch auf der Straße bei den Autos. Vorher war alles steif und konservativ gestylt. Und dann kamen der Ford Capri und der Opel GT. Beide hatten ihre Fangemeinde, beide hatten den aktiven Zwanzig- bis Dreißigjährigen als Zielgruppe. Freizeit und Freiheit hießen die Botschaften der Autobauer.

Einen Ford Capri fuhr längst nicht jeder, obwohl damals populär und kaum 7.000 Mark teuer. Der Opel GT war für etwas unter 10.000 Mark zu haben und blieb für manchen glühenden Fan nur ein Traum.

Der Capri hat eine sinnliche Form mit langer Haube, die in ein wohlakzentuiertes Stummelheck mündet. Stilistisch ist der Capri herausragend, lange war ihm sein prekäres

Sie ließen die Männerherzen höher schlagen: der Ford-Capri (oben) und der Opel GT. Beide veränderten als Stilikonen das hausbackene Image ihrer Marken entscheidend.

Image für diese Erkenntnis im Weg. Als Ford galt er wenig, weckte niedere Instinkte, die man mit „breit, tief und grell" umschreiben könnte.

Viel mehr als der Manta ist der GT das Pendant zum Capri. Beide wurden zu Stilikonen der frühen 1970er Jahre und veränderten das Image ihrer Marken einschneidend. Capri und GT spiegeln den Zeitgeist wider. Autos mit Bikinifigur und Sex-Appeal. Provokant, aber nicht verrucht, weil ihre Technik auf Bodenständigkeit und Verlässlichkeit gründet. Blickfang beim GT sind die Schlafaugen. So eine Exzentrik gab es bisher nicht auf deutschen Straßen.

„Anders als der Tiefflieger-Sportwagen Opel GT, bei dem man das Gefühl hat, in einer engen Kanzel knapp über der Straße zu sitzen, gibt der Capri einem das Gefühl lässigen Cruisens. Entspannt räkelt man sich im karierten Polster hinter dem dünnen Lenkrad und freut sich am üppigen Raumangebot des behaglich eingerichteten Coupés." So liest sich ein hymnischer Vergleich beider Kultautos in den siebziger Jahren.

Obwohl überschaubar kräftig motorisiert, trägt der GT eindeutig Sportwagenzüge. Die aufregende Form und die tiefe Sitzposition sind seine markanten Aspekte. Doch ich tendierte eher für den Capri. Neben Eleganz und Geräumigkeit hatte er unzählige hübsche Details innen wie außen zu bieten.

Moritz Rabe

TRIMM DICH läuft an

Mit wachsendem Wohlstand stellte sich in der Bundesrepublik in den 1970er Jahren zunehmend das Bedürfnis ein, etwas für den eigenen Körper zu tun. Fahrräder wurden von nützlichen Fortbewegungsmitteln zu Sportgeräten. Breitensportvereine erfuhren einen wahren Ansturm. Immer öfter begegnete man auf den Straßen und in Grünanlagen Joggern, die in noch unförmigen Hosen und Jacken mehr oder weniger geschwind ihr Pensum absolvierten.

Und ab 1970 hatte diese neue „Volksbewegung" auch einen Namen: Trimm Dich. Über acht Millionen Menschen innerhalb der ersten zehn Jahre folgten ihr begeistert.

Mehr und mehr Menschen fanden Freude daran, in ihrer freien Zeit sportlich aktiv zu sein. Der damalige Deutsche Sportbund und seine Mitgliedorganisationen entwickelten innovative Programme zur Kampagne, die die Sportvereine und -verbände an der Basis umsetzten. Auch Städte und Kommunen, die

Daumen hoch! Trimmy war die Symbolfigur eines bis dato in der Bevölkerung wenig verbreiteten Bewusstseins, dass Sport gesund ist und sogar Spaß machen kann.

Hausfassade mit Ladenlokal in der Harmoniestraße in Duisburg-Ruhrort.

Boxen war noch sehr populär und machte die Hallen voll. Die Staffel von BC Erle genoss über Gelsenkirchen hinaus einen guten Ruf.

In den Revierparks gehörten Kinderfeste zu den Attraktionen.

Politik, die Medien, viele Unternehmen und Prominente waren „infiziert" von der Faszination, die „Trimm Dich" auslöste.

„Trimmy", die Symbolfigur der Trimm-Dich-Kampagne, erreichte in kurzer Zeit einen Bekanntheitsgrad von fast 90 Prozent. Sie warb in der breiten Öffentlichkeit mit pfiffigen Ideen und kreativen Werbeinstrumenten für ein neues Sportverständnis und das persönliche aktive Sporttreiben. „Lauf mal wieder", „Schwimm mal wieder", „Fahr mal wieder Rad" lauteten die einfachen Parolen in dieser Zeit.

Die „Trimm Dich"-Kampagne bedeutete für den Breiten- und Freizeitsport auch eine strategische Weiterentwicklung des Angebotes in Sportvereinen und -verbänden. Im Vier-Jahres-Zyklus wechselten die Schwerpunkte. Nach der anfänglichen Motivationskampagne, die die Menschen animierte sich überhaupt zu bewegen, wurde im Zuge der Konditions- und Spielkampagne die sportliche Fitness durch Laufen und Spielen weiter gesteigert. Danach startete die erste Gesundheitskampagne, bei der erstmals gesundheitsförderliche Empfehlungen zu den Sportübungen gegeben wurden.

Moritz Rabe

Wen macht die Banane krumm? Oder wie die Dritte Welt nach Herne kam

Weihnachtsmarkt 1972: Würstchenbude und Kinderscooter, nebenan gibt es Lebkuchen und gebrannte Mandeln und gegenüber wirbt direkt neben der Lebenshilfe die NPD. Die Männer mit ihren Kindern an der Hand drängen aber eher zum Zelt mit dem großen Schild „Hülsmann-Bier". Buden, Gedränge, Angebote und mittendrin ein Tapeziertisch mit exotischen Auslagen: Kunsthandwerk aus Mexiko, Trommeln aus Tansania, Alpaca-Pullover aus Bolivien und Indio-Kaffee aus Guatemala, 100-prozentige Hochland-Qualität, das Pfund zu DM 8,90. „Das Aroma der Gerechtigkeit", sagt einer der jungen Leute hinter dem Stand, „hat seinen Preis." Die Idee hinter dem Verkauf von Produkten aus Kooperativen aus Afrika, Asien und Lateinamerika: Fairer Handel statt Almosen.

Anfang der 1970er Jahre wurde auch im Revier einigen Menschen bewusst, dass ihr täglicher Wohlstand auf der systematischen Ausbeutung der sogenannten Dritten Welt und ihrer Rohstoffe beruht. Warum war der Kaffee bei Karstadt so günstig, aber die Kaffee-Bauern in Brasilien oder Kenia konnten nicht davon leben? Warum gab es billige Bananen bei Edeka, während auf den Plantagen in Lateinamerika nur Hungerlöhne gezahlt wurden? Was hatte unser Konsum mit der Armut in der Welt zu tun?

Die „Aktion Dritte Welt Handel" kam ins Rollen. Gegenüber dem üblichen Einsammeln von Spenden sollte anhand von fair gehandelten Produkten die Öffentlichkeit über ungerechte Weltwirtschaftsstrukturen und die Entrechtung von Kleinbauern und Arbeitern in den Entwicklungsländern informiert werden. Der griffige Slogan lautete: „Hunger ist kein Schicksal – Hunger wird gemacht."

In der Herner Provinz war Harald Rohr der Initiator der entwicklungspolitischen Bewegung. Der charismatische Pfarrer trommelte und ackerte als „One-Man-Band" für sein Verständnis von der Bewahrung der Schöpfung. Dabei projizierte er seine Hoffnungen und Kämpfe nicht auf ferne Kontinente. Von Anfang an gehörte im Land der klaren Feindbilder („Geht doch nach drüben") auch das heiße Eisen der Kriegsdienstverweigerung dazu – mit mündlicher Verhandlung und dem gan-

Kinderwagen-Demo zur Flüchtlingshilfe Bangladesh mit Pfarrer Harald Rohr (r.), Oktober 1971
(Foto: Peter Monschau/Archiv Ralf Piorr)

zen Pipapo der Gewissensprüfung im Rahmen der freiheitlich-demokratischen Grundordnung, versteht sich.

Harald Rohr überzeugte und fand Mitstreiter. Im Juli 1974 öffnete der „Weltmarkt" seine Türen. Ein eigens gestaltetes Plakat fragte: „Kennen Sie schon Hernes ungewöhnlichsten Laden?" Es war der erste „Dritte-Welt-Laden" im Revier und der dritte in Deutschland überhaupt. „Die Idee, mit dem Warenverkauf kleine Kooperativen in der Dritten Welt zu unterstützen und dabei gleichzeitig Menschen hier über Ausbeutung und Armut zu informieren,

war einfach bestechend. Wir trafen auf eine große Offenheit bei den Leuten", erinnert sich Elke Breddermann, die von Anfang an beim „Weltladen" dabei war. „Kirche ist bei mir nicht", hatte sie dem Pfarrer gleich zu Anfang gestanden, dem das allerdings ganz und gar schnuppe war. Engagement war wichtiger als Mission. „Wir haben indisch gekocht, Saris getragen, Modeschauen gemacht. Wir wollten nicht nur von Hunger und Unterdrückung erzählen, sondern auch von der Kultur der Menschen", so Breddermann. Ein typischer Dritte-Welt-Laden-Effekt mit all den wuseligen und

Gesellschaft | 125

Pfarrer Harald Rohr mit Sozialarbeitern einer Jute-Kooperative aus Bangladesh im Herner „Weltmarkt", Mai 1980 (Foto: Peter Monschau/Archiv Ralf Piorr)

ehrenamtlichen Mitarbeitern ist ihr auch in Erinnerung geblieben: „Wir waren froh, wenn abends die Kasse stimmte."

Neben dem Ladenlokal entstanden ein Jugendcafé, eine Medienbibliothek und schließlich im Jahr 1976 das „Informationszentrum 3. Welt" (IZ3W). Alles subventioniert von der evangelischen Kirche. Auch Harald Rohr erhielt einen Sonderstatus. Er schied aus der Gemeindearbeit aus und bekam eine Pfarrstelle für „Ökumenische Diakonie", Vorbilder in der Amtskirche gab es dafür nicht. Der streitbare Pfarrer wurde zum Berufslobbyisten: Ausgerüstet mit der ehrenamtlichen Weltmarkt-Crew, zwei Zivildienstleistenden, einem alten VW-Bully und einer gebrauchten Schreibmaschine, bei der immerzu das „i" hakte. Das Engagement galt den Ärmsten der Armen und um pfiffige Ideen war man nicht verlegen. 1974 wurde der „bewusstseinsbildende Bierdeckel" entwickelt, der in der stattlichen Auflage von 600.000 Stück – ein Geschenk der Bochumer Brauerei Schlegel – die Hoheit über den Stammtischen gewinnen sollte. (Noch Jahrzehnte später mussten Zivildienstleistende eineinhalb Kellerräume bis unter die Decke voll mit Bierdeckeln ausräumen.) Als eine bekannte amerikanische Systemgastronomie 1978 ihre Pforten in der Herner Bahnhofstraße öffnete, handelte man sich bei einem kleinen Protest-Happening gleich ein Hausverbot ein.

„Es war Pionierarbeit und natürlich wurden wir in die linke Ecke gedrängt", erinnert sich K.-D. Gülck, der Ende der 1970er Jahre als Zivildienstleistender im IZ3W gearbeitet hat. „Bei unseren Aktionen reagierten die Leute auf der Straße halbwegs interessiert bis zur Frage ‚Was machen die Spinner da?'" Die mitunter mühselige Bildungsarbeit blieb ein Schwerpunkt: „Wir haben zig Schulklassen bei uns gehabt. Zum Standard gehörte das Rollenspiel ‚Wen macht die Banane krumm?', das über Produktionsbedingungen von Exportfrüchten und den Alltag von Arbeitskräften in den Anbauländern informierte. Da hat sich vorher doch kein Mensch Gedanken darüber gemacht."

Aber auch die öffentlichen Konflikte ließen bald nicht mehr auf sich warten. Nach dem weltbewegenden Schüleraufstand in Soweto 1976 mit allein 450 Toten durch Polizeigewalt gab man schwarzen Exil-Südafrikanern eine Bühne und beteiligte sich an der Anti-Apartheid-Kampagne. „Nelson Mandela saß noch als Terrorist auf Robben Island ein und mit der Forderung nach dem Boykott südafrikanischer Früchte und den Krügerrand Goldmünzen sorgte man auch hier vor Ort für gehörigen Ärger", so K.-D. Gülck. Es hagelte Beschwerden und Denunziationen über den „roten Pfarrer und seine Helfershelfer", aber der Kirchenkreis in Persona des progressiven Superintendenten Fritz Schwarz zeigte Rückgrat und ließ sich nicht auf die Forderungen nach disziplinarischen Maßnahmen ein.

Die Zeiten hatten sich tatsächlich geändert und als unversehens die Jutetasche aus Bangladesch mit dem Aufdruck „Jute statt Plastik" zum bewusstseinsprägenden Verkaufsschlager wurde, war man plötzlich (fast) zum Mainstream geworden. Es begann die Zeit von selbstgestrickten Norweger-Pullovern, Nicaragua-Kaffee und der Angst vor dem Strahlentod – egal ob durch Atomkraftwerke oder Nato-Doppelbeschluss. „Dritte-Welt"-Arbeit war ohne Friedensarbeit und ohne das Engagement für Menschenrechte und Umweltschutz einfach nicht denkbar. Jahre später resümierte Harald Rohr in einem Rückblick: „Dass alles mit allem zum Guten wie zum Bösen zusammenhängt, ist eine der wenigen Lehren, über die wir wirklich nicht mehr zu streiten brauchen."

Ralf Piorr

Das Informationsblatt des „Weltmarkts" im Zeichen der Anti-Apartheid-Kampagne, Januar 1977

Ein Rheinländer im Ruhrgebiet

Ich bin erst in den 70er Jahren über's Rheinland hinaus ins Ruhrgebiet gekommen. Dort gab es ja nichts, was irgendwie interessant gewesen wäre, außer Fußball. Und gleich das erste Mal, als ich ins Ruhrgebiet kam, dieses Konglomerat von kleinen und großen Städten, unterschiedlichen Vierteln, die sich zusammen genommen dann „Stadt" nannten, da musste ich nach dem Weg fragen. Ich meine, es war mein erster Besuch in DO. Die Dame, an die ich meine Frage gerichtet hatte, schaute mich interessiert an und meinte: „Ein Rheinländer". Nun, was hätte ich darauf entgegnen sollen, und was war so Besonderes an mir? So schwiegen wir, bis sie mir abrupt den Weg erklärte. Ich kam in diese andere Welt, mir damals sehr fremd, aber ethnologisch sehr interessant. Durch Herrn Tegtmeier, den ich dann auch kennenlernte, verstand ich wichtige ethnologische Grundlagen. Ich hatte schnell gelernt, dass ich zuerst immer bei meinen Gesprächspartnern herausfinden musste, was sein oder ihr Verein war: S04, BVB, RWE, RWO etc.; denn ein falsches kleines rheinisches Witzchen über den betreffenden Verein, und schon hatte ich verschissen.

Für etwa ein halbes Jahr hatte ich eine Freundin in Dortmund, Barbara. Wir hatten uns kennengelernt bei einem Schüleraustausch in London. Sie war recht häufig in Aachen, das ihr so gut gefiel. Ich war nur zweimal in DO; das eine Mal, wohl das zweite, weil ich einen hochgradig nervösen Klassenkameraden und Freund zur Studienzulassungsstelle nach DO fahren musste. Er hatte die Frist für seinen Studienplatz fast verpennt, so dass wir am letzten Zulassungstag nach DO gefahren sind. Ich durfte den wunderschönen Opel Kapitän seiner Eltern fahren, auf der ehemaligen B1, quer durch das Ruhrgebiet, die Wohnhäuser direkt an der Autobahn, und wenn ich mich nicht irre, führte irgendwo auch eine Straßenbahnlinie parallel zur Autobahn. Nachdem wir die Bewerbungsunterlagen abgegeben hatten, habe ich ihn am Dortmunder Hauptbahnhof abgesetzt. Die Besichtigung der Dortmunder Innenstadt verstand er als wohlverdiente Strafe seiner Schludrigkeit, währenddessen ich den Opel Kapitän zu meiner Freundin steuerte, in ein biederes Malocherviertel, das wohl selten von so einem schicken und dicken Auto befahren wurde. So fuhr ich vor bei meiner Freundin, Aachener Kennzeichen, was danach für Gesprächsstoff in dem Viertel sorgte.

Es wurde eine große Fete gefeiert im Dritte-Welt-Laden in Essen, vermutlich die Einweihungsfeier. Allmählich setzte sich ja bei einigen Menschen das Bewusstsein durch, dass unser Wohlstand irgendwie zusammenhing mit der Armut in der Dritten Welt. Allerdings war es keine besinnliche Feier, sondern eine recht wilde Fete, ein Kommen und Gehen vieler Freunde, von denen ich nur Pommes, Blondi und Uli kannte. Die Produkte des Ladens wurden begutachtet, ein Rotwein namens „Stierblut" oder so ähnlich machte die Runde, sehr zum Kummer der Pächter, die sich geweigert hatten, einen Korkenzieher herauszurücken, aber Pommes stieß die Korken mit einem Finger in die Flasche. Uli war bestürzt und empört über eine vernichtende Kritik an einem seiner Gedichte, in dem er eine koitable Emanze suchte. Ich saß in diesem Chaos und überlegte, was hat Poesie mit Zärtlichkeit zu tun? Es geht auch ohne Poesie; und umgekehrt; und Poesie hilft bei zärtlichen Versuchen. Nur nicht hier.

Einige Wochen der Semesterferien habe ich im Mannesmann-Röhrenwerk in Duisburg gearbeitet, was mich völlig überforderte, diese Hitze, der unbeschreibliche Lärm, die Schicht-

Stan vor seinem Toto-Lotto-Geschäft an der Kurt-Schumacher-Straße in Schalke, das er von Ernst Kuzorra übernommen hat, Mai 1975.

Der legendäre Reinhard „Stan" Libuda vor seinem Geschäft. Bei ihm konnte man auch im Vorverkauf Karten für Schalke-Spiele erwerben.

arbeit. Diese riesigen Hallen hatten riesige zweiflügelige Tore aus sehr dickem Kunststoff, die durch irgendeinen Über- oder Unterdruck zusammengepresst wurden. Deshalb stand neben den Toren eine große schwere Brechstange, die man zwischen die sich überlappenden Torflügel schieben musste, um sie aufzustemmen. Aber diese Brechstange konnte ich so gerade heben, kaum waagerecht ansetzen und erst recht nicht hebeln; ich, der Student, 65 kg leicht, irgendwie fehl am Platz, musste die muskelbepackten Jungs immer bitten, mir die Tore zu öffnen, die Jungs, die mit nacktem Oberkörper in diesen heißen Hallen an dem zig-tausend-Tonnen-Hammer standen und die Erde erzittern ließen, glühenden Stahl handhabten, und die das Tor lässig öffneten für mich. Das kostete mich jedesmal eine Flasche Bier, und die Kisten Bier trugen zu meiner Beliebtheit bei.

Das Ruhrgebiet hatte keinen guten Ruf; niemand fuhr dorthin, um etwas zu besichtigen, sich zu erholen oder ähnlichem. Es war auch nichts „hipp", was man unbedingt hätte sehen oder besuchen müssen. Gemütlichkeit ist eh ein Fremdwort im Ruhrgebiet. In Aachen lebt man mit der 2000 jährigen Geschichte, ob man will oder nicht, sie wirkt auf jeden, der in der

Stadt lebt, überall altes ehrwürdiges Gemäuer. Aber welche Sehenswürdigkeiten gab es im Ruhrgebiet der 70er? – Vielleicht die neu gegründete Ruhr-Uni in Bochum. Dort habe ich in einem Semester 2 oder 3 Wochen Quellenstudium betrieben. Aber selbst an der Uni war nichts los, und drumherum sowieso nicht: Betonklötze auf Wiesen. Kreative Räume gab es nicht, Inspiration für wissenschaftliche Arbeit klang nach Realitätsverlust. Es ging im Ruhrgebiet immer um Realität und Pragmatismus: Kohle machen, einen drauf machen, ein Pilsken trinke, den Opel Kadett oder Manta tunen. Vielleicht war ich ja immer nur im nördlichen Ruhrgebiet und habe das feine südliche Ruhrgebiet nicht gefunden; außer Mülheim a.d. Ruhr, das aber nicht anerkannt wird als Teil des Ruhrgebiets, und dem Baldeneysee, den wir einmal an einem Sonntag im Sommer besucht haben und den ich fluchtartig verlassen musste wegen Platzangst, nachdem wir von Essen-Mitte bis zum Baldeneysee ungefähr zwei Stunden im Stau gestanden hatten inkl. Parkplatzsuche.

Außer Fußball: das hat mich sehr fasziniert, und ich habe viel Neues gesehen. Die berühmten Fußballvereine, von denen leider schon in den 70ern einige in Agonie lagen; die berühmten Stadien, die soll toll nicht waren; die Bindung der Leute an ihren Verein: einzigartig; und die berühmten Fußballer. Ich wollte unbedingt mal in den berühmten Tabakladen von Ernst Kuzorra, hinter dessen Tresen nun der berühmte Stan Libuda stand – wer kannte den nicht, diesen launischen Fußballgott. So gingen Uli und ich in den Laden, wir sprachen Stan Libuda an, um Karten für mehrere Spiele zu kaufen, und meine Faszination kippte in ein Bedauern: Libuda hatte die Karten für verschiedene Spiele in verschiedenen Zigarrenkisten, und Uli machte es ihm auch schwer, weil er jeweils verschiedene Anzahl Karten für verschiedene Spiele kaufte. Das schien Libuda's Fähigkeiten zu übersteigen, und vorsichtig souflierten Uli und ich ihm, wie viele Karten aus welcher Zigarrenkiste und was sie kosten. Aber Libuda rechnete die Karten aus jeder Zigarrenkiste separat mit uns ab, so dass wir ihm beim Wechselgeld jeweils souflieren mussten.

Warum waren früher die Stadien nach Männern benannt und nicht nach Frauen? Der Name des Stadions wäre zu lang gewesen: „Dem Ernst Kuzorra seine Frau ihr Stadion".

Ich stamme aus einer Bergwerksfamilie, aus Alsdorf, dem Wurmrevier nördlich von Aachen, war aber nie in einer Zeche oder gar untertage, obwohl meine Onkel und Vettern es mir anboten. Eines Tages gab ich doch mal nach und ging in das Lehrlingsbergwerk in Bochum. Es übertraf alle meine Befürchtungen: der unglaubliche Krach der Maschinen, der Dreck, die Enge. Deshalb habe ich nie dem sterbenden Bergbau eine (nostalgische) Träne nachgeweint, diese unerträgliche und gefährliche Arbeit sowie der totalen sozialen Kontrolle in den Bergwerkssiedlungen wie in Altenessen. Das Ruhrgebiet hat diesen großen strukturellen Wandel recht gut gemeistert (auch wenn es „Gewinner und Verlierer" gibt) und ist heute viel interessanter als in den 70er Jahren.

Natürlich kann ich keine Erinnerungen an das Ruhrgebiet der 70er vornehmen, ohne mit Freude an das „Schreibheft" zu denken. Die Literatur und die Fotos aus dem „Schreibheft" haben viel dazu beigetragen, das Ruhrgebiet mit seinen Menschen zu verstehen und mich darauf einzulassen. Seit nunmehr 40 Jahren besuche ich regelmäßig die Sehenswürdigkeiten und Fußballtempel und entdecke immer wieder Neues.

Bernd-Josef Kohl

REISEN

**GRENZENLOSE FREIHEIT
GANZ OHNE KONTROLLE**

Auf Sardinien lernte Willi Görmann mit seinem nagelneuen Opel Rekord C die Hilfsbereitschaft und die Kreativität italienischer Automechaniker kennen.

„No problemo" auf Sardinien

1972 orderte ich beim Bochumer Autohändler Bücker & Witte einen nagelneuen Opel Rekord C für rund 10.500 Mark. Der brachte uns in den folgenden Jahren in die Ferien, dabei gleich mehrfach nach Sardinien. Es ging über die Autostrada del Sol nach Civitaveccia bei Rom. Ab dort mit der Staatsfähre zum Golfo Aranci an die berühmte „Costa Smeralda", die Smaragd-Küste.

Bei einer Rundfahrt dort „quittierte" der Anlasser seinen Dienst. Ein Werkstattbesuch in der kleinen Stadt Olbia war unumgänglich. Weil Ersatz fehlte, war ein Austausch nicht möglich, eine Reparatur die einzige Chance zur Weiterfahrt.

Es war Samstagmittag, kurz vor Feierabend. Der Boss stand schon im schneeweißen Oberhemd und rief einen Mechaniker, der den demontierten Anlasser im Schraubstock einspannte. Der Chef warnte noch: „Vorsicht beim Achse herausziehen!", da sprangen schon die kleinen Kohlebürsten und andere Dinge munter in der Werkstatt herum. Der Chef ließ einige

Die wunderbare Aussicht auf die berühmte „Costa Smeralda" ließ den Ärger mit den technischen Macken des Autos immer wieder vergessen.

italienische Flüche vom Stapel, jagte seinen Gehilfen zum Teufel und krempelte selbst die weißen Hemdsärmel hoch.

Bei 35 Grad im Schatten richtete ich mich auf eine längere Verweildauer in der Werkstatt ein. Doch schon nach einer Stunde meldete er Vollzug. Und dann wollte er zu meiner großen Überraschung für seine Arbeit kein Geld annehmen!

Ein paar Tage später begann der Motor zu stottern und ich wurde in der gleichen Werkstatt vorstellig, wo ich schon mit Handschlag empfangen wurde. Nun war die Benzinpumpe der Übeltäter. Eine neue musste erst aus Rom angefordert werden, was drei Tage dauern würde. Zähneknirschend tuckerte ich mehr schlecht als recht in unser Domizil zurück. Da sah ich ein Schild „Auto Officina Meccanica" und steuerte auf den Hof. Der Inhaber, ein ehemaliger Fremdenlegionär, verschwand neben sieben anderen Männern sofort unter der Motorhaube. Nach langem Palaver wurde die mir schon bekannte Diagnose gestellt. Aber der Boss rief mir strahlend zu: „No problemo!"

Schon knatterte ein junger Bursche mit seiner Vespa vom Hof und kam schon bald mit einem kleinen Karton zurück. Inhalt: eine nagelneue Pumpe!

Doch als es beim Einbau Schwierigkeiten gab, verriet ein genauerer Blick auf den Karton: Es war ein Ersatzteil für einen Dieselmotor. Doch die äußeren Abmessungen waren gleich, nur die Antriebsstößel der neuen Pumpe drei Millimeter länger. Auf mein beharrliches Drängen hin wurden die vorsichtig abgeschliffen. Jetzt passte alles, und der Motor arbeitete wieder wie ein Uhrwerk! Großzügig schmiss ich eine Lokalrunde. Und etliche Jahre später, als ich den Opel verkaufte, war immer noch exakt diese „italienische" Pumpe an Bord.

Übrigens: Der Norden Sardiniens war damals schon ein Geheimtipp für bekannte und prominente Persönlichkeiten. Beim Besuch einer Keramikfabrik trafen wir im Foyer auf eine kleine Personengruppe, in der wir den Schauspieler Heinz Rühmann erkannten. Diese Begegnung hatte auch einen lokalen und persönlichen Aspekt. Denn als gebürtige Wanne-Eickeler wussten wir natürlich, dass die Familie Rühmann von 1902 bis 1913 die Bahnhofs-Gastwirtschaft in unserer Stadt betrieben hatte und außerdem meine Großmutter dort das Kindermädchen vom kleinen Heinz war.

Willi Görmann

Grenzenlose Freiheit – mit Interrail durch Europa

Noch einmal schlafen, dann beginnt das Abenteuer: Eine Reise, vier Wochen lang durch Europa im schönen Jahr 1979. Kreuz und quer mit dem Zug durch ca. 20 Länder für etwas mehr als 300 Mark sind laut Interrail-Pass möglich. Mein damaliger Freund und Reisegefährte Andreas und ich haben die Route etwas abgespeckt. Von Bochum aus wollen wir über Frankreich und Spanien an die Südküste Portugals, an die Algarve.

Hätte ich nur meine letzte Nacht vor der Reise in meinem weichen Bett noch einmal genossen. Denn auf uns wartet weniger ein Urlaub als ein fortwährendes Hindernisrennen!

Wir kommen tatsächlich irgendwann an im portugiesischen Lagos. Aber wir müssen dabei die Langsamkeit entdecken.

Der Interrail-Pass soll in jede zerschlissene Hosentasche passen. Okay – aber meiner ist in Paris weg. Beim Suchen verpassen wir den Anschlusszug an die französische Atlantikküste. Am zweiten Geltungstag scheint die Reise beendet. Im Brustbeutel zwischen Travellerschecks und deutschem Geld findet sich dann doch noch das schon verloren geglaubte Ticket.

Theoretisch können wir jeden Tag aufs Neue entscheiden, wo die Reise hingeht, wo wir noch einen Tag bleiben, wo wir übernachten und welchen nächsten Zug wir nehmen. Theoretisch. Praktisch sind wir auf einer damals sehr beliebten Südeuropa-Route unterwegs. Mit uns strömen Heerscharen von rucksackbepackten jungen Leuten aus und in die Züge. Wenn man sich denn überhaupt in einen Zug schieben und drücken kann, bleibt ein Sitzplatz zumeist ein Traum. Wir hocken eingequetscht zwischen müffelnden Leidensgenossen auf unseren Rucksäcken oder gleich auf dem Fußboden im Gang des Zuges und tauschen Erfahrungen und Tipps aus. Unter diesen fragwürdigen Umständen entwickelt sich das Interrail-Lebensgefühl besonders gut. Hier entstehen Kontakte, Freundschaften und ganz viele Geschichten.

Interrail-Nutzer machten in den Zügen und auf Campingplätzen jede Menge Bekanntschaften. Man tauschte eifrig Reise-Erfahrungen aus.

Auf der Fähre nach Cap Ferret das nächste Unglück. Beim täglichen „Kassensturz" flattern im Wind etliche Geldscheine und Traveller-Schecks in den Atlantik. „Müssen wir halt etwas sparen", meint mein Reisebegleiter. Als wenn wir das nicht eh schon machen würden. Unser Plan ist, so viele Nächte wie möglich kostenlos im Zug zu verbringen. In San Sebastian, im Norden Spaniens, ist das Touristenleben in den siebziger Jahren noch sehr billig.

Das Ticket ins Glück: Für 300 Mark konnte man mit dem Pass kreuz und quer durch Europa fahren.

Wir können uns die Bäuche vollschlagen oder betrinken. Beides lässt die Reisekasse nicht zu.

Hier machen wir auch Bekanntschaft mit dem nicht seltenen dortigen Sommerregen. Wir brauchen eine riesige Plastikplane, um die wahre Sintflut zu überstehen, und machen zweifelhafte Bekanntschaft mit Tausenden von Krebsen, die das schlechte Wetter an den Strand gespült hat und vor denen wir mit all unseren nassen Klamotten nach Vigo fliehen.

17 Stunden Zugfahrt warten auf uns in den ältesten Regionalzügen Europas, in überfüllten und stinkigen Abteilen. Hocken wir nicht in den Waggons, warten wir auf Bahnhöfen, die nicht mehr zu bieten hatten als – immerhin! – frische Luft. Das war also die „grenzenlose" Interrail-Freiheit. Das Geld wird immer knapper. In Vigo werden wir in einer Bodega auch noch richtig übers Ohr gehauen. Auch wenn wir uns als weltmännische Abenteurer verstehen, sind wir im Grunde gutgläubige Touristen mit Rucksack. Wir reisen nach Lissabon, und ich höre aus Sparsamkeitsgründen mit dem Rauchen auf. Auf dem Zeltplatz wird mir in der Nacht meine geliebte Wrangler von der provisorischen Leine geklaut. Irgendwann landen wir in Lagos an der portugiesischen Algarve. Es ist Ende September, heiß und herrlich, und meine Jeans vermisse ich nicht. Wir übernachten im 1000-Sterne-Hotel.

Dann naht gnadenlos der letzte Geltungstag des Interrail-Ausweises – wir müssen nach Hause. Da wir hinreichend Erfahrung mit den südländischen Bummelzügen gemacht haben, von denen auch längst nicht jeder für Interrailer ohne Aufschlag erlaubt ist, planen wir drei volle Tage für die Rückreise ein.

Und die haben wir dann auch gebraucht. Nach drei endlosen Tagen und Nächten im Zug, hungrig wie die Löwen, weil wir uns von billigem, stinkenden Ziegenkäse und Brot ernährt haben, ist die körperliche Erholung bei unserer Ankunft in Bochum ein bisschen dahin. Aber wir sind sonnenverbrannt. Und von innen leuchten wir irgendwie.

Barbara Kirfel

Erstmals über den großen Teich

Im Sommer 1975 lasen wir ein Inserat im Stadtpanorama Duisburg, einer der ersten wöchentlichen Werbezeitungen. Für 999 DM für fünf Tage nach New York inklusive Flug und Hotel. Das erschien uns interessant. Dann haben wir gedacht: Warum für so kurze Zeit das Geld ausgeben? Der Flug kostet auch für einen längeren Aufenthalt nicht mehr. Wir haben dann über den ADAC einen Flug Frankfurt/New York und das Hotel Century Paramount in der Nähe des Times Square gebucht und das Abenteuer konnte losgehen. Am Anfang gab es einige Sprachprobleme. Das Schulenglisch war so ganz anders und es gab keine Chance, dass jemand Deutsch verstand. Wenn man nicht gerade zu McDonalds ging, hat man sich die zu stellende Frage vorformuliert und sie dann klopfenden Herzens gestellt. Dann kam irgendeine Erwiderung, die man überhaupt nicht sofort verstand. Und manchmal zog man mit hochrotem Kopf von dannen, ohne das gewünschte Ergebnis. Nach und nach hat man sich an den Klang der fremden Sprache gewöhnt und es ging immer besser. Nach einer Woche hatten wir uns die Füße platt gelaufen und haben bei der Reiseleitung gefragt, was man noch unternehmen könnte. Uns wurde eine Fahrt nach Washington und eine Drei-Tagesfahrt mit einer deutschen Zeitung zu den Niagara-Fällen angeboten. Die Fahrt nach Washington haben wir dann selbst organisiert. Früh morgens um sechs Uhr zum Busbahnhof. Von dort fuhr ein Greyhoundbus in vier Stunden Nonstop nach Washington. Dort hatten wir einen kleinen Ausschnitt einer Karte aus einer ADAC-Broschüre zur Verfügung. Der Busbahnhof lag an der Pennsylvania-Avenue. Das Weiße Haus hat die Adresse 1600 Pennsylvania Av. So hatten wir die erste Anlaufadresse. Von der Rückseite des Weißen Hauses hat man gleich alle Sehenswürdigkeiten im Blick: Capitol, Washington Monument, Lincoln und Jefferson Memorial. Mit einer Taxirundfahrt haben wir alle besucht und besichtigt. Gegen 19 Uhr ging es dann zurück nach New York, wo wir kurz vor Mitternacht wieder im Hotel ankamen. Völlig erschossen. Zwei Tage später haben wir uns dann auf den Weg zu den Niagara-Fällen gemacht, jetzt aber mit deutscher Reiseleitung. Ein absoluter Höhepunkt unserer Reise. Auf dem Rückweg nach New York dachten wir, gut, dass wir uns getraut haben. Wer weiß, ob wir es nochmal über den großen Teich schaffen.

Inzwischen wissen wir es besser: Bis heute waren wir 24mal in den USA.

Heinz-Günter Bartmann

Grebaštica

Im Jahre 1971, als an Grenzen innerhalb Europas noch Ausweispapiere vorgezeigt und ggf. Kofferraumdeckel geöffnet werden mussten, als u.a. Jugoslawien als Vielvölkerstaat noch existierte, als man erst mit 21 Jahren volljährig war, als Vermieter (und auch Campingplatzbesitzer) in Deutschland ihre Wohnungen bzw. Stellplätze – überwiegend – nur an verheiratete Paare vermieteten, im Sommer dieses Jahres also wollten meine damalige Freundin (und heutige Frau) und ich zusammen mit einem befreundeten Paar, das über ein Auto verfügte, in den Semesterferien in den Süden fahren, Richtung Griechenland.

Der fahrbare Untersatz war ein gelber 16 PS starker 2 CV, vermutlich wegen seines sanft schaukelnden Fahrstils „Ente" genannt. Klar, dass neben vier Insassen nur wenig Platz für Gepäck in diesem Wagen, der bei seiner Vorstellung 1948 spöttisch als „Konservendose, Modell freies Campen für vier Sardinen" bezeichnet worden war, zur Verfügung stand: Zwei kleine Zelte, Schlafsäcke, Luftmatratzen, je eine Tasche mit ein paar Kleidungsstücken

Improvisation wurde großgeschrieben in Dalmatien, wo der „Campingplatz" eigentlich nur ein Acker war.

sowie einem Kulturbeutel, ein einflammiger Campinggaskocher und ein paar Kochutensilien; damit war der Wagen schon mehr als voll. Als Stühle waren die leicht ausbaubaren Vordersitze und die Rückbank des 2 CV gedacht. Ohne Gurte, unsere Reisetaschen auf dem Schoß, mit offenem Verdeck und hochgeklappten Seitenfenstern machten wir uns wohlgemut auf die lange Reise: Ein Ersatzreifen war vorne auf der Kühlerhaube montiert, Keilriemen- und Lichtmaschinenersatz sowie diverses Werkzeug mussten auch noch im Kofferraum Platz finden.

Eine erste Hürde galt es bei der Alpenüberquerung zu meistern: An zwei Pässen verweigerte die „Ente" die Weiterfahrt auch im ersten Gang. Bis auf die Fahrerin stiegen wir anderen aus und schoben das Auto auf dem Seitenstreifen über die für uns zu steilen Pässe. Ob Hannibal bei der Überquerung der Alpen mit Elefanten ähnliche Probleme wie wir mit der Ente gehabt hat? Jedenfalls erfreuten sich viele uns überholende PKW- und LKW-Fahrer an diesem sich ihnen bietenden Schauspiel; sie winkten uns teils mitleidig, teils schadenfroh zu. Wir waren erleichtert, als wir endlich einen Campingplatz erreicht hatten.

In Dalmatien, auf einem kleinen Campingplatz, eher ein Acker als das, was wir heute als Campingplatz kennen, nahe dem lediglich aus wenigen Häusern bestehenden Dörfchen Grebaštica etwa 12 km südlich von Šibenik, wollten wir auf unserem Weg nach Griechenland für eine Nacht Station machen. Hier eskalierte dann eine Auseinandersetzung zwischen dem Autobesitzerpaar und uns, die sich schon im Laufe der bisherigen Reise angedeutet hatte – worum es dabei ging, weiß ich nicht mehr. Am nächsten Morgen, kurz vor unserem geplanten Aufbruch, verkündeten

Bei vier Insassen waren Konflikte in einem 2 CV, der mit seinen 16 PS kaum die Berge hoch kam, eigentlich unvermeidlich.

uns die beiden: „Wir fahren jetzt alleine weiter – ohne euch." Unsere persönlichen Sachen wurden aus der Ente ausgeladen, uns wurde erklärt, auf dem Rückweg würde man uns wieder abholen – und weg waren sie. Es gab für uns nach der Abfahrt keine Möglichkeit, mit den beiden Kontakt aufzunehmen: kein Telefon, kein Handy, WhatsApp o. ä. Erst verblüfft, dann erleichtert darüber, die Ferien ohne weitere Streitigkeiten verbringen zu können, standen wir mit unserem winzigen Zelt, Luftmatratzen, Schlafsäcken und sehr begrenzten finanziellen Mitteln direkt am Meer in einer wunderschönen Bucht mit herrlichem Wetter auf einem Platz mit einigen Grasbüscheln, einzelnen Olivenbäumen, Eidechsen und vielen Steinen.

Am Kieselsteinstrand stand eine einzige Kaltwasser-Stranddusche, die ein „Aussteiger", der schon länger hier lebte, zusammengebastelt hatte. Als Toilette diente ein kleines Steinhäuschen mit einer Holztür, die ein herzförmiger Ausschnitt zierte. Gerade berichtete mir meine Freundin interessiert von einem ihr unbekannten Tier, das ein bisschen ausgesehen habe wie ein Krebs mit einem spitzen Schwanz und auf dem Fußboden im Toilettenhäuschen umhergehuscht sei, als eine Frau laut schreiend aus der Steinhütte heraus gestürmt kam; wir verstanden nur den Ruf „Skorpion! Skorpion!" Danach schauten wir beim Besuch des Häuschens ganz genau hin, ob sich nicht wieder ein unliebsamer Gast einquartiert hatte.

Ein weiteres Problem betraf die Verpflegung: Ein Geschäft gab es weder auf dem Platz noch in der näheren Umgebung. Jeden zweiten Tag kam ein kleiner Lieferwagen vorbei, der Brot brachte. Vormittags gegen 11 Uhr sollte er erscheinen. Meistens kam er auch, mal mehr, mal weniger pünktlich.

Ein älteres mitfühlendes Ehepaar aus Österreich, das im Wohnwagen Urlaub machte, hatte unsere Situation bezüglich Campinggaskocher und Kochtopf (beides war mit unseren Freunden weitergefahren) bemerkt und schenkte uns, als es wegfuhr, sein Campinggeschirr, einen Topf mit einem Deckel, der sich mit Hilfe einer Art Zange (die sich auch als Flaschenöffner verwenden ließ) umgedreht in eine Bratpfanne verwandelte, sowie einen kleinen Campinggaskocher. Mit einem Bus, der zwei- bis dreimal täglich auf der Küstenstraße zwischen Split und Šibenik verkehrte, auch wenn seine Abfahrtzeiten in keinem direkten Zusammenhang zum Fahrplan an der Haltestelle standen, fuhren wir hin und wieder nach Šibenik, kauften Lebensmittel und zwei emaillierte Tassen, hergestellt in der UdSSR. Nun konnten wir Wasser kochen und mittels Kaffeepulver morgens Kaffee trinken.

Wir schwammen häufig in dem klaren, warmen Wasser der Bucht, kletterten über die Felsen, die den Strand begrenzten, und unternahmen viele Spaziergänge. Einer davon führte uns ein Stück in das hinter der Küstenstraße liegende Karstgebirge hinein. Nach mehreren Kilometern Gehens in großer Hitze gelangten wir in ein Dorf. Viele Touristen hatten sich hierhin wohl noch nicht verirrt; wir wurden zunächst von Kindern und Erwachsenen wie zwei Außerirdische bestaunt, bis ein Mann uns zwei Gläser mit Wasser anbot und wir dieses herrlich kühle Getränk genossen. Ein anderer brachte vermutlich selbst gebackenes Brot und selbst hergestellten Käse. Wir freuten uns über diese herzliche Gastfreundschaft gegenüber uns, den Fremden. Eine Erfahrung, die wir im Übrigen auch später im Ausland häufig machen konnten.

Und das andere Paar? Nach gut drei Wochen kamen sie doch noch – von uns eigentlich kaum mehr erwartet – zurück. Sie waren wirklich noch bis Griechenland gefahren, und nun ging es, zwar langsam und mit wiederholtem Aussteigen und Schieben, gut gelaunt und ohne Streit gemeinsam zurück nach Bochum.

Später haben wir Grebaštica noch mehrmals besucht. Zum vorerst letzten Mal haben wir vor zwei Jahren bei einer Urlaubsfahrt mit unserem Wohnwagen durch Kroatien auch in Grebaštica vorbeigeschaut. Dorf und Strand haben sich inzwischen verändert, kleine Restaurants bieten Essen zu allen Tageszeiten an, viele Bötchen liegen in der Bucht, es finden Musikabende mit traditionellem kroatischen Klapa-Gesang statt. „Unser" Campingplatz existiert allerdings nicht mehr, auch wenn das Gelände, auf dem er sich befand, noch aussieht wie früher – ein steiniger, unebener Acker mit einzelnen Olivenbäumen.

Immer noch finden wir diesen Ort wunderschön, aber er übt auf uns nicht mehr den Zauber aus wie bei unserem ersten eher unfreiwilligen Aufenthalt. Geblieben ist bei meiner Frau die Neugier auf und die Liebe zu kleine(n) und große(n) Tiere(n), die manchem als gefährlich erscheinen mögen, so geschehen z.B., als sie eine Schlange am Fortkriechen hindern wollte, um sie in Ruhe fotografieren zu können, oder vor zwei Jahren bei einer Wanderung durch einen kroatischen Nationalpark, als ca. 20 Meter von ihr entfernt plötzlich ein Braunbär auftauchte ... Aber das ist schon wieder eine andere Geschichte.

Helmuth Schönig

Hecht mit Blaubeeren

Mein erster Urlaub führte mich 1974 nach Schweden. Es war eine tollkühne Idee, denn der Kollege, mit dem ich mich auf den Weg machte, hatte ebenso wenig Geld wie ich. Viel blieb nicht mehr übrig, als wir die Schiffspassage von Kiel nach Göteborg bezahlt hatten. Wir wollten drei Wochen an einem See in Värmland zelten und ein bisschen angeln. Weil wir die WM bis zum Endspiel noch zu Hause erleben wollten, machten wir uns im Spätsommer auf. Erfahrenere Reisende als wir hätten bedacht, dass es zu dieser Zeit am Wasser in Schweden nicht mehr wirklich warm ist. Ein Pullover hätte geholfen. Aber das Fehlen warmer Kleidung erwies sich bald schon als kleineres Problem.

Mein Auto zu der Zeit war ein Fiat 500 mit Halbautomatik. Er stand mehr in der Werkstatt als vor meiner Haustür. Man konnte ihm beim Durchrosten zuschauen. Erschwerend kam hinzu, dass ich immer mal wieder den Schaltknüppel in der Hand hatte und das Gaspedal klemmte. Es war also mit einem gewissen Risiko verbunden, mit diesem Gefährt die große Reise anzutreten.

Auf dem Weg nach Kiel wurden wir auf der Autobahn von der Polizei angehalten. Aufgefallen war ich den Beamten wohl, weil auf der Heckscheibe ein großes BRD-Schild prangte. Was durchaus politisch gemeint, streng genommen aber verboten war. Ich wurde von zwei Streifenwagen eskortiert und in den nächsterreichbaren Ort gelotst. Angeblich waren alle meine Reifen nicht mehr verkehrstauglich. Als die „Schwarten" ausgewechselt waren, konnten wir weiterfahren. Hatten aber nun endgültig kein Geld mehr. Und jetzt nicht irgendwie „kaum noch" oder „wenig", sondern nichts mehr. Null.

Aber die Schiffspassagen waren vom Umtausch ausgeschlossen. Wenn wir auch das Geld nicht auch noch aus dem Fenster schmeißen wollten (wie für die Reifen), MUSSTEN wir weiterfahren. Es würde sich schon alles ergeben. Außerdem wollte ja ein Kollege nachkommen. Wir mussten nur zwei Wochen durchhalten am See. Irgendwie.

Die nächtliche Fahrt über die Ostsee, die wir auf diesem riesigen Kahn wie Landstreicher auf einer Treppe zum Vergnügungsdeck verbrachten, verlief so reibungslos wie die Weiterfahrt von Göteborg nach Värmland, die immer einsamer, von meinem Fiat aber so überraschend wie tapfer gemeistert wurde. Am See angekommen, war dann auch der Tank leer.

Unser weiteres Überleben hing jetzt an der Angel. Noch am frühen Abend stachen wir mit einem Ruderboot in See. Und „gingen auf Hecht". Ich ruderte, der Kollege „blinkerte" in der Nähe des Schilfs. Nach Stunden hatten wir tatsächlich einen am Haken. Und es dauerte gefühlt noch einmal so lange, bis wir das Tier tatsächlich im Boot hatten. Es war ein wirklicher Kampf.

Ein See in Värmland, Mittelschweden. Im Schilf stehen die Hechte. Sie dort zu angeln ist ein mühsamer Kampf.

Mein Mitreisender hatte bei seinem Vater gelernt, wie man den Fisch ausnimmt und zubereitet. Der Hecht schmeckte köstlich. Am nächsten Tag gingen wir mit allen Gefäßen, die wir hatten, in den Wald und suchten Blaubeeren. Wir fanden sie in ungeheuren Mengen. Danach ging es wieder auf den See.
Bis wir unsere Mahlzeit beisammen hatten – Hecht mit Blaubeeren.

An manchen Tagen fingen wir gleich mehrere Hechte. Am See gab es einige Hütten, in denen Urlauber mit ihren Familien wohnten. Denen verkauften wir die Fische, die wir nicht selbst brauchten, und kamen so wieder zu etwas Bargeld. Das wir im nahe gelegenen Krämerladen für Anglerbedarf und ein klein wenig Luxus ausgaben.

Ich weiß jetzt nicht, ob man das Urlaub nennen kann. Wir schoben in Herrgottsfrühe das schwere Holzboot ins Wasser, ruderten und blinkerten bis zum frühen Nachmittag, verkauften dann den Fang und konnten am Abend einen Fisch selbst essen. Zum Nachtisch gab es Blaubeeren, die in hochvollen Eimern bei uns im Zelt standen. Und die mir eigentlich bis heute zum Hals heraushängen.

Es war ein bisschen wie bei Robinson Crusoe. Als unser nachreisender Freund dann an unserem Zelt ankam und wir irgendwann von der Jagd kamen, glaubte er zunächst an eine Erscheinung, wie wir da in T-Shirt, Pudelmütze und 10-Tage-Bart das Boot an Land zerrten. Wir waren in den 14 Tagen auch ein stückweit verwildert.

Aber alles wurde noch gut. Er hatte den Kofferraum voller Köstlichkeiten und wir verbrachten noch eine schöne Woche, sogar auch noch mit der dortigen Landjugend.

Die Rückreise war geprägt von wolkenbruchartigen Regenfällen und mehreren Stopps an Reparatur-Werkstätten. Aber das ist irgendwie schon wieder eine andere Geschichte.

Ulrich Homann

Urlaub ohne Kontrolle

Die 1970er Jahre haben mich ganz schön geprägt. Ich muss heute sagen: im positiven Sinne.

„Urlaub" – bevor man nicht 21 Jahre alt war – durfte man, ich jedenfalls, nicht ohne Zustimmung der Eltern. Alleine in den Urlaub fahren bzw. fliegen? Das war zu schön um wahr zu sein. Ich kannte es bis dato eigentlich nur, dass meine Eltern und ich jedes Jahr an die Costa Brava gefahren sind. Per Auto, über die Dörfer und mit Übernachtung. Es war schön, aber immer im Blick der Eltern, auch am Urlaubsort. Das war nicht gerade das, was man sich als junger Mensch so vorstellte. 1970 begann dann mein innerlicher Aufstand und ich wollte damals mit meinem Freund nach Formentera. Also ab ins Reisebüro, um einen Flug mit Hotel in Es Pujols zu buchen. Da fing es schon an: „Wo ist die schriftliche Erlaubnis der Eltern?" – ich war damals 20!

Die hatte ich nicht. Dafür wurde zu Hause ein Riesenaufstand gemacht, wie ich denn alleine in den Urlaub fliegen könne. Nach einigen Tränen und „Bitte-bitte" durfte ich dann diesen Flug buchen. Die Insel (was sich heute kein junger Mensch mehr vorstellen kann) war fast menschleer. Der Strom fiel sehr oft aus, dann kamen Kerzen auf den Tisch und Notlichter wurden eingeschaltet. Das Wasser zur

Der Strand und die Wellen auf Formentera waren verlockend, auch wenn der Strom oft ausfiel und Trinkwasser aus dem Brunnen gepumpt werden musste.

Not, wenn es abgestellt war, aus einem Brunnen gepumpt.

Dazu gab es einen traumhaften (FKK) Strand, zu dem wir mit dem Fahrrad gefahren sind. Eine Disco, die um 19 Uhr anfing und in der wir dann den damals geliebten Klammerblues zu „Bridge over Troubled Water" tanzten. So eng, dass man den Knoblauchgeruch des Gegenübers gut mitbekam. Alles war unkompliziert, einfach, romantisch. Es gab kein Handy, also auch keine Kontrolle von zuhause. Wir haben den Urlaub einfach nur genossen – Sonne, Sand und Meer. Ausflüge in die Umgebung und hier und da ein leckeres San Miguel. Wir hatten nicht viel, aber es war schön. Und: In diesem Urlaub lernte ich meine beste Freundin kennen. Heidi, die damals mit ihrem heutigen Mann im selben Hotel wohnte. Die Chemie zwischen uns stimmte sofort.

Diesen Urlaub werde ich nie im Leben vergessen. Und wenn wir uns heute sehen, dann ist es, als wären wir auf Formentera, wie damals. Unsere Kinder schauen dann oft ungläubig: FKK, kein Handy, Disco um 19 Uhr? Aber wir wissen, dass es schön war! So waren die 1970er – einfach schön! Ich möchte sie nicht missen!

Ellen Oettgen

Wie verrückt wir waren

Die 1970er Jahre begannen für mich damit, dass unsere vierköpfige Familie, bestehend aus meiner Frau Jutta und unseren Töchtern Birgit und Martina, auf fünf Personen anwuchs: Im Januar 1970 wurde unser Sohn Thomas geboren.

Jetzt gab es ein Wohnungsproblem. Aber wir hatten Glück, bekamen von der GEBAG in Duisburg eine 3 ½-Zimmerwohnung in Duisburg-Neuenkamp. Fünf Personen in einer Stadtwohnung – da wollte man schon mal raus. Die Lösung: ein Wohnwagen, Marke Eifelland, 3,10 Meter lang. Frau und Kinder hatten im Wagen einen Schlafplatz. Ich wurde in das Vorzelt „abgeschoben". Einen Stellplatz hatten wir mitten in der Natur, in Mehrhoog. Dorthin „zog" uns ein NSU Prinz mit 55 PS. Da zockelten wir dann mit unserem kleinen Auto, vollgepackt mit fünf Leuten, über die Straßen. Wir waren stolz und glücklich.

Ich hatte Maurer gelernt, arbeitete aber als Kraftfahrer bei einer Tank- und Transportfirma. Der monatliche Verdienst lag Anfang der 1970er Jahre bei rund 1000 Mark brutto. Wir waren jung und strebsam und die Löhne und Gehälter stiegen Jahr für Jahr um satte fünf bis acht Prozent. Da konnte man sich etwas aufbauen. Und als gelernter Maurer wollte ich meine Fähigkeiten auch nicht brach liegen lassen.

So bauten wir in Repelen ein Reiheneckhaus. Rohbau, Putz- und Fliesenarbeiten wurden in Eigenleistung erbracht. Und noch vieles, vieles mehr. Mein damaliger Chef (so einen gibt es nie wieder!) fragte mich nur augenzwinkernd, als ich nach einem 14-tägigen Krankenschein wieder zur Arbeit kam: „Na, wie weit bist du gekommen?" Auch einen solch menschlichen Umgang verbinde ich mit den 1970er Jahren. Mit den heutigen Zeiten ist das nicht vergleichbar.

Den NSU samt Wohnwagen konnten wir zur Bauzeit überhaupt nicht gebrauchen. Es waren fortwährend irgendwelche Sachen zu transportieren. Deshalb wurden die Autos immer größer. Bald stand der erste 200D als Jahreswagen vor der Tür. Die erste Familien-Tour ging an einem Sonntagmorgen in nördliche Richtung. Als wir in Norddeich an der Küste

Martin Lux genoss mit seiner Familie die Zeit am Meer.

waren, nahmen wir auch gleich die Fähre nach Norderney. Wo wir schon mal da waren. Es wurde eine lange, späte Heimfahrt, denn die Autobahn 31 gab es ja noch nicht. Alles ging über die B 70. Ja, so verrückt war man in den 1970er Jahren.

Martin Lux

Camping war sehr beliebt

Anfang der 1970er Jahre kauften wir unser erstes gebrauchtes Zelt mit zwei Schlafkabinen. Camping war sehr beliebt! Wir fuhren nach Jugoslawien. An der Grenze mussten wir für einen 14-tägigen Aufenthalt im Land 25 Mark bezahlen. Dabei hätten wir keinen Tag

Camping-Urlaub war immer ein Abenteuer. Die kleine Kerstin genoss ihn sehr.

länger bleiben dürfen. Der Campingplatz war einfach und gut. Im Dorf war ein kleiner Lebensmittelladen. Nur wurde dort kaum etwas angeboten. Der Metzger hatte kaum Fleisch und keine Wurst. Im Speiselokal konnte man uns nur drei Gerichte anbieten. Wir haben diese dann unter vier Personen aufgeteilt.

Dann ging es weiter nach Italien. Auf dem Campingplatz gab es alles. Ein riesiger Supermarkt, Arzt, Friseur und Waschsalon.

Später hatten wir ein 20 qm großes Zelt, das wir mit einem Anhänger transportieren mussten. Und dann kauften wir uns den „Alpenkreuzer" mit integrierter Küche. Alles wurde aus dem Anhänger herausgeklappt. Gerne campten wir auch in der Gegend zwischen Barcelona und Tarragona. Aber wir waren auch viel in Deutschland unterwegs.

Lieselotte Reintjes

Tränenreiches Wiedersehen

Ab 1957 fuhr ich jedes Jahr in den Ferien mit meinem Vetter Thorsten mit dem Rad in den Urlaub nach Lunteren vor Utrecht in Holland immer auf den gleichen Campingplatz. Durch den Fußball entstand mit den Jahren eine große Freundschaft zu Jan, dem Sohn des Campingplatzbesitzers. Obwohl Holland und Deutschland sich fußballmäßig ja nie „grün" waren, gab es bei uns keine Feindschaft. Mit Eintritt in den Arbeitsprozess endeten diese Urlaubsfahrten. Nur einmal noch war ich mit dem Auto bei Jan, dann verloren wir uns aus den Augen.

Zehn Jahre danach wurde ich Fußballschiedsrichter im Kreis Gelsenkirchen. Bei der WM 1974 gab es im Parkstadion am 30. Juni 1974 die Begegnung Holland gegen die DDR (2:0). Ich wurde mit anderen Schiedsrichter-Kollegen als Ordner eingesetzt. Genau im Bereich der Holländer, die quasi ein Heimspiel hatten. Ich stehe auf der Treppe, als mir jemand die Hand auf die Schulter schlägt, mit dem Ausruf: „Charly, mein Freund, das kann doch nicht wahr sein!" Jan und ich lagen uns in den Armen. Tränen der Freude über das Wiedersehen trübten unsere Augen. Seinen Freunden aus Holland erzählte Jan die Geschichte und alle klatschten und freuten sich mit uns. Wir hatten leider nicht mehr viel Zeit, um in Erinnerungen zu schwelgen. Aber ich denke oft noch an diese Stunden zurück und bekomme immer noch eine Gänsehaut. Es war eines meiner schönsten Erlebnisse während der WM. Meinen Ordner-Ausweis für den Zuschauerbereich werde ich in Erinnerung an dieses schöne Wiedersehen in Ehren halten.

Ingo Barnitzke

Lagerfeuer und Musik am Silbersee

Meine Hippiezeit fand Anfang/Mitte der 1970er Jahre statt. Lange Haare, Bärte, Ketten – ein zeittypisches Erscheinungsbild. Gerne fuhren wir von Datteln aus zum Lagerfeuer- und Musik-Machen zum Silbersee zwischen Oer-Erkenschwick und Haltern. Rumba-Kugeln und Kastagnetten dienten als Percussions-Instrumente zur Musik. Bei allem trug ich stolz meinen selbstgemachten Lederhut auf dem Kopf.

Diesen Lederhut trug ich auch während meiner gesamten Reise 1974 durch den Vorderen Orient, vom Goldenen Horn bis Afghanistan. Zweieinhalb Monate lang reiste ich über Land durch Jugoslawien, Griechenland, Türkei, Iran und Afghanistan: getrampt, mit Fährschiffen, Eisenbahnen oder Bussen. Viele Abenteuer habe ich glücklich überstanden, und der Lederhut war immer dabei. Erst auf dem Rückweg im Nacht-Bummelzug von München nach Stuttgart ließ ich ihn morgens schlaftrunken auf der Hutablage des Zugabteils liegen. Als ich es bemerkte, war der Zug weg. Und damit der Lederhut auch, für immer … Geblieben ist mir nur ein Foto und die Erinnerung daran.

Manfred Schloßer

Fremdheit

Mit meiner Tante war ich das erste Mal für ein Wochenende in Frankreich – in Paris! Wahrscheinlich unternahmen wir eine Reise mit dem Herner Busunternehmen „Graf Reisen", denn alle fuhren mit „Graf". Auf der Hinreise erlebten wir zum ersten Mal eine französische Toilette: Auf der einen Seite abgetrennt befand sich ein Urinal für Männer und auf der anderen Seite eine Stehtoilette zum Abschließen. Eine Toilette für Männer und Frauen in einem Restaurant, das hatten wir noch nicht erlebt. Vor allem waren wir mit der Stehtoilette überfordert, in der man sich auf zwei Tritte stellen, seine Kleidung hochraffen musste und dann über ein Loch im Boden sein Geschäft erledigen konnte. Eine Wasserspülung spülte alles weg. Über dem Waschbecken an der Wand hing ein Seifenspender – ein runder Seifenklotz an einem Stiel. Das Bild meiner Tante von der großen Kulturnation Frankreich war zutiefst erschüttert. Sie war angeekelt ob der ungewohnten und unhygienischen Zustände. Im Nachhinein denke ich, dass dies eine äußerst hygienische Sanitäreinrichtung war, denn die Seife weichte nicht am

Hippie mit Lederhut. Manfred Schloßer reiste um die Welt.

Waschbeckenrand vor sich hin. Heute weiß ich: Diese Seifenspender hingen überall in Werkstätten, Schulen, Restaurants und gehören zu den Kindheitserinnerungen einer ganzen Generation.

Bärbel Müller

Järvenpää statt Hammelburg – meine ersten Urlaube ohne Eltern
Mit den Eltern ging es häufig zur fränkischen Saale in die Ferien mit Ausflügen nach Bad Kissingen, Schweinfurt oder Hammelburg. Diese Zeit war nun endlich vorbei – wir schreiben das Jahr 1971.

Freund Horst und ich hatten auf einer Party in Essen-Kupferdreh eine finnische Jugendgruppe kennengelernt. Und das Tolle war, dass von den 18 Jugendlichen 17 weiblich waren. Es wurde getanzt, gefeiert und getrunken. Und als es ans Abschied nehmen ging, versprachen wir, in naher Zukunft nach Finnland auf einen Urlaubsbesuch zu kommen.

Ein „Märchenhaus" in Järvenpää. Kost und Logie frei, Sauna inklusive.

Gesagt, getan! Vier Wochen später ging es erstmals in unserem Leben überhaupt in ein Flugzeug – von Hamburg nach Helsinki. Wir hatten nicht viel an Gepäck dabei, und wie wir zu dem Örtchen Järvenpää, ca 80 km nördlich von Helsinki entfernt, kommen sollten, darüber hatten wir uns nicht so viele Gedanken gemacht. Eine Touristengruppe fuhr mit dem Bus nach Lahti. Das liegt doch auf unserer Route, dachten wir. Wir fragten den Busfahrer, ob er noch zwei Tramper mitnehmen könnte. Und es war kein Problem für ihn.

Eine Stunde später waren wir in dem kleinen Örtchen Järvenpää. Durch einen Zufall trafen wir kurze Zeit später auf Annelie, die uns gleich herzte und uns mit zu sich nach Hause nahm. Ihre Eltern, die Mutter Russin, der Vater Finne, zeigten sich sehr gastfreundlich und boten uns gleich an, bei ihnen zu übernachten. Alles war wie selbstverständlich. Wir machten mit Annelie Ausflüge, besuchten das Haus des finnischen Komponisten Jean Sibelius, hatten Kost und Logie frei, konnten die Sauna benutzen. Und als der Vater von Annelie abends nach Hause kam, er war Direktor der finnischen Sportfirma Karhu, kleidete er uns mit T-Shirts, Trainingsanzügen und Sportschuhen ein. Wir waren geplättet! Natürlich trafen wir auch noch zahlreiche andere Jugendliche und hatten viel Spaß. Nach ein paar Tagen trampten wir weiter nach Lahti und verbrachten dort noch eine tolle Zeit – im Land der tausend Seen.

Nachdem ich endlich meine Führerscheinprüfung bestanden hatte, ging's mit Papas Käfer an die Côte d'Azur. Wir, wieder Horst, ein Arbeitskollege von ihm und ich, fuhren Tag und Nacht, zuletzt über die Autobahn Route de Soleil, dann durch die Camargue bis nach Le Grau-du-Roi und Saintes-Maries-de-la-Mer

Bernhard Helle genoss in den 1970er Jahren die ersten Urlaube ohne Eltern. Mit Freunden entdeckte er die Welt. Bald auch mit den ersten eigenen Autos.

im Rhône-Delta. Tolle Landschaften, Wildpferde und das Meer. Wir waren begeistert. Das Wetter war super. Zelt und Schlafsack hatten wir diesmal eingepackt. Auf einem Campingplatz nahe Toulon stellten wir unser Zelt auf. Direkt am Meer. Schnell hatten wir Bekanntschaften geschlossen und die Tage vergingen wie im Flug. Wir gingen Französisch Essen und ließen es uns gut gehen – „wie Gott in Frankreich". In einem feinen Restaurant aßen wir Meeresfrüchte und andere Köstlichkeiten. Am Nachbartisch war eine Gesellschaft von circa zehn Personen, die Damen alle „oben ohne". So etwas hatten wir noch nicht gesehen. Das gab's nicht in Hammelburg.

Das gute Leben kostete auch ein paar Mark, so dass wir nach rund zwei Wochen pleite waren. Wir wollten eigentlich fünf Wochen bleiben. Horst rief seine Eltern an und die sicherten ihm eine Geldanweisung in Höhe von 500 Mark an das Postamt in Toulon zu. Jetzt begann das große Warten. Jeden Tag waren wir vor Ort. Der Postbeamte kannte uns schon und wir konnten es seinen Augen bzw. seiner Gestik ansehen, ob das Geld eingetroffen war. Nach gut einer Woche dann endlich die sehnsüchtig erwartete Überweisung. Und auch der Postbeamte hatte seinen Spaß.

Aber auch die weiteren 500 DM reichten natürlich nicht lange. Nach vier Wochen waren wir wieder zu Hause. Jetzt gab's kein Baguette mehr. Nun mussten wir uns wieder mit kleinen Brötchen zufriedengeben.

1974: Mit einem nagelneuen Golf, dem Ersten, den es überhaupt gab – von Papa natürlich – machen Horst und ich uns wieder auf den Weg nach Finnland. Mit dem Finnjet von Travemünde nach Helsinki, und dann auf direktem Weg zu Annelie und deren Eltern. Wir haben uns nicht angekündigt. Als wir vor dem alleinstehenden Haus in wunderbarer Natur anhalten, steht Annelie am Fenster, in einem weißen Brautkleid, das sie für ihre in Kürze anstehende Hochzeit zur Probe trägt.

Das heißt aber nicht, dass wir nicht herzlich willkommen sind. Jetzt revanchieren wir uns bei ihrem Vater – mit einer Drei-Liter-Flasche Asbach-Uralt – für die Gastfreundschaft und für die tolle Sportausrüstung von 1971.

Wir bleiben ein paar Tage, dann verabschieden wir uns von Annelie, der angehenden Ärztin und zukünftigen Ehefrau, und machen uns auf den Weg nach Lahti und Lappeenranta, um dem schönen Finnland noch ein paar weitere Abenteuer zu entlocken.

Bernhard Helle

Italien wurde zum Traumland

Im Jahr 1973 machten wir unseren ersten Urlaub mit Kind. Mit dem VW-Käfer ging es über den Brenner nach Italien. Wir fuhren in der Nacht, weil dann die Autobahnen nicht so voll waren. Mein Mann richtete es so ein, dass er als Polizeibeamter in den Tagen zuvor Nachtdienst hatte und so am Abend vor der Fahrt gut ausgeschlafen war. Wir fuhren gegen 19 Uhr los und machten bereits eine halbe Stunde später die erste Rast, um die mitgenommenen frisch gebratenen Schnitzel zu verspeisen. Das war unser erstes Urlaubsfeeling!

Danach wurde unser Sohn in sein „Bett" auf den Hintersitzen zur Ruhe gelegt und schlief fast die ganze Nacht durch. Auch während unserer Stopps und einer eigenen längeren Schlafpause hinter dem Brenner. Am nächsten Morgen, gegen zehn Uhr, waren wir dann an unserem Ziel, der italienischen Adriaküste. Auf uns warteten drei Wochen Sonnenschein pur, während es zu Hause kalt und regnerisch war.

Diese Fahrt wiederholten wir alle zwei Jahre bis 1985. Die Hotelbetreiber nahmen uns fast in ihre Familie auf. Sie verwöhnten uns mit Speisen, die die Signora selbst zubereitete. Zum Abschied gab es immer Reiseproviant samt Obst und Leckereien für unseren Sohn.

Im Laufe der Jahre lernten wir mehrere Italiener mit ihrer herzlichen Art kennen, teils Urlaubsgäste, teils Einheimische. Wir besuchten auch in jedem Jahr eine größere italienische Stadt: Rom, Florenz, Venedig, Ravenna oder Verona gehörten dabei zu unseren Zielen.

In den Jahren zwischen unseren Italienurlauben machten wir immer Flugreisen in andere südliche Länder. Aber wir freuten uns immer wieder auf Italien. Es ist bis heute mein Traumland geblieben. Aber mit mittlerweile 80 Jahren werde ich wohl keine Gelegenheit mehr zu einer Reise dorthin haben.

Rosemarie Förster

Fahrten in die DDR

Zu Ostern 1976 statteten wir erstmals der Oma meines Mannes einen Besuch ab. Sie wohnte in Dresden. In der DDR. Und wir nahmen auch unseren Hund mit.

Wir hatten ein nagelneues Auto – einen knallroten Ford Taunus. Um überhaupt in die DDR einreisen zu können, musste im Vorfeld recht viel Papierkram erledigt, Geld umgetauscht, Reisebestimmungen beachtet werden. Der Hund brauchte eine spezielle Impfung und eigene Einreisepapiere. Letztlich klappte dann endlich alles und wir fuhren los. An der Grenze wurden wir kontrolliert ohne Ende; wir mussten aussteigen, den Hund abgeben und wurden wie Verdächtige oder Terroristen behandelt. Mir war sehr mulmig – erst recht, als unser Auto komplett auseinandergenommen wurde und mir der Beamte Frolics unter die Nase hielt, um nachzufragen, was das denn für ein Stoff sei!? Ich hatte einen Napf mit Trockenfutter für den Hund hinten im Kofferraum stehen. Ich erklärte ihm, dass das Hundefutter sei, was er wohl kopfschüttelnd für unmöglich hielt und sich erst zufrieden gab, als ich die Packung aus einer Tasche herauszog und sie ihm zeigte.

In Dresden angekommen, war ich überrascht, wie hässlich und in welch schlechtem Zustand diese Stadt war. Überall Schlaglöcher in den Straßen, dunkle, vom Ruß fast schwarze Bauten, zerfallene Gebäude. Wenn wir aus dem roten glänzenden Auto stiegen, wurden wir bestaunt wie Außerirdische: Zwei junge Leute mit Jeans und Parka in einem neuen „Lu-

In Venedig machten die Försters Bekanntschaft mit den vielen Brücken und engen Straßen und Kanälen.

xusschlitten" und mit Hund! Ich kam mir sehr exotisch vor und war sehr beschämt, wenn der Oma Freudentränen über die Wangen liefen, weil wir in einer Metzgerei angestanden hatten, um sechs Scheiben gekochten Schinken für unser umgetauschtes Geld zu erstehen. Wir hatten Raufaser zum Tapezieren mitgebracht – Mangelware in der DDR.

Nur durch eine Tauschaktion unter der Hand gab es dann eine einfache Gartenbank für die Oma. Da ich vorher noch nie in Berührung mit der DDR gekommen war, war ich ziemlich entsetzt über die herrschenden Zustände, fühlte mich gefangen in einer ärmlichen Enge und in meiner Freiheit beschnitten. Einfach schrecklich! Und es tat mir unendlich leid, dass die Oma dort nicht ausreisen durfte und diesem Staat hilflos ausgeliefert war.

Immerhin war der Rückweg dann etwas unproblematischer, obwohl ich auch da ziemlich gezittert habe, dass wir wieder gefilzt und kontrolliert wurden. Oma hatte uns ein silbernes antikes Fischbesteck geschenkt; sie ließ es sich nicht ausreden. Natürlich war das nicht erlaubt, solche „Kostbarkeiten" aus der DDR mitzunehmen. Es hätte also gut sein können, dass wir es an der Grenze wieder hätten abgeben müssen. Ich hatte es in die schmutzige Wäsche und in eine Hundedecke gewickelt, die im Hundekörbchen lag. Dieses Mal hatte ich die Packung mit Frolics direkt darauf gelegt. Aber – oh Wunder – bei der Ausreise warf der mürrische Volkspolizist nur einen Blick in den Kofferraum und dann wurden wir durchgewunken.

Im Juni 1976 gab es dann die nächste Grenzkontrolle durch strenge Vopos! Die Abschlussfahrt mit beiden Abschlussklassen – offiziell Studienfahrt genannt – ging nach Berlin! Damals gab es besondere Fördergelder, wenn man eine solche Berlin-Fahrt machte. Man musste im Vorfeld endlose Formulare ausfüllen und u.a. vom Regierungspräsidenten bewilligen lassen. Es gab ein vorgeschriebenes Programm, das man absolvieren und später auch dokumentieren musste. Dazu gehörten u.a. diverse Gespräche über „Die Situation in der DDR" oder über die politischen, wirtschaftlichen und kulturellen Probleme Berlins, sowie ein Besuch von Ost-Berlin mit einem bestellten Reiseleiter.

Die Woche in Berlin war sehr heiß und die Abende entsprechend lang. Untergebracht waren wir im Jugendgästehaus Central (inzwischen geschlossen) in Berlin-Wilmersdorf, das nur ein paar Minuten entfernt lag von zahlreichen Lokalen, Discos, Geschäften, etc.

Am letzten Abend waren wir dann alle zusammen in einer Disco und auf meinen persönlichen Wunsch spielte der DJ „Smoke on the water" von Deep Purple immer wieder zwischendurch laut. Wir tanzten die halbe Nacht durch.

Am nächsten Morgen ging es etwas verkatert zurück nach Herne. Es war heiß im Bus und wir trafen wieder auf unfreundliche Vopos, die uns alle aussteigen ließen und den Bus mit Hunden komplett untersuchten. Es herrschte eine ziemlich beklemmende Atmosphäre und selbst die sonst eher Vorlauten waren ziemlich still.

Anne Filler

„Transit" nach Korsika

Im Sommer 1976 gab es für uns einen weiteren Campingurlaub. Zusammen mit zwei weiteren Pärchen und Kind fuhren wir mit dem Auto nach Korsika. Außer einem großen Zelt hatten wir dieses Mal sogar einen Wohnwa-

Der alte Transit von Anne Filler brauchte eine Hilfs-Pleuelstange, um von Korsika wieder zurück nach Deutschland zu kommen.

gen dabei, der dem Pärchen mit Kind gehörte. So ein festes Dach über dem Kopf war manchmal ganz praktisch...

Von Korsika waren wir sehr begeistert und erzählten anderen Freunden davon. Und so beschlossen wir, im Jahr darauf mit diesen Freunden zu viert nochmal nach Korsika zu reisen. Dieses Mal wollten wir aber gemeinsam nur mit einem Auto fahren. Sechs Wochen vor der Fahrt wurde also ein alter Ford Transit gekauft. Die Männer „möbelten" ihn auf und zur Not konnte man das Innenleben des Autos so ausklappen, dass man auch zu viert darin übernachten konnte. Im Hafen von Marseille mussten wir auf die Morgenfähre warten und so rieben sich morgens einige Menschen erstaunt die Augen, als wir vier nacheinander aus dem Gefährt krabbelten...

Ansonsten war es ein fantastischer unvergesslicher Urlaub. Drei Tage campten wir wild auf Einladung von einheimischen Korsen eines Restaurants an einem Fluss und wurden wunderbar von ihnen mit korsischen Spezialitäten und Getränken versorgt. Unser alter Transit bekam auf der Hinfahrt schon in Frankreich einen neuen Reifen verpasst und meckerte dann bei unserer Fahrt vom Campingplatz in die Piratenstadt Bonifacio. Es gab nur eine winzige Tankstelle in einem Dorf, aber dort wurde festgestellt, dass die Pleuelstange defekt war und ausgetauscht werden musste. Sie musste vom Festland bestellt werden und das konnte dauern ... Was nun? Ich weiß nicht mehr, wie sie es geschafft haben, aber irgendeine provisorische Stange wurde zurechtgebogen und eingebaut, damit wir vielleicht wenigstens zurück auf unseren Campingplatz fahren konnten. Wir fuhren also optimistisch bis nach Bonifacio, schauten uns diesen hübschen Flecken Erde an und dann zurück zu unserem Campingplatz. Und ohne Probleme fuhren wir ein paar Tage später mit der Hilfspleuelstange bis zur Fähre, durch Frankreich und überhaupt bis nach Hause zurück ins Ruhrgebiet!

Anne Filler

Die ganze Welt in einem Land

1976 machten wir zum ersten und bisher einzigen Mal ganze vier Wochen zusammenhängend Urlaub. Es ging es nach Südafrika. Wir hatten Bekannte in Pretoria, die bei ihren Besuchen in Duisburg immer gebohrt haben: Kommt uns doch mal besuchen. Zusammen mit meinen Eltern machten wir uns dann auf nach Südafrika. Wegen der Rassenunruhen in Soweto im gleichen Sommer stand unsere Fahrt lange auf der Kippe. Die Anreise war etwas länger, nicht nur wegen der Entfernung Duisburg-Johannesburg. Die Preise bei den Liniengesellschaften lagen über 3.000 DM pro Person. Ich hatte im Reiseteil der WAZ mal gelesen, dass es mit der LUXAIR ab Luxemburg nur 1.600 DM pro Person kosten sollte. Im Reisebüro bot man uns natürlich die teuren Flüge an. Auf Nachfrage holte der Mitarbeiter aus der untersten Schublade seines Schreibtisches das „Angebot" hervor. Es gab einen Shuttle-Bus vom Düsseldorfer Hbf nach Luxemburg, von wo uns dann der Flieger über Nacht mit Tankstopp in Libreville, Gabun, nach Johannesburg brachte. Dort wurden wir von unseren Bekannten abgeholt.

Der erste Schock beim Herausfahren aus dem Flughafen: Hilfe, wir fuhren auf der „falschen" Seite. Dann fiel uns ein, in Südafrika herrscht Linksverkehr. Die vier Wochen verbrachten wir mit Leben im Hause unserer Bekannten, Ausflügen in die nähere Umgebung, Verwandten- und Bekanntenbesuchen sowie zwei längeren Touren. Eine führte uns in den Osten, in den Krüger-Nationalpark mit Pirschfahrten und Übernachtung im Park und in die herrliche Landschaft am Blyde River Canyon Natur Reservat. Dann waren wir noch eine Woche in Durban am Indischen Ozean zum Strandurlaub mit Ausflügen in die Umgebung und die Drakensberge. Trotz der bestehenden Rassenunterschiede hatten wir niemals ein ungutes Gefühl, egal, wo auch immer wir uns aufhielten, ob in den großen Städten oder weit draußen in der Weite des riesigen Landes. Wir haben die Zeit sehr genossen und lange davon gezehrt. Wegen der Schönheit des Landes – „die ganze Welt in einem Land" – sind wir später noch dreimal dorthin zurückgekehrt.

Heinz-Günter Bartmann

CHRONIK

VOM ENDE DER BEATLES
BIS ZUM SMOGALARM

1970

10. April 1970
Paul Mc Cartney veröffentlicht eine Presseerklärung, in der er eher beiläufig das Ende der Beatles bekannt gibt. Schon lange machten Gerüchte um anhaltende Differenzen und eine mögliche Trennung der erfolgreichsten Band der 1960er Jahre die Runde. Die „Beatlemania" bleibt davon gänzlich unberührt. Aber die vier Jungs aus Liverpool werden nie wieder gemeinsam auf einer Bühne stehen.

14. April 1970
„Houston, wir haben ein Problem." Dieser Satz gehört zur Weltraum-Geschichte der NASA wie wohl nur noch „Ein kleiner Schritt für einen Menschen ...". Bei der Apollo-13-Mission, die eigentlich auf dem Mond landen soll, sorgen technische Probleme für die spektakulärste Rückholaktion in der Geschichte der Menschheit.

Mai/Juni 1970
3:4. Mehr nicht. Das muss für das „Spiel des Jahrhunderts" reichen. Sieger und Besiegte finden sich nach 120 Minuten in einem Heldenepos wieder. Auch Italien hilft der Sieg nichts. Mit den Kräften am Ende, geht man im Finale gegen Brasilien mit 1:4 unter. Viele halten die WM in Mexiko für die beste, die jemals gespielt wurde. Endlich ist zu Hause an der Mattscheibe auch während des Spiels die Zeitlupe zu bewundern. Auch den Jubel von Pelé, dem „König" des Turniers.

1. September 1970
Als Opel den „Manta" als sportliches Konkurrenzprodukt zum Capri (Ford) vorstellt, wird der serienmäßig noch ohne Fuchsschwanz ausgeliefert. Auch an Kunden ohne Blondine auf dem Beifahrersitz. Das Auto und die Klischees über die Fahrer sollen sich bald fast deckungsgleich annähern. Der Trash-Kult bekommt sogar ein filmisches Denkmal, und in jeder Frittenbude in Castrop-Rauxel oder Wanne-Eickel ist heute noch der klassische Manta-Teller zu bestellen: Currywurst, Pommes mit Mayo.

Oktober 1970
Janis Joplin wird heroinvergiftet mit 14 Einstichen im Unterarm in einem Motelzimmer aufgefunden. Ihr drittes Album „Pearl" bleibt unvollendet.

Der unscheinbare Singer/Songwriter Elton John reüssiert im Troubadour-Club L.A.

„Led Zeppelin III" erscheint in einem tollen Deluxe-Cover.

Die erste Veröffentlichung von Eric Claptons neuer Gruppe Derek und Dominos ist gleich ein Doppelalbum.

23. Oktober 1970
Der „Schulmädchen-Report" kommt in die Kinos und wird mit rund sechs Millionen Zuschauern einer der fünf erfolgreichsten deutschen Filme. Was im Haupttitel pseudo-sachlich daherkommt, erweist sich durch Untertitel wie „Was Eltern nicht für möglich halten" oder „Wenn Mathe und Physik egal sind" als typisches Produkt der verklemmten Doppelmoral.

1. November 1970
Daumen hoch! Mit optimistischer Geste und flotten Schrittes erobert ein Comic-Männchen namens „Trimmy" das Stadtbild und die Anzeigenseiten der Zeitungen, wirbt für eine gesündere Lebensart durch mehr Sport. Die „Trimm-

EINZELPREIS 20 PF / NR. 87

MITTWOCH, 15. APRIL 1970

1 H 7183 A

WESTDEUTSCHE ALLGEMEINE

Unabhängige Tageszeitung · WAZ · Höchste Auflage im Ruhrgebiet

SIE BANGEN um ihre Ehemänner im Raumschiff: Marilyn Lovell (oben), die Frau des Apollo-13-Kommandanten, und Mary Haise (unten), die Frau des Mondboot-Piloten, die ihr viertes Kind erwartet. Der dritte — als Ersatzmann eingesprungene — Astronaut John Swigert ist Junggeselle. dpa/ap-Funkbilder

Defekt im Raumschiff macht Landung auf dem Mond unmöglich

Atemluft ist knapp an Bord von Apollo 13

Sauerstofftank plötzlich geborsten Notwasserung Freitag im Pazifik

Berichte unserer Nachrichtendienste HOUSTON

Die Notlandung von Apollo 13, die vom Raumflugzentrum in Houston für Freitagabend 18.13 Uhr MEZ im Seegebiet nördlich Neuseelands vorgesehen ist, wird ein dramatischer Wettlauf mit der Zeit werden. Nach dem Ausfall der Energie- und Sauerstoffversorgung im Kommandoteil des Raumschiffes haben die drei Astronauten James Lovell, Fred Haise und John Swigert nur für 45 Minuten Sauerstoff für das Landemanöver.

Nachdem ein Sauerstoffbehälter im Versorgungsteil des Raumschiffes am frühen Dienstagmorgen geborsten war, fielen Hauptstromversorgung und Atemsauerstoff im Kommandoteil von Apollo 13 aus. Die Flugleitung sagte die vorgesehene Mondlandung ab und konzentrierte alle Bemühungen darauf, die drei Astronauten heil zur Erde zurückzubringen. Am Dienstag 9.43 Uhr MEZ nahmen die Astronauten eine Kurskorrektur mit dem Triebwerk der Mondlandefähre vor, so daß sie auf eine Bahn gelangten, die sie nach Umrunden des Mondes wieder zur Erde zurückführt. Das Triebwerk der Kommandokapsel war durch den Stromausfall unbenutzbar geworden. Strom und Sauerstoffversorgung der Mondlandefähre allein garantierten das Überleben der Besatzung.

FERNER LESEN SIE:

Das SOS aus dem All
KOMMENTAR SEITE 2

Der Notruf traf alle wie ein Blitz

Brennstoffzellen liefern Atemluft

4 Raumfahrer kamen schon ums Leben

Bei Apollo 13 häufte sich die 13
BERICHT UND HINTERGRUND

Astronauten-Frauen per Telefon informiert
AUS ALLER WELT

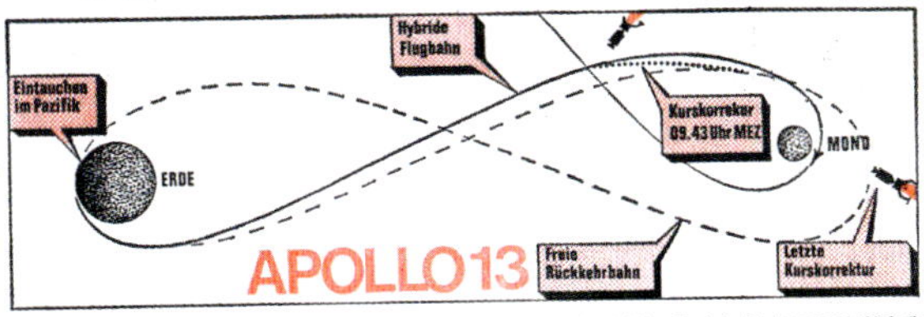

ANDERS ALS DIE BISHERIGEN APOLLO-MONDFAHRZEUGE flog Apollo 13 auf einer hybriden Flugbahn (durchgezogene Linie), die keine freie Rückkehr zur Erde ohne Kurskorrekturen garantierte. Nach dem Auftreten des Defektes und der Aufgabe der Mondlandung zündete die Besatzung um 09.43 Uhr MEZ am Dienstag das Triebwerk der Mondlandefähre und brachte damit die Raumschiffkombination wieder auf eine Bahn mit freier Rückkehr zur Erde (gestrichelte Kurve). Die zweite Kurskorrektur hinter der Mondrückseite dient dem genauen Einschießen auf den vorgesehenen Landeplatz im Pazifik. WAZ-Grafik: Wilfried Gehring

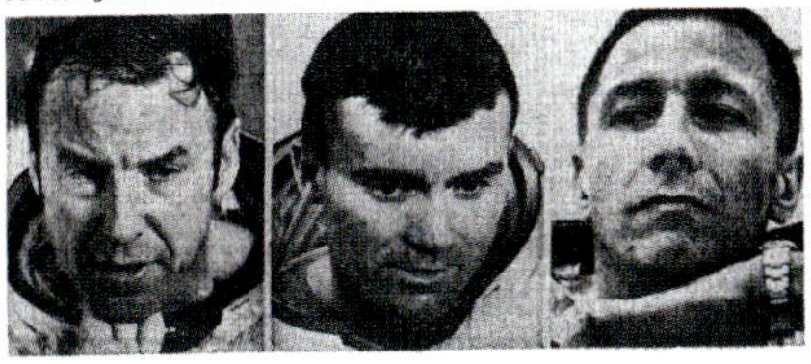

EIN VERZWEIFELTER WETTLAUF um die Rückkehr zur Erde ist der Flug von Apollo 13 geworden, zu dem die drei Astronauten James Lovell (42), Fred Haise (30) und John Swigert (38) (von links nach rechts) am Samstag aufbrachen. Ersatzmann Swigert bewährte sich im Weltraum unerwartet gut. ap-Funkbild

„Die kritischste Lage"

Am Dienstagabend beurteilte die NASA die Lage der Apollo-13-Besatzung nach wie vor als „die kritischste, die wir im bemannten Raumflug bisher gehabt haben". Die Sicherheit der Astronauten sei nur insoweit gewährleistet, als die Lage zur Zeit unter Kontrolle sei. Mit einer zweiten Kurskorrektur in den frühen Morgenstunden des heutigen Mittwoch soll die Raumschiffkombination auf eine Flugbahn gebracht werden, die sie in das vorgesehene Landegebiet im Pazifik führen soll, wo eine Bergungsflotte in Bereitschaft steht.

Die amerikanische Öffentlichkeit ist durch die gefährliche Situation von Apollo 13 zutiefst überrascht worden. Der amerikanische Senat hat alle amerikanischen Betriebe aufgefordert, eine Pause einzulegen, um der Öffentlichkeit Gelegenheit zu einem Gebet für die Rettung der Astronauten zu geben. In aller Welt hat die Notlage der Astronauten Betroffenheit ausgelöst.

Heute in der WAZ

Kühn: Für Lehrer kein Streikrecht
Landesregierung droht mit Disziplinarverfahren
SEITE KULTUR

Er saß 18 Jahre im Zuchthaus
Ehemaliger Chef erkämpfte für A. Meinberg neuen Prozeß
AUS DEM WESTEN

Breschnew greift „Genossen" an

WAZ MOSKAU

Sowjetparteichef Breschnew hat die in seiner Geheimrede vor dem Zentralkomitee der KPdSU Mitte Dezember 1969 geäußerte Kritik an der Wirtschaft öffentlich wiederholt. „Laßt es uns geradeheraus sagen", erklärte Breschnew, „ein höheres Gefühl für Verantwortung und Disziplin fehlt bei uns zuweilen nicht nur dem einfachen Arbeiter, sondern auch vielen Genossen in leitenden Stellungen."

Der Parteichef forderte größere Arbeitsdisziplin, die Ausnutzung jeder Arbeitsminute, die Verwertung jedes Gramms Rohstoff. „Die Frage ist nicht nur, Schwierigkeiten beim Namen zu nennen, sondern die notwendigen Schlüsse daraus zu ziehen", meinte Breschnew

Internationale Verwicklungen, sagte Breschnew, hätten die sowjetische Wirtschaft in den letzten Jahren arg belastet. Gemeint sind damit offensichtlich die steigenden Lieferungen nach Vietnam und in den Nahen Osten. Darauf allein freilich konnte der Parteichef es nicht schieben, daß heute mehr Rubel in russischen Haushalten vorhanden sind, als Waren in den Geschäften.

Siehe Kommentar: Breschnews Bilanz

Gromyko dementiert Kreml-Umbesetzungen

MOSKAU (dpa)

Der sowjetische Außenminister Gromyko hat dem in Moskau weilenden ehemaligen Kennedyberater, Led Sörensen, gegenüber dementiert, daß Veränderungen in der sowjetischen Führungsspitze bevorstehen. Sorensen erklärte am Dienstag nach einem Gespräch mit Gromyko: „Gromyko sagte, öffentliche Veranstaltungen in den nächsten Tagen werden zeigen, daß nichts von dem stattgefunden hat."

Das Wetter

TEMPERATURANSTIEG

MITTWOCH: Wolkig mit Aufheiterungen. Vereinzelt Frühnebel. Weitgehend niederschlagsfrei. Temperaturen nachmittags 9 bis 13 Grad, nachts um 5 Grad. Schwachwindig aus Südwest.

DONNERSTAG: Freundlich. Kaum Niederschlag. Mäßig warm. Um 15 Grad.

SA 5.38, SU 19.28, MA 12.35, MU 3.44

Erfolgreichster Werfer mit sechs Toren beim 15:8-Sieg des VfL Gummersbach im Hallenhandball-Europapokal-Halbfinale gegen Steaua Bukarest war wieder einmal Hansi Schmidt. Mit diesem Erfolg haben die Gummersbacher das Finale gegen Dynamo Berlin am 26. April in der Dortmunder Westfalenhalle erreicht. WAZ-Bild: Kartenberg

Siehe Sport: Gummersbach im Europacup-Finale

Bundesliga gestern:

Duisburg — Köln 1:1 **Hamburg — Bremen 2:2**

Siehe Sport: Der MSV gefiel eine halbe Stunde

SALT-Delegationen in Wien angekommen

WAZ WIEN

„Sachlich und konstruktiv" wollen Sowjets und Amerikaner die am Donnerstag in Wien beginnenden Verhandlungen über eine Begrenzung der strategischen Waffensysteme (SALT) führen. Dies versicherten die beiden Delegationsleiter Semjonow (UdSSR) und Smith (USA) am Dienstag bei ihrer Ankunft in der österreichischen Hauptstadt.

Siehe Seite 2: Wiener Gespräche sollen Rüstungswettlauf stoppen

Athen läßt 332 Häftlinge frei

ATHEN (ap)

Die griechische Regierung hat am Dienstagabend die Entlassung von 332 politischen Häftlingen aus verschiedenen Gefängnissen und Internierungslagern des Landes bekanntgegeben, die zum Teil seit dem Umsturz vor drei Jahren gefangen gehalten worden waren.

Bonn kommt Polen in Grenzfrage entgegen

Duckwitz mit neuer Weisung nach Warschau

Von WAZ-Redakteur WILLY ZIRNGIBL BONN

Staatssekretär Duckwitz vom Auswärtigen Amt wird für die dritte Verhandlungsrunde mit der polnischen Regierung am 22. April neue Weisungen erhalten. Bundeskanzler Brandt, Außenminister Scheel sowie die Staatssekretäre Bahr und Duckwitz haben am Dienstag ein von Ost-Experten des Auswärtigen Amtes ausgearbeitetes Papier beraten, in dem für die Anerkennung der Oder-Neiße-Grenze durch die Bundesrepublik Formeln vorgeschlagen werden, die über die bisherigen Bonner Zugeständnisse hinausgehen.

Wie es heißt, wird erwogen, die Oder-Neiße-Grenze anzuerkennen oder zumindest ohne eigene Vorbehalte „hinzunehmen". Es soll lediglich noch auf das Potsdamer Abkommen und auf die im Deutschlandvertrag verankerten Rechte der Westmächte hingewiesen werden. In beiden Verträgen wird davon ausgegangen, daß die endgültige Festsetzung der Westgrenze Polens Friedensverträgen vorbehalten werden soll.

Bei ihren Überlegungen geht die Bundesregierung davon aus, daß sie in keiner der mit Polen zur Verhandlung anstehenden Fragen zu einem Ergebnis kommen kann, wenn nicht zuvor das Problem der Oder-Neiße-Grenze gelöst wird. Offenbar schreckt die Mehrheit in der Regierung aber immer noch davor zurück, die Oder-Neiße-Grenze ohne jeglichen Vorbehalt anzuerkennen, auch wenn man den Eindruck hat, daß dieses Problem leichter zu verkraften sei als die Anerkennung der DDR.

Augenentzündung grassiert im Revier

WAZ RUHRGEBIET

Eine infektiöse Binde- und Hornhautentzündung grassiert im Revier. Nach Angaben des Obmannes der Dortmunder Augenärzteschaft, Dr. Hans-Werner Oberschulten, sollen allein hier über 100 Menschen erkrankt sein. In Mülheim meldeten sich bei einem Augenarzt 15 Erkrankte. Typisch für den Krankheitsverlauf ist eine Inkubationszeit von fünf Tagen. Die Krankheit selbst dauert etwa drei Wochen. Empfohlene Vorbeugungsmaßnahme: Reinlichkeit, vor allem Verzicht auf gemeinsame Benutzung von Handtüchern und Waschzeug.

Siebenjähriger kann haftbar sein

Auch bei fehlender Einsicht muß Schaden ersetzt werden

WAZ KARLSRUHE

Schon ein siebenjähriger Radfahrer kann erkennen, daß er andere Menschen gefährdet, wenn er sich im Straßenverkehr falsch verhält. Bei einem von ihm verursachten Unfall haftet daher das Kind bzw. dessen Eltern für den entstandenen Schaden. Zu dieser Ansicht kam soeben der VI. Zivilsenat des Bundesgerichtshofes in einem Schadenersatzprozeß, den eine Hausfrau gegen einen 7 Jahre alten Schüler angestrengt hatte.

Der Frau waren, als sie mit ihrem Fahrrad zur Arbeit fuhr, Schulkinder auf Fahrrädern entgegen gekommen. Der Beklagte lenkte ohne Grund, vielleicht aus Übermut, von der rechten Seite auf die linke und streifte mit seinem Rad das Fahrrad der Frau, die zu Boden stürzte und sich erheblich verletzte.

Sie verlangte von dem Jungen den Ersatz ihres Schadens von 2000 DM und ein Schmerzensgeld. Die Eltern wehrten sich mit der Behauptung, es fehle einem Siebenjährigen an der zur Erkenntnis seiner Verantwortlichkeit erforderlichen Einsicht. Ihr Sohn habe nicht wissen können, daß seine falsche Fahrweise die entgegenkommende Radfahrerin gefährde.

Die Bundesrichter meinten dagegen, ein Kind in diesem Alter wisse bereits, daß es rechts fahren müsse und bei Gegenverkehr nicht auf die andere Seite überwechseln dürfe. Es könne auch erkennen, daß es bei einem verschuldeten Unfall zur Verantwortung gezogen werde. Sollte es dem Kind noch an der Reife fehlen, so bleibe es doch für den von ihm angerichteten Schaden haftbar.

Das Landgericht hatte der bei dem Unfall verletzten Hausfrau 500 DM Schmerzensgeld zugebilligt. Der Bundesgerichtshof hielt 2000 DM für angemessen. (Akt.-Z.: VI ZR 182/68)

Als Vorbild strampelte Bundesinnenminister Hans-Dietrich Genscher gestern in Bonn für die Aktion „Trimm dich gesund", zu der der Deutsche Sportbund auch die prominenten Politiker eingeladen hat. Genscher stieg in zünftiger Kluft auf den Heimtrainer. ap-Funkbild

WESTDEUTSCHE ALLGEMEINE WAZ

Unabhängige Tageszeitung — Höchste Auflage im Ruhrgebiet

SAMSTAG, 11. DEZEMBER 1971

WAZ Gesamtdruckauflage am Wochenende 680 000

Heute lesen Sie:

Die Entführung
KOMMENTAR SEITE 2

Frau und Sohn sollten mitkommen zur Millionen-Übergabe
Aber die Kripo befürchtete Geiselnahme
AUS DEM WESTEN

Polizei überprüfte Auto mit offenen Pistolentaschen
AUS DEM WESTEN

Die Albrechts leben bescheiden trotz Milliardenumsatz
Mit den "Aldi"-Läden zur Spitzengruppe durchgebrochen
AUS DEM WESTEN

WAZ-Dokumentation:
DDR-Flüchtige dürfen nicht einreisen
Berlin-Vereinbarung im Wortlaut

Konzertierte Aktion

Schiller: 1972 7 bis 8 v. H. mehr Lohn

waz BONN

In sichtlich entspannter Atmosphäre nach der Einigung im Tarifstreit der Metallindustrie hat das bereits dreimonatige Pause der Sozialpartner am Freitag in konzertierten Aktion von Bundeswirtschafts- und Finanzminister Schiller zusammen. Grundlage der Beratungen waren Prognosen des Ministeriums über die voraussichtliche Entwicklung im Jahre 1972, die von eigenen Projektionen der Gewerkschaften und Arbeitgeber ergänzt wurden. Nach den Schlierschen Orientierungsdaten soll der Anstieg der Bruttolohn- und -gehaltssumme im nächsten Jahr bei 7 bis 8 v. H. liegen.

In den Thesen zur Wirtschaftslage wiederholt das Ministerium die Ankündigung Schillers, zur Konjunkturanschlag zur Lohn- und Einkommensteuer im ersten Halbjahr 1972 zurückgezahlt und der Eventualhaushalt verwirklicht werden sollen, um die sich weiter abflachende Konjunktur wieder anzukurbeln.

Kurzarbeit bei ATH weitet sich aus

waz DUISBURG

Die August Thyssen-Hütte AG in Duisburg, bei der bereits rund 4900 Beschäftigte kurzarbeiten, wird Anfang kommender Woche in sieben Betrieben in Duisburg weitere Produktionseinschränkungen vornehmen, wie von dem Unternehmen am Freitagabend mitgeteilt wurde. Die Namen der Angestellten ist in den nächsten Tagen genannt werden.

Bundesliga
Oberhaus. — Kaisersl. 2:5
Siehe Sport

Aldi-Chef seit elf Tagen in der Gewalt von Kidnappern

Albrecht-Entführer: 7 Millionen DM Lösegeld

Ruhrbischof Hengsbach angeblich Mittelsmann

waz ESSEN

Seit elf Tagen ist der Essener Großkaufmann Theo Albrecht (49), Millionär und Mitinhaber der Lebensmittelkette Aldi/Albrecht, in der Gewalt von Kidnappern. Wie Staatsanwaltschaft und Polizei am Freitag in einer Pressekonferenz offiziell bestätigten, haben die noch unbekannten Entführer ein Lösegeld in Höhe von sieben Millionen DM gefordert. Nach sich hartnäckig haltenden Gerüchten soll Ruhrbischof Hengsbach als "Vermittler" zwischen Albrechts Familie und den Entführern eingeschaltet worden sein.

Polizei und Staatsanwaltschaft teilten lediglich mit, die Kidnapper hätten sich mehrfach am heutigen Samstag in den frühen Stunden beim telefonisch bei der Frau und den beiden 18 und 22 Jahre alten Söhnen des Entführten gemeldet. Daraufhin sei eine „absolut vertrauenswürdige, angesehene Persönlichkeit" als Vermittler eingeschaltet worden. Oberstaatsanwalt Lindenberg versicherte, der Vermittler werde von der Polizei nicht beschattet. Nach Kontaktaufnahme der Entführer zu Albrechts Familie sei in einem letzten Mal am 29. Freitagnachmittag wurde als Hauptverwaltung seiner Firma übergeben-Bedingung zunächst vereinbart, daß Theo Albrecht nach seiner Auslösung noch 24 Stunden beim Entführer bliebe. Jedoch brachen sie dem Kontakt kurz darauf wieder ab.

Nach den bisherigen Ermittlungen ist Theo Albrecht, der mit seinem Bruder Karl (51) in 20 Jahren gemeinsam aufgebauten Filialkette von rund 550 Discount-("Aldi") und Selbstbedienungsläden teilt, zum letzten Mal am 29. November gegen 17 Uhr in der Hauptverwaltung seiner Firma in Herten gesehen worden. Wahrscheinlich wurde er auf dem Wege zu seiner Wohnung in Essen entführt. Sein Mercedes, den er selbst zu steuern pflegte, wurde in Gelsenkirchen gefunden.

Um das Leben Theo Albrechts nicht zu gefährden, ermittelten Staatsanwaltschaft und Polizei elf Tage lang unter strengsten Vorsichtsmaßnahmen und höchster Geheimhaltung. Aus demselben Grunde schwieg die WAZ, die seit Tagen von der Entführung wußte.

THEO ALBRECHT: seit elf Tagen entführt.

IST RUHRBISCHOF DR. HENGSBACH der von den Entführern geforderte Vermittler bei der Millionen-Übergabe und Auslösung ihres Opfers? Essens Polizeipräsident Kirchhoff wehrte sich gestern abend in Gelsenkirchen dieser Angabe ab: „Ich habe mich um die Einschaltung eines Vermittlers nicht gekümmert. Das ist allein Angelegenheit der betroffenen Familie."

180 DM „Abschlag" für drei Monate vereinbart

Einigung in Südwest 7,5 v. H. mehr Lohn

Ab Januar 1972 – Tarifvertrag gilt 15 Monate

Von unseren Korrespondenten und Nachrichtendiensten STUTTGART

Nach fast drei Wochen Arbeitskampf in der Metallindustrie von Nordwürttemberg/Nordbaden haben sich die Tarifparteien am Freitag in Stuttgart auf einen neuen Tarifvertrag geeinigt, der für die rund 650 000 Beschäftigten des Tarifgebietes ab 1. Januar Lohn- und Gehaltserhöhungen von 7,5 v. H. vorsieht.

Außerdem wurde für die Monate Oktober bis Dezember dieses Jahres eine pauschale Abschlagszahlung von 60 DM netto pro Monat vereinbart, die noch vor Inkrafttreten des Abkommens ausbezahlt werden soll. Für die tarifliche Absicherung wurde ein stufenweises Abkommen zwischen und 40 v. H. festgelegt.

Der neue Tarifvertrag, der rückwirkend vom 1. Oktober 1971 an läuft, ist erstmals zum 31. Dezember 1972 kündbar. Die beschlußfassenden Gremien der IG Metall werden über die Annahme des Verhandlungsergebnisses und auf der Grundlage des in Stuttgart erzielten Ergebnisses empfehlen.

Brandt „hocherfreut"

Bundeskanzler Willy Brandt äußerte sich am Freitagabend in Oslo „hocherfreut" über die Einigung. Auch das Bundeswirtschafts- und Finanzministerium begrüßte die Einigung.

Die Große Tarifkommission der IG Metall hat die Urabstimmung über die Einigung für Montag und Dienstag beschlossen. Bei der Urabstimmung müssen über 25 v. H. der rund 250 000 stimmberechtigten „Metaller" für ein Ende des Streiks stimmen. Gleichzeitig wurde festgelegt, daß die ausgesperrten Arbeiter am Montag und Dienstag ihre Arbeit nicht wieder aufnehmen.

Die Einigung hat auch in der vom Arbeitskampf besonders hart betroffenen Automobilindustrie Nordrhein-Westfalens Erleichterung ausgelöst. Bei Opel in Rüsselsheim hieß es, die Produktion solle „so schnell wie möglich" wiederaufgenommen werden.

Trotz der Einigung der Tarifpartner in der nordwürttembergisch/nordbadischen Metallindustrie kündigten das Ford-Werke in Köln für das Ende der Spätschicht am Freitag die Freistellung von 19 000 Arbeitern an.

Siehe Bericht und Hintergrund.
— Kommentar: Laufzeit ist Geld

Friedens-Nobelpreis an Brandt verliehen

Komitee: Hand zur Versöhnung gereicht

OSLO (waz/dpa)

Als vierter Deutscher hat Bundeskanzler Brandt am Freitag in Oslo den Friedensnobelpreis empfangen. In der schlichten Zeremonie nahm Brandt im Beisein von Kronprinz Harald und Kronprinzessin Sonja sowie zahlreichen Ehrengäste Verleihungsurkunde und Goldmedaille aus den Händen des Vorsitzenden des Nobel-Komitees des norwegischen Stortings, Frau Aase Lionaes, entgegen.

In seiner kurzen Dankesrede in deutscher Sprache wies der Bundeskanzler darauf hin, daß am Tag der Nobelpreisübergabe in anderen Teilen der Welt Krieg geführt wird. „Mit dem Ausdruck bewegten Dankes" zugleich im Namen derer angenommen, „die mir helfen und geholfen haben".

In ihrer auf norwegisch gehaltenen Laudatio hatte Frau Lionaes die Hoffnung geäußert, daß die Hand, die Brandt aller Feindpersonen zur Versöhnung gereicht habe, in demselben Geist des guten Willens auch angenommen werden möge. Wenn sich diese Hoffnung erfülle, werde Brandt als der große Friedens- und Versöhnungskanzler Deutschlands in die Geschichte eingehen.

Siehe Bericht und Hintergrund: Brandt vermochte innere Bewegung nicht zu verbergen

EIN ERSTER BLICK AUF DEN PREIS: Willy Brandt und Frau Rut.
dpa/upi-Funkbild

Heute Unterschrift unter Berlin-Vertrag

DDR und Senat zur Kompromißformel zurückgekehrt

BERLIN (waz/dpa)

Die Abkommen zwischen dem West-Berliner Senat und der DDR sowie der Bundesregierung und der DDR-Regierung werden am heutigen Samstag in Ost-Berlin und Bonn paraphiert. Grünes Licht für die Paraphierung gab es am Freitagabend durch eine Einigung zwischen dem West-Berliner Senatsdirektor Ulrich Müller und dem DDR-Staatssekretär Peter Florin über den Text der Vereinbarung über „Erleichterungen und Verbesserungen des Reise- und Besucherverkehrs" und über „die Regelung der Fragen von Enklaven und Gebietsaustausch".

Die Einigung hatte sich abgezeichnet, nachdem Florin am Freitagvormittag in seiner Unterredung mit Müller in Ost-Berlin bereit erklärte, „auf die Basis der am Montag erzielten Kompromißformel zurückzukehren".

Zeremonie direkt im Fernsehen

Wie in Ost-Berlin verlautete, hätte die Paraphierung bereits am Freitagabend stattfinden können, doch sei vereinbart worden, diese Zeremonie am Samstag vorzunehmen, damit die bisherige Unterhändler die DDR und Vorgänger von Florin, Staatssekretär Günter Kohrt, Basis der am Mittwoch wegen Erkrankung an Florin in der vergangenen Woche geeinigt hat, Müller und Kohrt waren aber noch nicht soweit. Die Paraphierungen werden heute im Fernsehen live übertragen.

paraphiert, während der Paraphierung des Behr-Kohl-Abkommens um 11.00 Uhr in Ost-Berlin vorgesehen ist. Beide Abkommen dienen der Ausfüllung des Viermächte-Rahmenabkommens über Berlin vom 3. September.

Über den Transitverkehr zwischen Berlin und der Bundesrepublik hatten sich Bahr und Kohl schon in der vergangenen Woche geeinigt. Müller und Kohrt waren aber noch nicht soweit. Die Paraphierungen werden heute im Fernsehen live übertragen.

NRW fördert Herzchirurgie

waz DÜSSELDORF

Die Universitätskliniken in Düsseldorf, Essen, Köln, Bonn und Münster werden zu Zentren der Herzchirurgie höchsten Ranges ausgebaut. Das versicherte am Freitag der NRW-Minister für Arbeit, Soziales und Gesundheit, Werner Figgen (SPD), in einem WAZ-Interview. Wartelisten werde es bald für dringende Fälle nicht mehr geben, sagte der Minister, der im Land gleichzeitig ein dichtes Netz von Spezialstationen für die Blutwäsche an „künstlichen Nieren" ausbauen läßt.
Siehe Kultur: Mehr Operationen in Essen.

Mehr Hilfe für ältere Bergleute

waz BONN

Ältere Bergleute, die mindestens 50 Jahre alt sind und durch Zechenstillegungen oder Rationalisierungsmaßnahmen ihren Arbeitsplatz verlieren, sollen künftig unter bestimmten Voraussetzungen Anspruch auf Anpassungsgeld. Eine entsprechende Novelle zum Reichsknappschaftsgesetz hat der Bundestag am Freitag in zweiter und dritter Lesung verabschiedet.

Voraussetzung für das Anpassungsgeld ist eine Versicherungszeit von mindestens 15 Jahren — der ausschließliche Bergarbeiter muß spätestens in fünf Jahren rentenberechtigt sein. Bundesarbeitsminister Arendt erklärte, mit dieser Regelung erhielten Bergleuten aller erforderlichen sozialen Hilfen zuteil.

Das Wetter

FEUCHT-MILD

SAMSTAG: Stark bewölkt, zum Teil neblig-trüb. Zeitweise Regen, 5 bis 9 Grad, nachts nur wenig niedriger.

SONNTAG: Unbeständig mit Schauern, wieder kälter, aber meist frostfrei.

SA 8.20, SU 16.24; MA 1.46, MU 13.09

dich-Bewegung" des Deutschen Sportbundes kommt ins Rollen – beziehungsweise ins Joggen. Die „Trimm-dich-Pfade" von einst sind allerdings heute lange verwildert.

7. Dezember 1970
Mit ernstem Gesicht schreitet er die Stufen zum Denkmal hinauf. Nachdem er die Schleife am Kranz gerichtet hat, tritt er einen Schritt zurück – und kniet nieder. Das Bild der Demutsgeste des Bundeskanzlers geht um die Welt. Es ist eine Bitte um Vergebung für die deutschen Verbrechen des Zweiten Weltkrieges. Gleichzeitig wird das Bild zum Symbol der Aussöhnung zwischen Polen und Deutschen, denn am gleichen Tag erkennt die Bundesrepublik die Oder-Neiße-Grenze an.

Und sonst:
Der Bundeskanzler Willy Brandt trifft sich mit dem DDR-Ministerpräsidenten Willi Stoph in Erfurt. Zwei Monate danach erwidert Stoph diesen Besuch durch seine Reise nach Kassel. Unabhängig davon diskutieren die vier Besatzungsmächte in Berlin über den besonderen Status der Stadt, der in einem Berlin-Abkommen festgelegt werden soll.
Die Unfallstatistik wartet mit einem traurigen Rekord auf: 19.123 Verkehrstote. Immerhin muss jetzt jeder Autofahrer ein Warndreieck mitführen. Der ADAC stellt seinen ersten Rettungshubschrauber in Dienst, eine BO 105. Und er entlarvt aufsteckbare Kopfstützen in einem Test als unsicher und gefährlich.

1971

12. Mai 1971
Wibke Bruhns spricht im ZDF die Nachrichten. Sie ist die erste Frau, die im westdeutschen Fernsehen eine Nachrichtensendung präsentiert. Die Männerwelt gerät ins Wanken und flüchtet in den üblichen Chauvinismus: „Wibke Bruhns aufregende Bluse lenkt selbst den Fernsehmann Werner Höfer von den Nachrichten ab", berichtet die Kölnische Rundschau vom 14.05.1971 und zählt alle Versprecher der weiblichen Nachrichtensprecherin auf.

6. Juni 1971
Ein öffentlicher Tabu-Bruch: 374 Frauen bekennen in der Zeitschrift „Stern": „Wir haben abgetrieben." Und damit gegen geltendes Recht verstoßen. Der Streit um den Abtreibungsparagraphen § 218 wird, ähnlich wie die Fragen der Ostpolitik und der Atomkraft, über Jahrzehnte hinweg die Gesellschaft polarisieren. Die Selbstbezichtigungskampagne von 1971 gilt nebenbei als Gründungsmoment einer modernen Frauenbewegung.

Juni 1971
Lothar Kobluhn setzt sich als Mittelfeldspieler eines Abstiegskandidaten die Torjägerkrone in der Fußball-Bundesliga auf. Eine bemerkenswerte Leistung, die leider lange Zeit im Schatten des Bundesligaskandals steht. „Es heißt, ich habe nur getroffen, weil der gegnerische Schlussmann Bescheid wusste. Man kann mal mit einem sprechen oder mit zweien, aber doch nicht mit 24", merkt Kobluhn Jahre später an. So muss er 37 Jahre warten, bis er seine Torjägerkanone, die Auszeichnung des „Kicker" für den besten Torschützen, zu seinem 65. Geburtstag im Jahr 2009 doch noch erhält.

Juni 1971
Als die Bundesliga-Saison 1970/71 vorbei ist, geht die Chose erst richtig los. Knapp 24 Stunden nach dem letzten Schlusspfiff einer nerven-

aufreibenden Spielzeit beginnt auf der Geburtstagsfeier von Horst-Gregorio Canellas, Früchte-Händler und Präsident der gerade abgestiegenen Offenbacher Kickers, die Nachspielzeit. Sie wird den bundesdeutschen Fußball bis in die Grundfesten erschüttern. Davon ahnen die Gäste der Party noch nichts, als der chronisch heisere Canellas sein kopernikanisches Tonbandgerät anwirft, das bizarre Gespräche aufgezeichnet hat, die seltsam unwirklich klingen und allein schon wegen der hysterisch krächzenden Tonlage des Obsthändlers auch satirische Seiten aufweisen. Aber schon bald wird niemand mehr darüber lachen.

Juli 1971
„Co-Co" von The Sweet entert die deutschen Hitparaden und ist am Monatsende Nummer eins. Peter Frampton löst seine Gruppe „The Herd" endgültig auf. Olivia Newton-John und Cliff Richard mimen das neue Traumpaar beim Schlagerfestival um die Goldene Rose in Antibes. Louis Armstrong stirbt. „Gimme Shelter", der Dokumentarfilm über die Rolling Stones beim Altamont-Festival, kommt in die Kinos.

1. September 1971
Die Rockgruppe „Ton, Steine, Scherben" veröffentlicht ihre erste Platte: „Warum geht es mir so dreckig?" Durch ihre politischen und mitunter radikalen Texte wird die Band um den charismatischen Frontmann Rio Reiser zum Sprachrohr der links-alternativen Szene. Auch im Ruhrgebiet liefern die Scherben den Soundtrack zum Aufbruch einer Lehrlings- und Arbeitergeneration.

4. Dezember 1971
Die erste McDonalds-Filiale öffnet ihre Pforten auf der Martin-Luther-Straße in München. Bis heute ist die Zweigstelle in Betrieb. Doch nicht nur in der bayerischen Landeshauptstadt kommt das amerikanische Fastfood an. In ganz Deutschland zählt die Burger-Braterei heute weit über eintausend Filialen.

Und sonst:
Im kanadischen Vancouver gründen Friedensaktivisten eine Non-Profit-Organisation, die sich international mit dem Erhalt des Umweltschutzes befasst und deren gewaltfreie Aktionen bis heute immer wieder für spektakuläre Schlagzeilen sorgen: Greenpeace.
VW baut über zwei Millionen Neuwagen. 1,1 Millionen Altwagen werden in Deutschland verschrottet. Die Offensive der Japaner beginnt: Toyota bietet sein Erfolgsmodell jetzt auch auf dem deutschen Markt an.

1972

30.1.1972
Im nordirischen Derry schießen britische Soldaten wahllos auf einen verbotenen Protestzug von Katholiken. 14 Demonstranten sterben. Der „Bloody Sunday" führt zu einer Eskalation des Nordirlandkonflikts und zu vielen Opfern auf beiden Seiten. 1983 veröffentlicht die Gruppe U2 den Song „Sunday, Bloody Sunday" und fragt nach dem Sinn des Religionskonfliktes. Im Juni 2010 bittet die britische Regierung um Verzeihung für die Taten der Soldaten.

März 1972
Der allerneueste Teenie-Star heißt David Cassidy. Die 15-jährige Juliane Werding aus Essen rollt mit „Am Tag als Conny Kramer starb" nicht nur die ZDF-Hitparade von hinten auf. Neil Young landet mit „Heart of Gold" seinen ersten und einzigen Single-Hit. Die neuformierte Folk-

EINZELPREIS 30 PF / NR. 206 — MITTWOCH, 6. SEPTEMBER 1972

WESTDEUTSCHE ALLGEMEINE

Unabhängige Tageszeitung — Höchste Auflage im Ruhrgebiet

Nach Bluttat im Olympischen Dorf die Spiele unterbrochen

Geiseln den Terroristen entkommen

Zwei Israelis von arabischen Guerillas getötet – Drei der Attentäter auf Flugplatz erschossen

Berichte unserer Nachrichtendienste MÜNCHEN

Die neun israelischen Sportler, die bei einem Überfall arabischer Terroristen im olympischen Dorf als Geiseln festgehalten wurden, sind am späten Abend nach einem Schußwechsel auf dem Flugplatz München-Fürstenfeldbruck befreit worden. Die Polizei eröffnete gezieltes Einzelfeuer, als die Terroristen die Boeing 707 inspizierten, die sie zusammen mit den Geiseln ausfliegen sollte. Dabei sind nach Angaben der Polizei drei arabische Terroristen erschossen worden. Einer beging Selbstmord. Ein weiterer konnte zunächst entkommen.

Die Terroristen und ihre Geiseln waren am späten Abend mit zwei Hubschraubern der Bundesgrenzschutz zu einer wartenden Boeing 727 der Lufthansa nach Fürstenfeldbruck geflogen. Dort sollten sie nach Angaben von Staatssekretär Ahlers ihre Geiseln freilassen. Plötzlich peitschten Schüsse über das Flugfeld. Regierungssprecher Ahlers sagte am Abend, die Aktion sei auf dem Flugplatz zum geplant gewesen. Es sei der feste Wille der Bundesregierung gewesen, die Terroristen mit ihren Geiseln nicht entkommen zu lassen.

Ferner wurde bekannt, daß in den Räumen der israelischen Mannschaft drei Araber durch Schüsswaffen schwer verletzt worden sind.

Nach der Bluttat im Quartier der Israelis, bei der zwei Israelis getötet worden waren, hat das IOC die Olympischen Spiele auf Wunsch Israels unterbrochen.

Den ganzen Tag über hatten Bundesinnenminister Genscher, sein bayerischer Kollege Merk,

ERMORDET: Trainer Moshe Weinberg (32)

ERMORDET: Gewichtheber Joseph Roman

Zur Bluttat

Auf den folgenden vier WAZ-Seiten:

Logik von Verbrechern
Kommentar Seite 2

Weggefegte Illusion
H. J. Justen: Wie ich es sehe

Vom Stadtbummel direkt in den Tod
Weinbergs letzte Nacht

Die Heiterkeit der Spiele hat ein
Polizei in allen Straßen

Olympischer Friede lullte Wachen ein
Die gebremste Sicherheit

Ministerpräsident Tell war erstes Opfer
„Schwarzer September" und Chronik seiner Attentate

Israelis kamen mit großen Hoffnungen
Junge Olympia-Mannschaft

DDR spricht von einem „Terrorakt"
WAZ-Korrespondenten über das Echo in der Welt

Terroristen-Chef ist ein Ingenieur
Acht Jahre in der BRD gelebt

und Münchens Polizeichef Schreiber mit den Arabern im verbarrikadierten israelischen Quartier im Olympiadorf verhandelt. Die Araber hatten anfangs ultimativ gefordert, daß Israel 200 palästinensische Gefangene freilassen müsse. Andernfalls würden sie die Geiseln erschossen. Der Krisenstab der Bundesregierung konnte jedoch immer wieder einen Aufschub des Ultimatums erwirken. Wie Bundeskanzler Brandt mitteilte, wurden im Verlauf der Verhandlungen mit den Terroristen „führende deutsche Politiker" zum Austausch gegen die Geiseln angeboten. Die Araber hätten dies aber angenommen, da sie nur ein Lösegeld.

Der palästinensische Rundfunk in Kairo meldete am Abend, die Terroristen hätten ursprünglich beabsichtigt, jede Stunde zwei Geiseln zu töten, falls ihre Forderungen nicht erfüllt würden, diese Absicht dann „aber revidiert". Nun wollten sie mit ihren Geiseln in ein arabisches Land ausreisen.

Brandt gegen Abbruch

Die israelische Regierung hat auf die Forderung der arabischen Terroristen, 200 Araber freizulassen, bisher nicht öffentlich reagiert. In Jerusalem wurde indes erwogen, eine „hochgestellte Persönlichkeit" nach Moskau zu entsenden.

Ob die Olympischen Spiele abgebrochen werden, wird das Internationale Olympische Komitee frühestens heute entscheiden. Bundeskanzler Brandt sprach sich gegen einen Abbruch aus. Abgesagt wurde indessen bereits die für heute vorgesehene Schlußfeier in Kiel.

Heute findet in München eine Trauerfeier für die beiden Toten – den 33jährigen Ringertrainer Moshe Weinberg und den 31jährigen Gewichtheber Josef Romano – statt, an der alle Aktiven, auch die ägyptischen Olympiateilnehmer

mer teilnehmen wollen. Im ganzen Bundesgebiet wird halbmast geflaggt.

Reporter: Israels Mannschaft wurde vorher gewarnt

MÜNCHEN (dpa/ap). Die israelische Olympiamannschaft soll bereits am Montag einen Hinweis erhalten haben, daß ein arabischer Kommandotrupp aus einem skandinavischen Land in der BRD eingetroffen sei. Nach Darstellung eines israelischen Rundfunkreporters soll es in dem Hinweis geheißen haben, die Guerillas planten, Mitglieder der israelischen Mannschaft zu schicken. Der Mannschaft sei angewiesen worden, keine Pakete oder schwerere Briefe zu öffnen.

VERHANDLUNG MIT DEN GUERILLAS im Teleobjektiv: Bundesinnenminister Genscher (halblinks) und Münchens Polizeipräsident Schreiber (links) sprechen mit einem der Terroristen (rechts).
dpa-Funkbild

SCHARFSCHÜTZEN der Polizei mit Panzerwesten unterm Trainingsanzug vor dem Stützpunkt der Terroristen.

MIT TARNSTRUMPF über dem Gesicht: Einer der Terroristen zeigt sich auf dem Balkon.
ap-Funkbilder

Israelis kritisieren Sicherheitsmaßnahmen

Sportfunktionär: Kein Polizist war zu sehen

Berichte unserer Nachrichtendienste MÜNCHEN

Kritik an den Sicherheitsmaßnahmen auf den Olympiagelände ist am Dienstag auch der Münchener Terror-Aktion von israelischer Seite laut geworden.

Der Sportfunktionär Menachem Schrödor erklärte nach seiner Rückkehr aus der Olympia-Stadt: „Wir konnten überall und ungehindert hinein und heraus. Die Türen standen offen, weder ein Israeli noch ein Polizist, der die Bewachung übernehmen sollte, war zu sehen."

Der israelische Botschafter sagte, es seien keine besonderen Schutzmaßnahmen für die Sicherheit der israelischen Mannschaft getroffen worden, weil man sich in Deutschland als Gast gefühlt habe und die geeigneten Maßnahmen habe übernehmen wollen.

Die militante „Jüdische Verteidigungsliga" der USA hat nach dem Überfall der BRD „kriminelle Nachlässigkeit" beim Schutz der Olympia-Teilnehmer vorgeworfen. JDL-Mitglieder begannen Hungerstreik vor der Deutschen Botschaft in Washington.

Fortsetzung Seite 2: Brandt: gegen Desperados kein totaler Schutz

DKP: Noch mehr Gift auf Revier-Müllkippen

DKP wirft mehreren Firmen „Wildwestverfahren" vor

Von waz-Redakteur RAINER BONHORST RUHRGEBIET

Mit neuen schweren Vorwürfen über Giftlagerungen auf mehreren Müllkippen im Ruhrgebiet ist die DKP am Dienstag in Essen an die Öffentlichkeit getreten. Recherchen einer DKP-Kommission aus Wissenschaftlern, Politikern und Betriebsräten hätten Beweise dafür erbracht, daß auch in Dortmund, Castrop-Rauxel und Gelsenkirchen größere Mengen giftiger Zyanid-Stoffe gelagert werden.

Seit längerer Zeit werde außerdem Zyanid „in bisher nicht voll bekanntem Ausmaß" in der Nordsee versenkt. Vor einem Jahr hatte ein Zyanid-Skandal in Bochum Aufsehen erregt.

Energisch zurückgewiesen hat ein Sprecher des Ruhrsiedlungsverbandes die Behauptung, auf der Kippe im Emscherbruch, der zentralen Deponie des Ruhrsiedlungsverbandes, seien so umfassend, daß ein illegales Kippen von Giftstoffen dort unmöglich sei und eine Genehmigung nie nicht erteilt werden. Ständige Grundwasserkontrollen hätten doch insgesamt mindestens 25 Tonnen Cyanid befinden.

In Dortmund hat der zuständige Stadtdirektor Sträter nach Bekanntwerden der DKP-Vor-

würde „den Leiter der städtischen Müllabfuhr angewiesen, das Notwendige zu unternehmen". Er glaube allerdings nicht, daß nach dem Bochumer Giftskandal vor einem Jahr solch illegales Deponieren noch möglich sei. Auf der Dortmunder Kippe Marten sollen nach Angaben der DKP rund 120 Lkw-Ladungen Zyanid versenkt worden sein.

Der Oberstadtdirektor Steffen von Castrop-Rauxel hat eine sofortige Durchsuchung sämtlicher Müllkippen angeordnet. Er erklärte, die Sache werde „nicht auf die leichte Schulter genommen". Auf der dortigen Müllkippe Brandheide sollen nach DKP-Angaben tonnenweise in die Nordsee gekippt.

Fortsetzung „Bericht + Hintergrund", „Zyanid tonnenweise in die Nordsee gekippt"

DGB: Mitbestimmung ist Wahlkampfthema

Parteien sollen sich verbindlich äußern

waz DÜSSELDORF

An erster Stelle der Forderungen des Deutschen Gewerkschaftsbundes, zu denen der DGB von den politischen Parteien im Bundestagswahlkampf verbindliche Äußerungen erwartet, steht das Verlangen nach Ausweitung der paritätischen Mitbestimmung auf alle Großunternehmen.

Die gewerkschaftliche Wahlplattform wird heute offiziell vom DGB-Bundesausschuß, dem zweithöchsten Gewerkschaftsgremium zwischen den DGB-Bundeskongressen, verabschiedet werden. In diesem Zusammenhang drängt der DGB auf eine „fortschrittliche Novellierung" des Personalvertretungsgesetzes und Verwirklichung einer gesamtwirtschaftlichen Mitbestimmung.

An zweiter Stelle der DGB-Forderungen steht die Beteiligung der Arbeitnehmer am Produktionskapital der Wirtschaft, es folgen die Verbesserung der sozialen Sicherheit, der Gesundheitssicherung, der Alterssicherung und der flexiblen Altersgrenze.

Die anderen Parteien sich unter anderem zu umfassenden Maßnahmen der Wettbewerbsgesetzgebung und Schaffung eines sozialverpflichteten Miet- und Bodenrechts äußern. Eine sozialgerechte Steuerreform, die Verwirklichung des rechtlichen, wirtschaftlichen und sozialen Gleichstellung der Frau, ein besseres Arbeitsrecht und die Bewältigung der Umweltschutzprobleme, die Herannziehung der Verursacher zur Beseitigung und Verhütung der Umweltschäden.

Das Wetter

MITTWOCH: Nach Frühnebel wolkig bis heiter und nahezu niederschlagsfrei. Höchsttemperaturen 18 bis 22 Grad, nachts 7 bis 10 Grad. Schwache bis mäßige Nord drehende Wind.

DONNERSTAG: Veränderliche Bewölkung mit Aufheiterungen. Etwas kühler.

SA 5.52, SU 19.07, MA 4.21, MU 18.20

Chronik | 161

Band America verzeichnet mit „A Horse with no name" ein äußerst erfolgreiches Debüt.

24. April 1972
Erstmals kommt es zu einem Misstrauensvotum des Bundestages gegen den amtierenden Kanzler. Vor allem Willy Brandts Ostpolitik, für die er im Dezember 1971 den Friedensnobelpreis bekommen hat, ist umstritten. Am Ende erhält der vorher siegesgewisse CDU-Fraktionsvorsitzende Rainer Barzel zu wenig Stimmen. Später sagt er: „Es fehlten mir zwei Stimmen. Heute weiß man, dass die Stasi da mitgewirkt hat – und Geld."

1. Mai 1972
Der Fußball schreibt auch wieder positive Schlagzeilen: Uwe Seeler beendet vor 60.000 Zuschauern im ausverkauften Volksparkstadion seine Karriere. Die Nationalelf gewinnt zwei Tage zuvor mit 3:1 erstmals in England, dem Mutterland des Fußballs. Zwei Monate später wird die Mannschaft von Bundestrainer Helmut Schön, die von vielen als die beste Nationalelf aller Zeiten angesehen wird, in Brüssel durch ein 3:0 über die UdSSR Europameister.

27. Mai 1972
Das ZDF strahlt die erste Folge der Serie „Raumschiff Enterprise" in deutscher Sprache aus. 40 Folgen befindet der Sender jedoch als zu geschmacklos und zu gewalttätig und lehnt die Synchronisation und Ausstrahlung ab. Dem durchschlagenden Erfolg der Science-Fiction-Reihe kann das aber nichts anhaben.

2. Juni 1972
In Frankfurt werden nach einer Schießerei Andreas Baader, Holger Meins und Jan-Carl Raspe verhaftet. Wenige Tage später auch Gudrun Ensslin und Ulrike Meinhof. Damit ist die führende Riege der linksterroristischen „Baader-Meinhof-Gruppe" festgenommen. Die Anschläge der Roten Armee Fraktion (RAF) gehen jedoch weiter.

5. September 1972
Schreckliches Attentat bei den Olympischen Spielen in München: Eine palästinensische Terrorgruppe überfällt das israelische Mannschaftsquartier. Die Polizei agiert weitgehend hilflos. Die Geiselnahme endet in einem Blutbad. Alle elf Sportler verlieren ihr Leben. Die olympische Flagge hängt auf Halbmast. IOC-Präsident Avery Brundage erklärt trotzig: „The games must go on."

10. Dezember 1972
Der Kölner Heinrich Böll erhält den Literatur-Nobelpreis. Da er sich mit dem Linksterrorismus der RAF auseinandersetzt, wird er von konservativen Kreisen als „geistiger Sympathisant" denunziert. Bereits im Juni 1972 wird sein Haus von mehreren bewaffneten Polizisten durchsucht, weil er im Verdacht steht, Terroristen Unterschlupf gewährt zu haben.

Und sonst:
Schlagzeilen macht weltweit auch die Washingtoner Watergate-Affäre, die durch den Einbruch in das gleichnamige Gebäude ausgelöst wird. Gravierende Missbräuche von Regierungsvollmachten werden offengelegt und lösen eine Protestwelle aus.
Apollo 16 startet, die Mondlandefähre Orion landet und die US-Astronauten fahren mit einem Auto über den Mond. Auf deutschen Landstraßen wird dagegen die Geschwindigkeit gebremst: Ab 1. Oktober 1972 gilt hier Tempo 100.

1973

8. Januar 1973
In Deutschland kommt es zu einer Anhäufung von Straßenkindern – Sesamstraßen-Kindern. Ernie und Bert, Griesgram Oscar, das Krümelmonster und Bibo verzaubern nun auch hierzulande die Kinderherzen. Und das sogar zweimal täglich, obwohl die eifrige Pädagogenschaft mal wieder warnend die Finger hebt: zu amerikanisch. Generell sollte man Kinder nicht vor das Fernsehen locken. In Süddeutschland wird die Serie deswegen vorerst auch nicht ausgestrahlt.

15. Januar 1973
„Komsomolze, Sozi, Drecksack!" In „Ein Herz und eine Seele" geht Spießbürger „Ekel" Alfred Tetzlaff (Heinz Schubert) in der ersten deutschen Sitcom auf Sendung. Seine Tiraden, Ähnlichkeiten mit den „Argumenten" der BILD-Zeitung sind beabsichtigt, spiegeln den reaktionären Geist in den deutschen Familien perfekt wider.

3. Februar 1973
Als erste Frau überhaupt moderiert Carmen Thomas eine Sportsendung im deutschen Fernsehen: das aktuelle Sportstudio im ZDF. Vor ihrer zweiten Sendung schreibt BILD bereits einen Verriss. Sie liest ihn in der Live-Sendung selbst vor. Einmal verhaspelt sie sich legendär: „FC Schalke 05". Keinesfalls das Ende ihrer Moderationen im Sportstudio, wie oft fälschlicherweise kolportiert wird.

28. März 1973
„Ich mache ihm ein Angebot, das er nicht ablehnen kann." Doch, er konnte. Der Schauspieler Marlon Brando lehnt den Oscar für seine Rolle als Don Corleone im Film „Der Pate" ab. Brando protestiert damit gegen die Unterdrückung der Indianer in den USA. Einige hundert bewaffnete Sioux haben zum Zeitpunkt der Oscar-Verleihung den Ort Wounded Knee besetzt, und es drohte eine Eskalation mit der Bundespolizei.

Juni 1973
Beim letzten Saisonspieltag der Bundesliga nimmt „World-Cup-Willie" Schulz seinen Abschied. Unvergessen: Als 1965 der Wechsel des Günnigfelders von Schalke zum Hamburger SV bekannt wird, boykottieren die Fans seine Kneipe am Schalker Markt. Demonstrativ kaufen sie kastenweise Bier an der Bude gegenüber und schimpfen auf Schulz. Was sie nicht ahnen: Das plötzlich so umsatzstarke Büdchen gehört ebenfalls dem gewieften Verteidiger.

Juni 1973
Suzi Quatro taucht erstmals auf, und alle, die sie sehen, sind wie vom Donner gerührt. „Tubular Bells" von Mike Oldfield erscheint als erstes Album auf dem neuen „Vergin"-Label für experimentelle Popmusik. Ian Gillan will angeblich bei Deep Purple aussteigen. Cat Stevens kündigt eine neue LP unter dem Titel „Foreigner" an.

24. Juli 1973
„Klimbim ist unser Leben und ist es mal nicht wahr, dann mach ich mir nen Schlitz ins Kleid und find' es wunderbar." Die Comedy von Michael Pfleghar geht auf Sendung und liefert sinnfreien Klamauk und erotisch-frivole Provokationen des prüden Fernsehpublikums. Nicht nur durch Ingrid Steegers Brüste. Im Juni 1976 liefert Günther Netzer dort einen glanzvollen Auftritt als Heino-Verschnitt ab.

11. September 1973
In Chile wird die demokratisch gewählte Volksfront-Regierung der Unidad Popular durch einen

Militärputsch gestürzt. Als Soldaten in den Präsidenten-Palast eindringen, nimmt sich Präsident Salvador Allende das Leben. Die Junta unter der Führung von Augusto Pinochet beginnt eine beispiellose Verfolgung der politischen Gegner. Zum größten Gefangenenlager wird das Nationalstadion von Santiago de Chile.

25. November 1973
Spazierengehen auf der A43? Oder Fahrradfahren am Kölner Ring? Verursacht durch die erste Ölkrise nach dem Nahost-Konflikt und den Preisschock an den Tankstellen – ein Liter Normalbenzin wird durchschnittlich auf 75 Pfennig angehoben – wird der erste von insgesamt vier autofreien Sonntagen eingeführt. Der Motor des eigenen Pkw darf nur mit einer Ausnahmegenehmigung angeschmissen werden.

Und sonst:
In Istanbul eröffnet der Staatspräsident der Türkei, Fari Korutürk, die Brücke über den Bosporus. In Amerika wird das New Yorker World Trade Center eröffnet.
Nach jahrelangem Hin und Her wird die 0,8-Promille-Grenze eingeführt. Und in jedem Auto muss ein genormter Verbandskasten vorhanden sein.

1974

Januar 1974
Erstmals seit 1966 geht Bob Dylan wieder auf Tournee durch die USA. Sechs Millionen Menschen interessieren sich für die 600.000 zur Verfügung stehenden Tickets.

6. April 1974
Die schwedische Pop-Gruppe „ABBA" gewinnt mit „Waterloo" den Grand Prix Eurovision. Der Song wird in Deutschland und Großbritannien zum ersten Nummer-eins-Hit der Gruppe und verkauft sich über fünf Millionen Mal. Die Schweden starten damit ihre Weltkarriere.

6. Mai 1974
Nachdem Günther Guillaume, persönlicher Referent von Willy Brandt, als DDR-Spion enttarnt wird, übernimmt der Bundeskanzler die politische Verantwortung und tritt zurück. Zehn Tage später wird Helmut Schmidt zum Nachfolger gewählt. Jahrzehnte später erzählt Schmidt bei Reinhold Beckmann, Brandts Depressionen seien der Hauptgrund für den Rücktritt gewesen. Er (Schmidt) habe „Schiss" gehabt, das Amt des Bundeskanzlers zu bekleiden.

Juli 1974
Die Bundesrepublik Deutschland wird Fußball-Weltmeister. Bei der WM im eigenen Land schlägt die BRD die Niederlande im Finale in München mit 2:1 und sichert sich nach dem Erfolg 1954 in der Schweiz zum zweiten Mal den Titel. Dabei hat das Team von Bundestrainer Helmut Schön in der Vorrunde beim 0:1 gegen die DDR die Fans noch sehr verstört.

9. August 1974
US-Präsident Richard Nixon tritt aufgrund der „Watergate-Affäre" zurück. Im Juni 1972 ist im Washingtoner Watergate-Hotel, dem Wahlkampf-Quartier der Demokraten, eingebrochen worden. Die Verbindungen zwischen den Einbrechern und dem „Komitee zur Wiederwahl des Präsidenten" führen zu einer Belastung des Präsidenten selbst.

1. Oktober 1974
Heinrich Böll veröffentlicht die Erzählung „Die verlorene Ehre der Katharina Blum". Der Nobel-

EINZELPREIS 30 PF / NR. 105
DIENSTAG, 7. MAI 1974

WESTDEUTSCHE ALLGEMEINE

Unabhängige Tageszeitung  Höchste Auflage im Ruhrgebiet

1 H 7183 A X

Willy Brandt zurückgetreten

Kanzler zieht Konsequenzen aus dem Fall Guillaume

Schmidt als Nachfolger?

Von WAZ-Redakteur WILLY ZIRNGIBL BONN

Bundeskanzler Brandt ist am späten Montagabend von seinem Amt zurückgetreten. Er zieht damit die Konsequenzen aus dem Spionagefall Guillaume.

Das wurde nach Mitternacht offiziell bestätigt. Noch am Montagabend wurde nach Gesprächen mit der SPD- und FDP-Führung Staatssekretär Grabert, begleitet von Minister Schmidt, mit dem Rücktrittsschreiben Willy Brandts an Bundespräsident Heinemann in Marsch gesetzt. Heinemann befindet sich zum Abschiedsbesuch in Hamburg.

Willy Brandt und Helmut Schmidt

Versuche, dem Bundeskanzler den Weg auf das Bundespräsidentenstuhl freizumachen, sind bis in die späten Nachtstunden offenbar am harten Widerstand vom Außenminister Scheel gescheitert, der nach wie vor für dieses Amt kandidieren will.

Als Nachfolger von Willy Brandt im Kanzleramt ist Finanzminister Helmut Schmidt im Gespräch. Allerdings wird dies in den nächsten Tagen erst noch intensive und harte Beratungen innerhalb der SPD und mit dem Koalitionspartner FDP erfordern.

Brandt hatte seinen Entschluß vom Sonntag bereits am Vormittag gefaßt. Die führenden Politiker von SPD und FDP, darunter der FDP-Vorsitzende Scheel, seine beiden Stellvertreter Genscher und Mischnick sowie die beiden SPD-Vize Schmidt und Kühn, versuchten den Montag über, den Kanzler noch umzustimmen. Brandt blieb jedoch bei seiner Entscheidung, über die er am Montagabend um 20 Uhr die Vorsitzenden der Koalitionsfraktion, Wehner und Mischnick, unterrichtete.

Zu den Motiven des Kanzlers heißt es, Brandt habe erwartet, daß andere, die für die Affäre verantwortlich sind, ihren Hut nehmen würden. Als dies nicht geschah, habe er selbst die Konsequenzen gezogen.

Mit dem Rücktritt von Bundeskanzler Willy Brandt nach den Worten des Vorsitzenden der CSU-Landesgruppe im Bundestag, Stücklen, nach dem

Der Rücktrittsbrief

Staatssekretär Grabert überreichte Bundespräsident Heinemann das Rücktrittsschreiben Brandts, das folgenden Wortlaut hat:

Sehr geehrter Herr Bundespräsident!

Ich übernehme die politische Verantwortung für Fahrlässigkeiten im Zusammenhang mit der Agentenaffäre Guillaume und erkläre meinen Rücktritt vom Amt des Bundeskanzlers.

Gleichzeitig bitte ich darum, den Rücktritt unmittelbar wirksam werden zu lassen und meinen Stellvertreter, Bundesaußenminister Scheel, mit der Wahrnehmung der Geschäfte des Bundeskanzlers zu beauftragen, bis ein Nachfolger gewählt ist.

Mit ergebenen Grüßen, Ihr Willy Brandt.

"größten Spionageskandal in der Geschichte der Bundesrepublik aus Verzweiflung die Konsequenzen gezogen". Stücklen erklärte unmittelbar nach Bekanntwerden des Rücktritts von Brandt, damit habe der Spionagefall Guillaume „neue Dimensionen" erreicht.

Das Bundeskabinett ist noch in der Nacht für den heutigen Vormittag zu einer Sitzung unter Vizekanzler Scheel einberufen worden.

Die CDU/CSU-Fraktion hat ihre Führungsgremien für heute vormittag zu einer Sondersitzung einberufen. Der Fraktionsvorsitzende Carstens, der bei einem Gespräch im Kanzleramt am Montagabend von den Vorgängen nicht unterrichtet wurde, lehnte nach der Bekanntgabe des Kanzlerrücktritts eine Stellungnahme ab.

Der Nachfolger Brandts soll am 16. Mai vom Bundestag gewählt werden. Bereits einen Tag später — am Freitag kommender Woche — soll das neue Kabinett vereidigt werden.

Börse spekuliert auf Fusion von Veba und Gelsenberg

Aktienkurs-Notierung des Essener Konzerns am Montag ausgesetzt

ESSEN/BONN (waz/ddp) Zeitpunkt für die geplante vollständige Übernahme der Gelsenberg AG, Essen, durch den VEBA-Konzern rückt offensichtlich näher. In Börsenkreisen haben sich die Fusionsgerüchte am Montag weiter verdichtet.

Nachdem aufgrund dieser Spekulation der Kurs der Gelsenberg-Aktien bereits in den letzten Tagen der vergangenen Woche kräftig angezogen war, wurden am Montag vorerst keine Gelsenberg-Aktien mehr an den Börsen gehandelt und die Notierung ausgesetzt.

In Bonn lehnten das Bundesfinanzministerium und das Bundeswirtschaftsministerium jede Stellungnahme über die mögliche Fusion, die ein weiterer Schritt zum Aufbau der geplanten nationalen Ölkonzerns wäre, ab.

Erst in diesem Jahr hatte der Bund in zwei Schritten eine Mehrheitsbeteiligung von gut 51 v.H. an dem Gelsenberg-Kapital von 485 Mill. DM erworben, um die Schaffung eines nationalen Ölkonzerns zu ermöglichen. Bei der Veba AG ist der Bund mit einem Anteil von 40 v.H. am Kapital von 1.031 Mill. DM ebenfalls weitaus größter Aktionär, die der Rest der Aktien weit gestreut ist.

Die Fusionsgerüchte waren am vergangenen Freitag durch einen Bericht eines Informationsdienstes verstärkt worden, in dem von einem angeblichen Übernahmeangebot der Veba an Gelsenberg in Kursverhältnis der Aktien von eins zu eins die Rede war. Die Gelsenberg-Notierungen zogen bis Freitag auf nahezu 90 DM an.

Den ganzen Tag über Gerüchte

Brandt war am Montagabend einem als wichtig angekündigten Gespräch mit den Vorsitzenden der im Bundestag vertretenen Parteien ferngeblieben. Die rund einstündige Unterredung wurde vom Vizekanzler und Außenminister Scheel geleitet.

Der Vorsitzende der CDU/CSU-Fraktion, Carstens, hatte sich nach der rund einstündigen Unterredung verwundert gezeigt, daß der Kanzler wegen eines „an sich so harmlosen Vorschlages" noch zu so später Stunde zu einem Gespräch geladen hatte, das dann Scheel für ihn leitete.

Während des ganzen Tages waren in Bonn Gerüchte über einen Rücktritt Brandts kursiert. Es hieß, er wolle anstelle von Scheel als Bundespräsident kandidieren.

Die Gerüchte erhielten neue Nahrung durch die Bestätigung, daß Außenminister Scheel trotz seines Amtes als Ratsvorsitzender der Europäischen Gemeinschaft nicht an der Tagung des Ministerrates am Dienstag in Brüssel teilnehmen werde, der angesichts des italienischen Alleingangs bei Maßnahmen zum Zusammenhalt der Gemeinschaft beschlossen worden sein. Offiziell wurde das Fernbleiben Scheels mit seiner unumgänglichen Teilnahme an einer Kabinettssitzung in Bonn begründet.

Auf der Fraktionssitzung heute soll Scheel vorgeschlagen, für die wahrscheinlich vor besseren Spionageabwehr künftig eine unabhängige Kommission soll sich auch mit den Auswirkungen des Spionagefalles Guillaume beschäftigen.

Endgültig beschlossen: Weizsäcker tritt für CDU gegen Scheel an

Am 15. Mai sein Bewerber um Präsidentenamt

Berichte unserer Nachrichtendienste BONN

Bei der Neuwahl des Bundespräsidenten am 15. Mai wird sich Richard von Weizsäcker neben Walter Scheel um die Nachfolge Gustav Heinemanns im höchsten Staatsamt bewerben. Die Bewerbung zweier Präsidentschaftsanwärter steht nun endgültig fest, nachdem die CDU/CSU-Fraktion in der Bundesversammlung am Montag in Bonn von Weizsäcker als Gegenkandidaten zu Scheel nominierte.

Von 397 Wahlmännern stimmten 316 für Weizsäcker. Gegen ihn votierte ein Abgeordneter. Weizsäcker selbst hat sich eigenen Angaben zufolge der Stimme enthalten. Der CDU-Vorsitzende Kohl wertete das Ergebnis als „eindrucksvollen Beweis für die Geschlossenheit der Union".

Anschließend sagte Weizsäcker, er habe die Nominierung entsprechend der Tradition der Union für Verlässung, Demokratie und Staat angenommen.

sich CDU und CSU darauf ‚demokratische Wahl mit einer Alternative zu beteiligen'. Wie alle bisherigen Bundespräsidenten sehe auch er sich Kandidat als die höchste Staatsamt als ein politisches Amt an.

CDU und CSU verfügen in der Bundesversammlung über 501 Stimmen. SPD und FDP, die Scheel als Kandidaten aufgestellt haben, über 535 Stimmen.

Kommentar: Fast Traumgrenze

Siehe Bericht und Hintergrund: Auszüge aus dem Gespräch Richard von Weizsäckers mit der WAZ-Redaktion: „Wir müssen zurück zur Stabilität."

Paris erwartet knappes Rennen

PARIS (dpa)

Die Entscheidung bei der Stichwahl für die französische Präsidentschaft am 19. Mai wird nach Ansicht aller französischen Kommentatoren in einem harten Kopf-an-Kopf-Rennen fallen, bei dem möglicherweise nur wenige Stimmen-Prozente den Ausschlag geben.

Bei einer Wahlbeteiligung von 84 vH erhielten Mitterrand 43,37 vH, Giscard d'Estaing 32,70 vH und der als Drittkandidat des gaullistischen Rennens ausgeschiedene gaullistische Kandidat Chaban-Delmas 15,15 vH der Stimmen.

Kommentar: Starke Polarisierung
Seite 2: Mitterrand gibt sich siegesgewiß

Eine Viertelmillion Mark an der B1 geraubt

BOCHUM

Eine Viertelmillion DM erbeuteten drei noch unbekannte Männer gestern vormittag an Ruhrpark-Einkaufszentrum in Bochum. Als Angestellte der Einkaufzentrale in die Bochumer Innenstadt fahren wollte, blockierte plötzlich ein quergestellter Personenwagen ihren Weg.

Zwei Männer mit Sonnenbrillen sprangen aus dem Wagen, feuerten gleich aus Pistolen durch die Heckscheibe des Transporters und rissen aus dem Wagen sechs Geldbomben mit 250 000 DM. Am Montagabend fehlte noch jede Spur von ihnen. Unser Bild zeigt den beschossenen Transportwagen mit der zerschossenen Heckscheibe und einer der Behälter scheibe und einer der Behälter.

Aus dem Westen Geldräuber entkamen trotz H schrauber

WAZ-Bild: Kirste

preisträger setzt sich darin kritisch mit dem Klima der Verdächtigungen im Zuge des Linksterrorismus und dem Menschen verachtenden Sensationsjournalismus auseinander. Böll: „Sollten sich bei der Schilderung gewisser journalistischer Praktiken Ähnlichkeiten mit denen der BILD-Zeitung ergeben haben, so sind diese … unvermeidlich."

30. Oktober 1974
„Rumble in the Jungle". Der Schwergewichtskampf zwischen Muhammad Ali und George Forman in Kinshasa, Zaire, wird ein Meilenstein der Sportgeschichte und zur Demonstration eines selbstbewussten Afrikas. Ali gewinnt durch k.o. Der Dokumentarfilm „When we were kings" von 1997 würdigt das Ereignis und bekommt dafür einen Oscar.

Und sonst:
Der VW Golf kommt auf den Markt. Und Hewlett Packard gelingt es, mit dem HP 65 den ersten programmierbaren Taschenrechner herzustellen.

1975

1. Januar 1975
Die kommunale Neugliederung im Ruhrgebiet und am Niederrhein tritt in Kraft. Wattenscheid wird ein Bochumer Stadtteil. Rheinhausen, Homberg und Walsum werden nach Duisburg eingemeindet und der „Mond über Wanne-Eickel" scheint fortan über Herne zwo.
Die UNO deklariert 1975 zum „Jahr der Frau". In der Bundesrepublik stehen vor allem die Ungleichbehandlungen am Arbeitsplatz und die mangelnde Vertretung von Frauen in Führungspositionen in Gesellschaft und Politik zur Debatte. Die Frauenbewegung betont dagegen den Alibi-Charakter des Jahres: „Vollmundige Reden verschleiern nur die mangelnde Bereitschaft, wirkliche Veränderungen einzuleiten."

3. April 1975
War is over. Nach 18 Jahren endet der Vietnamkrieg mit der Einnahme von Saigon durch die kommunistischen Streitkräfte. Die US-Soldaten sind größtenteils schon ein Jahr zuvor abgezogen. Zurück bleiben die Opfer des Krieges und auf amerikanischer Seite die Frage, warum man überhaupt nach Vietnam gegangen ist.

Juni 1975:
Meisterschaft und UEFA-Pokal: Torgarant des Gladbacher Erfolges ist der vielseitige Jupp Heynckes: „Ich war besessen von meinen Träumen. Als ich ein Junge war, hatte ich nur Fußball im Kopf. Ich wollte nur eins: Profi werden. Und Nationalspieler. Ich wollte Tore schießen, immer. In jedem Spiel." Später gelingt ihm als Trainer noch das Triple-Kunststück aus nationalem Titel, DFB-Pokal und dem Gewinn der Champions League mit Bayern München.

19. Juni 1975
Der 68 Meter hohe Förderturm der stillgelegten Dortmunder Zeche Germania, vor dem Bergbaumuseum in Bochum aufgebaut, wird als Industriedenkmal zur Besichtigung freigegeben. Zunehmend setzt sich im Revier der Gedanke durch, ehemalige Fördertürme und Industrieanlagen als Denkmäler der Arbeit zu betrachten.

September/Oktober 1975
„Wish you were here" von Pink Floyd wird veröffentlicht. Bob Dylans neues Allstar-Projekt „The Rolling Thunder Revue" beginnt die Tournee durch Kleinstadt-Klubs in den USA. Queens

neue LP „A night at the opera" ist das bis dato teuerste in England produzierte Album.

13. Oktober 1975
Eines der erfolgreichsten Comic-Magazine der 1970er- und 1980er-Jahre erscheint erstmals – das Yps-Heft. Der besondere Clou dabei ist, dass jeder Ausgabe ein besonderes Gimmick, ein Spielzeug oder ein Scherzartikel, beiliegt. Klassiker: Urzeitkrebse und die Agentenausrüstung.

Und sonst:
Ein Geschenk zum neuen Jahr ist in Deutschland für alle jungen Menschen, die in den Jahren 1954 bis 1956 geboren sind, das Gesetz über die Herabsetzung der Volljährigkeit. Von nun an gilt jeder mit 18 Jahren als erwachsen und damit auch wahlberechtigt.

1976

1. März 1976
Mit 120 Beats pro Minute bringt „Disco" die Verhältnisse zum Tanzen. Unter dem Sternenglamour der Deckenkugeln grooven Könige der Tanzfläche und Dancing Queens in schrillen, körperbetonten Klamotten direkt in das „Saturday night fever". Musikalisch untermalt von den Bee Gees, Donna Summer, Frank Farians Kunstprodukt Boney M. und vor allem Abba, die 1976 vier Nummer-eins-Hits produzieren.

1. April 1976
Ein Apfel, an einer Ecke halb angebissen, startet seinen Siegeszug. Steve Jobs, Steve Wozniak und Ronald Wayne gründen das Unternehmen „Apple". Das bescheidene Startkapital von 1.750 US-Dollar stammt in erster Linie aus dem Verkauf von Jobs VW-Bus und einem Taschenrechner von Wozniak.

9. Mai 1976
Ulrike Meinhof wird in ihrer Zelle im Gefängnis Stuttgart-Stammheim erhängt aufgefunden. Meinhof war Gründungsmitglied und Führungsperson der 1970 gegründeten Roten Armee Fraktion (RAF). Bereits 1972 wurde sie verhaftet und zwei Jahre später zu acht Jahren Freiheitsentzug verurteilt. In den 1960er Jahren arbeitet sie als Journalistin für die Zeitschrift „konkret" und gilt als eine führende Person der deutschen Linken.

In Soweto, einem Vorort von Johannesburg, antwortet die Polizei auf einen Protestmarsch schwarzer Schüler gegen das südafrikanische Apartheid-Regime mit maximaler Gewalt: Man knüppelt die Demonstranten nieder, lässt die Hunde los. Schüsse fallen, Schulkinder werden getötet. Der Protest wird zum Aufstand, der trotz staatlicher Brutalität über ein halbes Jahr anhält – der Anfang vom Ende des Apartheidregimes.

1. August 1976
In der Formel-1 verunglückt Weltmeister Niki Lauda schwer am Nürburgring. Er zieht sich Verbrennungen am Kopf und im Gesicht zu und verätzt sich die Lunge. Bereits 42 Tage später fährt Lauda wieder Rennen. Nach Laudas Unfall kommt es zu einem Umdenken, was die Sicherheit der Strecken und der Fahrer betrifft.

9. September 1976
In einem kleinen roten Büchlein werden seine Worte auch im Westen verbreitet. Keine studentische Diskussion der 1970er Jahre ohne ein Zitat von ihm: Mao-Tse-Tung, der unangefochtene Vorsitzende der Kommunistischen Partei Chinas, stirbt in Peking.

WESTDEUTSCHE ALLGEMEINE

Unabhängige Tageszeitung — Höchste Auflage im Ruhrgebiet

DIENSTAG, 17. OKTOBER 1978

Erstmals seit 455 Jahren Nichtitaliener Oberhaupt der Katholiken
Pole zum neuen Papst gewählt

Erzbischof Karol Wojtyla von Krakau gibt sich den Namen Johannes Paul II.

Berichte unserer Korrespondenten und Nachrichtendienste ROM

Zum erstenmal seit 455 Jahren ist wieder ein Nicht-Italiener Oberhaupt der katholischen Kirche: Der polnische Kardinal Karol Wojtyla (58), Erzbischof von Krakau, wurde am Montagabend im achten Wahlgang zum neuen Papst gewählt. Er hat den Namen Johannes Paul II. angenommen.

Der neue Papst Johannes Paul II. grüßte die Menge auf dem Petersplatz ap-Bild

Seit Hadrian VI. erstmals ein Nicht-Italiener

Hengsbach: Weise Wahl

Der Papst aus Polen
KOMMENTAR
Aus einer Arbeiterfamilie
SEITE 2

IG Metall: Richter stempelt Arbeiter zu Verfassungsfeinden
FRANKFURT (ap)

Bonn: Keine Rückkehr zum Kinderfreibetrag
WAZ BONN

SPD: Nur bei konkretem Vorstoß keine Aufnahme in öffentlichen Dienst
Neue Grundsätze zur Überprüfungspraxis
Von WILLY ZIRNGIBL WAZ BONN

Gemeinden rechnen mit Ende im Steuerstreit
Einkommensteuer-Anteil soll erhöht werden
Berichte unserer Nachrichtendienste DÜSSELDORF

Bonner Parteien zufrieden mit Wahl-Ausgang
BONN/MÜNCHEN (ddp)

Hintergrund: Wahlanalyse

Uni Dortmund hat neuen Rektor
WAZ DORTMUND

Paul Velsinger (39) WAZ-Bild: Fanka

Siehe auch Kultur

„Turnhalle" droht West-Außenministern
PRETORIA/WINDHUK (dpa)

Kommentar: In letzter Minute

DM-Aufwertung

Für 1 DM	Dän. Kronen	Norweg. Kronen +4%	Belg./Lux. Franc +2%	Holl. Gulden
bisher	2,71	2,59	15,41	1,06
künftig (Leitkurse)	2,82	2,70	15,72	1,08

Aufwertung „ohne Exportnachteile"
Berichte unserer Nachrichtendienste BONN

Und sonst:
Erwartungsgemäß wird Erich Honecker zum Staatsratsvorsitzenden der DDR gewählt. Der DDR-Liedermacher Wolf Biermann wird im gleichen Jahr ausgebürgert, als ihm nach einem Konzert vor der IG Metall in Köln die Wiedereinreise verweigert wird.

1977

1. Februar 1977
In die Grube einfahren, beim Abstich eines Hochofens zusehen. Und dann vom Grauen ins Grüne. Im Reiseprogramm der Bundesbahn werden erstmals Kurzreisen aus dem ganzen Bundesgebiet in das Revier angeboten. Der Siedlungsverband Ruhrkohlenbezirk in Essen stellt für die touristischen Attraktionen sogar einen Tourguide ein.

7. April 1977
Generalbundesanwalt Siegfried Buback und zwei seiner Begleiter sterben im Kugelhagel der RAF. Auf offener Straße stoppt an einer Ampel ein Motorrad neben dem Dienstwagen und vermutlich eröffnet der Beifahrer das Feuer. Bis heute ist unbekannt, wer die tödlichen Schüsse abgibt. Das Attentat ist der Auftakt einer Reihe von Terroraktionen, die im „Deutschen Herbst" gipfeln.

28. April 1977
Sepp Herberger stirbt. Das „Wunder von Bern" und seine Weisheiten wie „Der Ball ist rund" und „Das Spiel dauert 90 Minuten" überdauern.

16. August 1977
Elvis has left the building: Der „King" wird im Alter von 42 Jahren vor seiner Toilette liegend gefunden. Bei der Einlieferung ins Krankenhaus ist er bereits tot. Der Mythos ist größer geworden, als es der Mensch Elvis Aaron Presley tragen kann. Bei den letzten Konzerten schleppt sich ein aufgedunsener Elvis mühsam über die Bühne und verteilt Schweißtücher an seine Gemeinde.

5. September 1977
In Köln entführen RAF-Terroristen den Arbeitgeberpräsidenten Hanns-Martin Schleyer, seine vier Begleiter werden erschossen. Die Entführer verlangen die Freilassung verschiedener wegen terroristischer Straftaten Inhaftierter.

18.10.1977
Die Befreiung der Geiseln in der entführten Lufthansa-Maschine „Landshut" in Mogadischu führt zum Selbstmord der in Stammheim inhaftierten RAF-Mitglieder und zur Ermordung von Hanns-Martin Schleyer. Zwischen Terror, Rasterfahndung und politischem Ausnahmezustand geht der „Deutsche Herbst" als die schwerste Krise der Bundesrepublik in die Geschichtsbücher ein.

1978

10. Januar 1978
Die Genossen sehen rot: Das DDR-Außenministerium verfügt die Schließung des Ostberliner Büros des „Spiegel" wegen „fortgesetzter böswilliger Verleumdung der DDR und ihrer Bürger". Das Nachrichtenmagazin hat zuvor über oppositionelle Bewegungen im Arbeiter- und Bauernstaat berichtet.

5. Februar 1978
Erstmals seit dem Zweiten Weltkrieg wird Deutschland Handball-Weltmeister. Im Finale in Kopenhagen wird das übermächtig erscheinende Team der Sowjetunion, bei den Buchmachern der 10:1-Favorit, sensationell mit 20:19

geschlagen. Dem leicht exzentrischen Trainer Vlado Stenzel setzen die begeisterten Fans eine Pappkrone auf.

25. April 1978
Ein „erschreckend geringes Interesse" an der Sanierung alter Arbeitersiedlungen bescheinigt das NRW-Innenministerium den Stadtvätern im Revier. Zwischen klammen Stadtkassen, dem Ausverkauf an Spekulanten und der subventionierten sozialen Modernisierung sehen viele Zechensiedlungen einer ungewissen Zukunft entgegen. Im Gegensatz zum Abriss der Nachkriegsjahre gehen jetzt aber viele Menschen für deren Erhalt auf die Barrikaden.

Juni 1978
Für die Rekordsumme von zwei Millionen DM verpflichtet der HSV Kevin Keagan vom FC Liverpool. Anfangs sind die Erfolge des quirligen Engländers eher begrenzt. Als wohl erster Fußballer findet er aber Einzug in die „Bravo". Und spätestens ab seiner zweiten Saison ist er auch auf dem Rasen ein absolutes Idol.

7. August 1978
Hans Filbinger, seit 1966 Ministerpräsident von Baden-Württemberg, tritt zurück. Filbinger hat als Marinerichter noch in den letzten Tagen des Zweiten Weltkrieges an Todesurteilen gegen Soldaten mitgewirkt. Der Schriftsteller Rolf Hochhuth nennt ihn einen „furchtbaren Richter, der auf freiem Fuß ist nur dank des Schweigens derer, die ihn kennen".

15. Oktober 1978
„Mit 18 rannt' ich in Düsseldorf rum – war Sänger in 'ner Rock'n'Roll-Band." Marius Müller-Westernhagen setzt mit „Mit Pfefferminz bin ich dein Prinz" ein Markenzeichen: geradliniger Rock'n'Roll und eine Attitüde zwischen Arbeitermilieu und Spätpubertät. Das gefühlsduselige „Jonny Walker" wird zur offiziellen „Letzte Bestellung"-Ballade in allen Spelunken zwischen dem Borsigplatz und Flingern-Süd.

Dezember 1978
Boney M. ist mit drei Nummer-eins-Titeln (Rivers of Babylon, Rasputin, Mary's Boy Child) die mit Abstand erfolgreichste Gruppe des Jahres in Deutschland. Kaum ist „Dancing in the city" aus den Hitparaden verschwunden, geht das Duo Julian Marshall/Kit Hayne schon wieder auseinander. Nach dem Tod von Keith Moon steigt Kenny Jones als Drummer bei den Who ein. Mike Oldfield schlägt nach dreijähriger Funkstille mit dem Doppel-Album „Incantations" zu.

Und sonst:
Drei Päpste in einem Jahr: Als nach einer 15-jährigen Pontifikatszeit Papst Paul VI im August stirbt, wird der Patriarch von Venedig, Albino Kardinal Luciani, sein Nachfolger. Er nennt sich Johannes Paul I., hat aber keine Chance, sein Amt länger als 33 Tage auszuüben. Nach seinem Tod wird ein Pole der „Stellvertreter Gottes auf Erden". Karol Wojtyla, Erzbischof von Krakau, geht als Papst Johannes Paul II. in die Geschichte ein.

1979

17. Januar 1979
Im Ruhrgebiet und am Niederrhein wird erstmals in der Geschichte der Bundesrepublik Smogalarm ausgerufen. „Alles geschieht einmal zum ersten Mal. Beim Smogalarm kann man aber annehmen, dass er in früheren Zeiten öfter gegeben worden wäre, wenn die Gefahren be-

kannt und die heute gültigen Gesetze bereits erlassen worden wären", kommentierte die WAZ.

22. Januar 1979
Die US-Fernsehserie „Holocaust" läuft in den Dritten Programmen und wird zu einem medien- und erinnerungsgeschichtlichen Meilenstein. Trotz vieler Vorbehalte gegenüber der filmischen Machart der vier Teile „markieren sie den Beginn der Bereitschaft nun auch eines Massenpublikums, sich mit der NS-Vergangenheit überhaupt auseinanderzusetzen", so der Politologe Peter Reichel.

10. Februar 1979
Gerd Müller bestreitet in der Bundesliga für Bayern München sein letztes Bundesligaspiel. Wohl auf ewig wird er der Rekordtorschütze der Bundesliga wie der Nationalmannschaft bleiben.

28. März 1979
Im Kernkraftwerk „Three Mile Island" bei Harrisburg im US-Bundesstaat Pennsylvania bricht das Kühlsystem zusammen, so dass Uranium überhitzt wird und Brennstäbe zerbrechen. Tagelang besteht die Gefahr einer Wasserstoffexplosion. Etwa 200.000 Menschen verlassen vorsorglich die Region.

8. Juni 1979
In „Die Abfahrer", dem ersten Spielfilm des Dortmunder Regisseurs Adolf Winkelmann, klauen drei jugendliche Arbeitslose einen Möbelwagen und gründen ein Umzugsunternehmen. Mit viel Lokalkolorit, trockenen Dialogen und etlichen Laiendarstellern entsteht ein ungewöhnlicher Roadmovie – mit dem Ruhrgebiet in Zeiten der wirtschaftlichen Rezession und des Strukturwandels als ideale Kulisse.

3. Juli 1979
Der Anspruch des bayerischen Hardliners und Ministerpräsidenten Franz-Josef Strauß auf die Kanzlerkandidatur sorgt für Unruhe in der Union. In einer Abstimmung innerhalb der Bundestagsfraktion setzt er sich mit 135 zu 102 Stimmen gegen den niedersächsischen Ministerpräsidenten Ernst Albrecht durch. Ein Jahr später wird der Slogan „Stoppt Strauß" den Wahlkampf prägen.

24. Juli 1979
Der Zoll schließt das Tanklager der Tankstellenkette „Goldin". Besitzer Erhard Goldbach, der „Ölkönig" von Wanne-Eickel und spendable Mäzen des Zweitligisten Westfalia Herne, hat den Fiskus um gut 360 Millionen DM betrogen. Goldbach flieht und wird von Interpol gesucht. Es ist bis heute das größte Steuerverbrechen in der Bundesrepublik.

16. September 1979
Mit viel heißer Luft glückt zwei Familien im September 1979 eine spektakuläre Flucht aus der DDR. In einem selbstgebauten Riesenballon überwinden sie die innerdeutsche Grenze und landen nach 28-minütigem Flug im bayerischen Naila. Zwei Jahre später verfilmt Hollywood die Geschichte.

Und sonst:
Die Rockband „Pink Floyd" veröffentlicht „The Wall", das zum weltweit meistverkauften Doppelalbum wird. Zwei Jahre später folgt eine eindrucksvolle Filmadaption und nach dem Berliner Mauerfall im Juli 1990 eine spektakuläre Live-Aufführung auf dem Potsdamer Platz. Die Geschichte des Song-Zyklus nimmt die Angstneurosen und den übertriebenen Narzissmus der 1980er Jahre vorweg.

Autorinnen und Autoren

Ahle, Margit	23	Michaelsen, Birgit	68
Barnitzke, Ingo	146	Müller, Bärbel	147
Bartmann, Heinz-Günter	136, 154	Müller, Peter	80
Bruch, Wolfgang	45	Naskret, Christel	57
Casson, Heidrun	35	Oettgen, Ellen	143
Cristofolini, Peter	14	Petri, Herbert	103
Elsenheimer, Marc	82	Piorr, Ralf	10, 124
Filler, Anne	72, 151, 152	Pohl, Günther	96
Förster, Rosemarie	146	Reich-Püttmann, Monika	98
Friedrich, Hans-Peter	23	Rabe, Moritz	118, 119, 121
Görmann, Willi	132	Reintjes, Lieselotte	116, 145
Grüne, Ulrike	51	Rüb, Peter	26, 94
Helle, Bernhard	148	Sandkühler, Dagmar	27, 73
Hickmann, Ursula	23	Schönig, Helmuth	15, 69, 137
Hog, Walter	114	Schloßer, Manfred	147
Hümer, Margit	104	Schnieder, Willi	100
Jackowski, Hans	87	Schwiederowski, Peter	84
Hannwacker, Renate	36	Segert, Ralf	32
Hühnerbach-Kniep, Claudia	76	Siemann, Herbert	82
Kania, Ulla	110	Schwiening, Marion	56
Karrenberg, Andreas	84	Smirnow-Klaskala, Renate	66
Keßler, Uwe	17	Teske, Maria	64, 104
Kieber, Jutta	23	Slatky, Harald	53
Kirfel, Barbara	59, 134	Teske, Hans-Joachim	99
Kohl, Bernd-Josef	128	Vollmar, Hannelore	54
Kolb, Thomas	83	Weber, Christiane	30
Krämer, Wolfgang	41	Weckelmann, Horst	25, 102
Krein, Annemarie	76	Wentz, Gustav	115
Krober, Beatrix	109	Wirbitzky, Gudrun	14
Kruse, Margret	48	Wittfeld, Gerd	92
Lux, Martin	144	Wuttke, Carmen	31
Martin, Margret	42	Zopi, Mikail	24
Matenar, Ulrich	83	Zontkowski, Peter	40

Herausgeber

Ulrich Homann

Jg. 1954, erlebte die 1970er Jahre überwiegend bei den Jusos, im Zivildienst, auf Schalke und in den Essener Szene-Kneipen. Gründete in den 1980er Jahren den Klartext Verlag und die Fußball-Zeitschrift RevierSport. Autor und Herausgeber einer Reihe von Büchern (u. a. „Als die Ente Amok lief", „Der Pott ist rund", „Wir Kinder der Bundesliga" und zuletzt „Schalke für Klugscheißer"). Arbeitet bei der FUNKE Mediengruppe. Lebt in Witten.

Achim Nöllenheidt

Jg. 1961, stellvertretender Leiter des Klartext Verlags. Zahlreiche Veröffentlichungen zur Ruhrgebiets-, Fußball- und Populärgeschichte (u. a. „Damals auf´m Pütt. Erinnerungen aus dem Bergmannsleben im Ruhrgebiet", „RuhrKOMPAKT. Der Ruhrgebiets-Erlebnisführer", „Unsere fünfziger Jahre. Ein Fotoalbum aus den ersten Jahren der Republik", „Nobody is perfect: Die wahre Geschichte der Bundesrepublik" und „Am Fuß der blauen Berge: Die Flimmerkiste in den sechziger Jahren").

Bildnachweis

Begher, Kerstin
S. 146
Bruch, Wolfgang
S. 38, 45
Casson, Heidrun
S. 35
Cristofolini, Peter
S. 14
dpa Picture-Alliance
S. 55, 93, 95 o., 101, 102, 105, 108, 115, 117, 118, 120
Erika, Beach 10_CC BY-SA 2.0
S. 110
Filler, Anne
S. 73, 153
firo sportphoto
S. 99
Förster, Rosemarie
S. 151
Görmann, Willi
S. 132, 133
Helle, Bernhard
S. 142, 143, 148, 149
Hickmann, Ursula
S. 22
Jünger, Raimund
S. 9, 24, 27, 122, 123
Jackowski, Hans
S. 87
Kania, Ulla
S. 9, 24, 27
Kirfel, Barbara
S. 43, 51, 60, 61, 135, 136
Klartext-Archiv
S. 79, 85, 95 u., 129
Kopitzko, Richard/Archiv Ralf Piorr
S. 97
Kozlowski, Siegbert
S. 29, 46, 47, 131

Lux, Martin
S. 145
Müller, Peter
S. 80
Piorr, Ralf
S. 10, 11, 12, 13, 125, 126, 127
Fotoarchiv Ruhr Museum/
Herribert Konopka S. 17
Hans Dieter Baroth S. 58, 83
Anton Tripp S. 69
Sandkühler, Dagmar
S. 28, 75
Schönig, Helmuth
S. 71, 138, 139
Schloßer, Manfred
S. 147
Schwiening, Marion
S. 56
Smirnow-Klaskala, Renate
S. 67
Stadt Bochum, Referat für Kommunikation, Bildarchiv
S. 20, 21, 34, 37, 112, 113
stock.adobe.com
©Thomas Pajot S. 18/19
©spaxiax S. 39
©Mammut Vision S. 62/63
©victor zastol'skiy S. 107
Teske, Maria
S. 65, 66
Weber, Christiane
S. 30
WAZ-Archiv
S. 91, 155, 157, 158, 160, 164, 167
Weckelmann, Horst
S. 25
Wuttke, Carmen
S. 32
Zontkowski, Peter
S. 40

info@klartext-verlag.de; www.klartext-verlag.de

KLARTEXT

GESCHICHTE IN GESCHICHTEN

Im Pott bei Tisch

Unsere Traditionen & Rituale.
Kulinarische Geschichten aus dem Ruhrgebiet

Wie, wo, wann und was man isst, das sagt viel über die Persönlichkeit und die soziale Entwicklung aus. Die kindlichen Erfahrungen „bei Tisch" sind oft ein Leben lang prägend. Die meisten Familien pflegen ihre speziellen Gebräuche nicht nur an den Festtagen. In diesem Band erzählen Menschen aus dem Ruhrgebiet über Tischmanieren, Rituale und charakteristische Rezepte.

112 Seiten, zahlr. farb. Abb., Festeinband, 14,95 €, ISBN: 978-3-8375-2013-2

Oma & Opa, erzählt doch mal!

Spannende Geschichten von früher

Früher schrieben die Schüler auf Schiefertafeln, die Mädchen trugen Schürzen über ihren Kleidern und die Jungen knickerten mit Murmeln. In einer Zeit ohne Fernseher, Computer und Smartphones spielten die Kinder fast immer draußen – sie improvisierten mit selbstgebautem Spielzeug. In diesem Buch erinnern sich Großeltern an die spannende Zeit ihrer Kindheit und Jugend, als es bei uns noch ganz anders aussah als heute.

120 Seiten, zahlr. farb. Abb., Festeinband, 14,95 €, ISBN: 978-3-8375-1366-0

Unser Familienalbum

Damals – Als wir jung waren

Der Blick ins Familienalbum ist eine Reise in die Vergangenheit. Auch wenn bei Licht betrachtet nicht alles besser war – wir fühlen das Glück von damals, wir sehnen uns nach vergangenen Tagen und amüsieren uns über Hosen und Haarschnitte.
Teilen Sie mit uns die Freude an der Nostalgie, die kein Handyfoto zu erzeugen vermag. Und vor allem: Schauen Sie mal wieder in Ihr eigenes Familienalbum. Gute Zeitreise!

120 Seiten, zahlr. farb. Abb., Festeinband, 14,95 €, ISBN: 978-3-8375-1971-6

info@klartext-verlag.de; www.klartext-verlag.de

KLARTEXT

GESCHICHTE IN GESCHICHTEN

Stulle mit Margarine und Zucker

In diesem Buch erzählen Menschen des Ruhrgebiets über ihre Heimat. Sie berichten von Kindheit und Jugend im Revier, von Alltag und Arbeit, von Spaß und Spiel, aber auch von Sorgen und Nöten. Es sind Erinnerungen an Bombenkrieg und Zerstörung, an den Wiederaufbau nach dem Krieg sowie an die Jahre zwischen Wirtschaftswunder und Strukturwandel.
Der Band lädt zu einem Dialog zwischen den Generationen ein.

172 Seiten, zahlr. Abb., Festeinband, 13,95 €, ISBN: 978-3-8375-1461-2

Hau rein!
Erinnerungen an Arbeit, Alltag und Leben im Ruhrgebiet

Hau rein! – das ist im Ruhrgebiet die aufmunternde Aufforderung, sein Ding zu machen, etwas anzupacken und zu Ende zu bringen, so wie mit Schlägel, Eisen und Körperkraft die Kohle aus den Flözen gehauen wurde.
Hau rein! – das ist auch das Leitbild für diesen Band, in dem Menschen aus dem Ruhrgebiet lustig, nachdenklich und manchmal auch tragisch über ihre Heimat schreiben.

192 Seiten, zahlr. Abb., Festeinband, 14,95 €, ISBN: 978-3-8375-1994-5

Damals auf'm Pütt
Erinnerungen aus dem Bergmannsleben im Ruhrgebiet

Die Geschichte des Ruhrgebiets ist vor allem die Geschichte des Bergbaus. In diesem reich bebilderten Buch erzählen Bergleute und ihre Angehörigen aus ihrem Leben. Sie erinnern sich an ihre erste Schicht auf'm Pütt, an ihren harten Arbeitsalltag, an Kameradschaft, aber auch an raue Sitten sowie an das Leben in der Zechenkolonie. Viele dramatische Erlebnisse sind darunter, in manchen geht es buchstäblich um Leben und Tod.

192 Seiten, zahlr. Abb., Festeinband, 13,95 €, ISBN: 978-3-8375-1929-7